講座　近代日本と漢学

第7巻

漢学と日本語

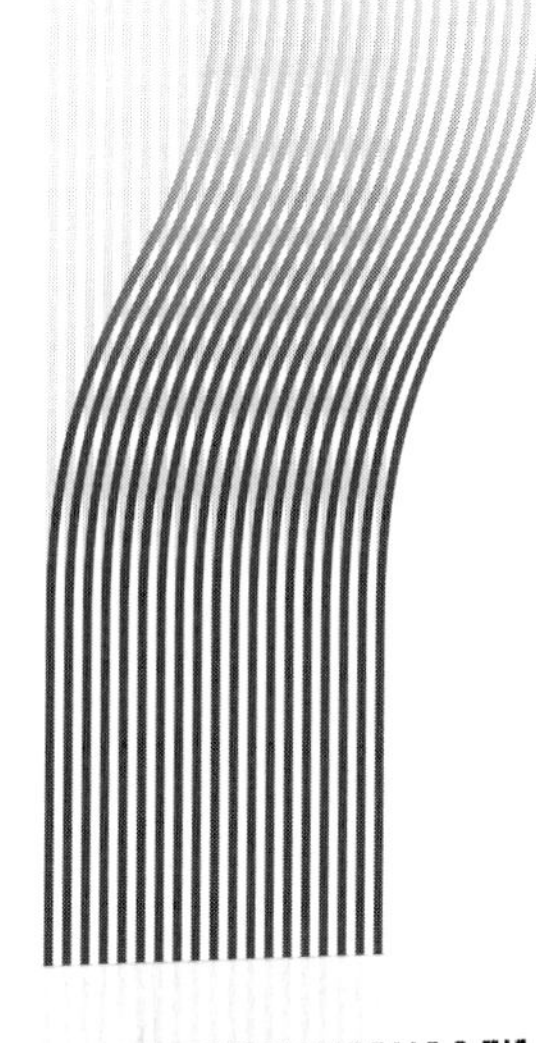

佐藤　進
小方　伴子　編

戎光祥出版

「講座　近代日本と漢学」刊行にあたって

ここでいう「漢学」という言葉は、「国学」や「洋学（蘭学）」に対しての表現であり、近代の用語である。それが近代以降の用語であるのは、それ以前において漢文漢籍を読解することは、学問そのものだったからだ。もっとも中国の漢籍から学ぶこと自体は、朝鮮半島を経た漢字の伝来から始まったといってもよいだろう。以来、日本人は漢籍から学び続けることになる。しかし、江戸幕藩体制から明治新政府に政権が移った時、天皇制日本は欧化政策による近代化を目論んだために、「漢学」という学問は衰退することになる。江戸時代後半には、各藩にあった「漢学」を学ぶ藩校も、明治期に入ると近代的な教科内容の学校として組み替えられていくか、廃止されていくことになった。

しかし、江戸時代に育った若者たちには、手に入れた「漢学」の読解素養で新時代の知見を手に入れようとするものもいた。新しい帝都には、たくさんの漢学塾が開かれており、地方の若者たちが遊学したのである。もちろん、いち早く英語塾で学ぶものも多かっただろう。しかし、こうした西洋の言語や諸制度に、多くの若者たちが目を向けたことは、近代の私立学校の成立史にはっきりと示されている。やがて世代の推移とともに漢学塾そのものは消滅していき、漢文で書かれた小説を読むものも、漢詩文を作るものも少なくなっていった。明治末年、自然主義文学の流行からより新しい文学の台頭に見るように、明治期の近代的な教育制度のなかで育った世代が若者に成長してきたからだ。

しかも、帝国大学文科大学の制度では、中国の文献を対象とした領域の「漢学」は、ひとつは各国文学としての中国文学に向かわざるを得ないことになる。各国文学とそれを対象にした学問研究が、近代国民国家の成立と共に生みだされたからである。さらに、学問体系が哲学・史学・文学に再編されていくなかでは、「国学」が対象としたものは、哲学（神道）と国史学と国文学に分かれ、「漢学」が対象としたものは、中国哲学と中国史と中国文学に分かれていく。これらを近代史のなかでの学問領域の再編と呼んでもいいだろう。

また、藩校や漢学塾などで学ばれていた、「漢学」の教育的要素は、近代教育制度のなかでは、中等教育に移されていく。その後、幾度も存亡の危機に会うことになる、いわゆる漢文科の登場である。

こうして、江戸時代後半期に「漢学」として明確な輪郭をこの日本に現した、いわば総合的な学問領域は、近代日本の諸社会制度のなかで切り刻まれ、その姿を消すことになる。あるいは、天皇制イデオロギーと結びついて、新たに再編された姿を現すことになる。ここでは、江戸時代から近代までの、日本の「漢学」という領域の軌跡を追うことで、広く学問というものの意味を問いたいと思う。そのための講座本を、何よりも漢学塾から展開してきた二松学舎大学が提供したいと考えた。漢学塾二松学舎の軌跡は、あるいは、創設者三島中洲の人生は、日本の「漢学」が近代社会のなかで揺れ動き、切り刻まれた歴史そのものでもあるからだ。

＊

本講座本は、町泉寿郎を代表者とする「二松学舎大学　文部科学省私立大学戦略的研究基盤形成支援事業（SRF）」によるものである。ここでは、「漢学」が解体・再編された過程を、通時的、共時的かつ多面的にとらえることによって、「漢学」から日本の近代化の特色や問題点を探ることを目的とする。したがって、時間軸としては前近代・近代を分断せず通時的に見ることに努め、内容的には西洋由来の外来思想と東洋の伝統文化がいかなる接点を探ったかを問題とする。また、東アジア諸国を含む国外の多様な分野の研究成果をできる限り取り込んだ。より広い視野を備えた「近代日本漢学」という学問領域の構築と、その普及を目指したい。

二〇一九年一〇月

二松学舍大学学長　江藤茂博

はじめに

本巻は「漢学」と「日本語」に焦点を定めた論考を集めて、書名を『漢学と日本語』とした。そもそも我が国における「漢学」は、本居宣長『玉勝間』が言うように、厳密にいえば「国学」「蘭学」に対置されるべき江戸時代の概念である。また、本講座が「近代日本と漢学」と称する以上は、本巻の編集にあたって近代日本における漢学を意識せざるを得ない。

しかし、書籍による系統的な中国文化の導入は、遠く奈良時代から連綿と続いてきたものであり、「漢学」の概念を広義にとらえることが可能である。とりわけ、ことばの問題を考察する場合には、近代にだけ的をしぼるわけにはゆかないのは言うまでもない。したがって、本巻『漢学と日本語』においては、漢字を将来し始めた時代からの漢学と日本語の問題を、広く取り扱うこととした。

本巻第Ⅰ部は「漢学と語彙」と題して、漢学と日本語語彙の関係を扱う。第一章「漢語と和語」は、漢語・和語（倭語）という言葉の来源から再検討し、漢語の大和言葉の中に占める位置、日本語の中における漢語の構造分析、さらにさかのぼって、和語の成り立ち、等々の根源的な問題を扱う。第二章「漢語と外来語」は、中国語における外来語を扱うものであるが、日本漢語と外来語の関係を考えるにあたって、その前提となる必須の認識を得ることになろう。第三章「西洋文献の翻訳と漢語」は、まず江戸期の自然科学のための蘭学導入にともなう漢語の役割を検討し、ついで、明治期の人文科学社会科学のための英学導入にともなう漢語の役割と、訳語の定着過程を検討する。第四章「漢文と中国語」は、漢文としてとらえる中国古典と、中国語としてとらえる中国古典の差異を、特定の構文分析によって検討し、さらに、中国語の歴史的発展にともなう本邦側の問題を論ずる。第五章「漢和辞典略解（明治以降）」は、明治時代に誕生した漢和辞典のその後の発展を詳細に論述する。

第Ⅱ部は「漢学と文字」と題して、日本語の文字問題を取り扱う。第一章「漢字とカタカナ・ひらがな」は、文字を持たなかった本邦が漢字を導入し、そこからカタカナとひらがなを生んだ様相を紹介する。第二章「日本漢字音」は、漢字の中国語の発音の歴史的変化に対応して、日本語ではどのように導入してきたかという問題を取り扱う。第三章「旧字と新字」は、近代の中国においても日本においても、複雑になった漢字を簡略化する方向をたどったが、それにともない、どのようなメリット・デメリットが生じたについて論ずる。第四章「国語国字問題」は、印刷出版文化や教育現場における文字の在り方と文字行政について考察する。

第Ⅲ部は「漢学と訓読」と題して、我が国の漢文訓読について取り扱う。第一章「漢文訓読（奈良時代から室町時代まで）」は、訓読の模索期から定着化を経て、少しく変化を見せる室町時代までの訓読史を考察する。第二章「漢文訓読（江戸時代から明治初期まで）」は、多種多様な訓法が現れた江戸時代の訓読法の歴史を概観する。第三章「漢文と日本語——話し言葉・書き言葉・読み言葉」は、文字文化をもつ言語によくある「話し言葉」と「読み言葉」の対立のほかに、平安時代以後の日本語にはさらに「読み言葉」という対立項が存在したことについて、語彙と語法の両方にわたるその様相を例示して論ずる。

以上のような論述を通じて、漢学が日本語に対して果たした役割の種々相が眼前に彷彿とするはずである。

二〇二〇年二月

第七巻 責任編集　佐藤 進

目次

【凡例】

・本講座の編集にあたって、文字の統一や表記、さらに記載内容・考察などは各執筆者に委ねた。したがって、各項目の文責は各項目執筆者に帰属するものである。
・本講座の写真の選択はすべて執筆者による。
・人名や歴史用語には適宜ルビを振った。読み方については、各章の執筆者による。

第Ⅰ部　漢学と語彙

第一章　漢語と和語

佐藤　進

第一節　漢語・和語（倭語）という言葉の来源

日本語の単語の総体、つまり日本語の語彙は、①日本語固有のいわゆる和語（やまと言葉ともいう）、②中国から導入した漢語（漢字語・字音語ともいう）、③中国語以外の外国語から導入した外来語、この三群から成り立っている

漢字語には、実は見かけが漢字というだけで、中国起源の言葉でないものも含まれる。そこでまず、漢語とは何かを見定める必要がある。

日本語の広義では、和語・外来語に対して、漢字を音読みする字音語を指して漢語というが、狭義では中国起源の語で主として呉音・漢音で読むものを指して漢語という。[*1]

ここでは右の広義の漢語に加えて、字音語だけでなく、「重箱」や「湯桶」のように、漢字の訓読みが混在するものを含めて、漢字語全体を取り上げて検討したい。

最初に、漢語という言葉と和語（倭語）という言葉の氏素性を明らかにしておきたい。漢

＊1　『国語学大辞典』「漢語」の項参照。

語や和語を論ずる文献にあっても、古例のきちんとした検討は意外にないからである。

まず中国文献を探ってみると、『後漢書』巻六二荀爽伝に「(荀爽が)漢事の成敗の鑒戒と為(す)べき者を集む、之を漢語と謂ふ」とあるが、この「漢語」は書名である。ただし、この本は後世に伝わらなかった。

中国語という意味の漢語が使われた早い例は、五世紀半ば南朝宋の釈道慈が漢訳「中阿含経」につけた跋文「後出中阿含経記」の中にあるが、前後の文脈も含めて、概略以下のようにある。

冀州の道人・釈法和と罽賓(カシミール)の沙門・僧伽提和(ソウガダイバ)は門徒を招集して倶に洛邑に遊んだ。四五年の中に研講が精密になり、提和は次第に漢語に通暁した。[*2] その後、先人の訳した仏典には欠陥があることに気が付いて、訳文を作り変えた。ただ『中阿含経』だけは訳し残したので、数年後に長安で改めて提和が胡語を晋語(＝漢語)に訳し、道慈が筆受をつとめて漢字テキストを書き留めた。

こういう記述を受けて、五一五年頃に書かれた仏典目録である梁・僧佑『出三蔵記集』や、同じ頃、五一九年に書かれた名僧の伝記集である梁・慧皎『高僧伝』などには西域からの渡来僧が漢語を理解した旨の表現が散見するようになる。ちなみに中国の工具書類は仏教文献の調査が不十分で、右のような用例には見向きもしない。

中国の正史では、まず、『南斉書』巻五七に文字列「漢語」が「皆使通虜漢語」のように、

*2　原文は「其人漸曉漢語」。

巻五九に「通胡漢語」のように出てくるが、前者は「皆、虜・漢の語に通ぜしむ」、後者は「胡・漢の語に通ず」の意の句で、[*3] 決して「漢語」と熟してはいないのである。

正史における中国語の意の熟語「漢語」は『旧五代史』巻一三七外国列伝の「阿保機、漢語を善くす」が初出である。阿保機とは遼の建国者の耶律阿保機（八七二年―九二六年）であって、契丹語が母語であったが中国語が上手かったという。漢族の政治経済文化の長所を取り入れて急速に国力を強大にできたのも、阿保機のすぐれた中国語能力によるところが大だったのである。

一方、「倭語」が出てくる正史は、『明史』巻三二〇「倭語悖慢無禮」が唯一の例である。ただし、これは「倭寇の語ること悖慢無禮にして」という意味であって、日本語という意味の熟語ではない。「和語」の用例は皆無である。

次に、日本語文献を見てみると、まず、「漢語」は、七九七年成立の『続日本紀』天平二年の記事に「漢語を習はしむ」とあるのが初出らしい。これは中国語の意である。

さらに、空海『性霊集』巻四に載せる「為藤真川挙浄豊啓」という皇太子に奉った文の中に「漢語」とある。これは八一六年、当時の大学の頭藤真川が中国渡来人晋卿の息子浄豊を官職に推挙する奏文を、空海が代筆したものである。その中で、浄豊が中国語を教える職に就けば、学生たちは「漢語詠じ易く、呉音誰か難しとせむ」と書く。この句は浄豊の父晋卿の中国語が「両京の音韻を誦して、三呉の訛響を改む」立派なものであったというのに対応

＊3　虜・胡ともに北方異民族の意。

する。[*4] つまり、「漢語」は長安洛陽の北方標準語、「呉音」は三呉の発音すなわち江南方言のことである（ちなみに日本漢字音の「呉音」は十一世紀以降の用語）。この北方標準中国語を「漢語」という使い方は、必ずしも一般に普及することが無かった。

　最後に、和語に対する漢字語という意味の「漢語」は、一七四二年の荷田在満『国歌八論』に「その漢語俗語はもとより用ふべからず」とあるのが初出というから、[*5] 比較的新しい用法である。

日本語文献の「和語・倭語」は、九世紀初頭の『日本霊異記』上二八に、新羅の山中で新羅の僧が、日本の道昭法師に「倭語を以て問を挙げたり」という句の中に出てくる。仏教に関する問答である以上、この倭語には仏教漢語を含まないわけにはゆかない。すなわち、漢語も含む「日本語」という意味になる。

　次に、漢語に対するやまと言葉という用法では、一四〇〇年頃に成立した『神皇正統記』第二代綏靖天皇の名前の自注に「これより和語の尊号をばのせず」とあるのが古い。[*6] これはたとえば、綏靖天皇には古事記にあるような「かんぬなかわみみのみこと」という尊号を書かないということである。初代神武天皇には「やまといわれひこのすめらみこと」を載せたが、二代天皇からは漢語名のみでゆくという注である。

＊4　『性霊集』の原文は漢文であって、それぞれ「漢語易詠、呉音誰難」「誦両京之音韻、改三呉之訛響」である。

＊5　『日本国語大辞典』【漢語】の項。

＊6　たとえば国立国会図書館蔵江戸初期写本（http://dl.ndl.go.jp/info:ndljp/pid/2545123）には双行割注で「自是和語之／尊号ヲバ不載」とある。

第二節　日本語語彙の複雑さと漢語の割合

日本語で、①和語をひらがな、②漢語を漢字、③外来語をカタカナという具合に、三群の表記をきちんと書き分けているなら分かりやすいが、現実にはなかなか複雑である。

大槻文彦『言海』の巻末に「言海採集語　類別表」というのがある。それによると、全見出し語三九一〇三語のうち、和語は二一八一七語、約五六％、漢語は一三五四六語、約三五％、外来語（今では漢語とする唐音語「行脚アンギャ」などを含む）五四九語、約一．五％。残りの三一九一語、約七．五％はこれらの合成語である。『言海』では見出し語を、和語は太字のひらがな、漢語は並字のひらがな、外来語はカタカナ、この三種の活字で書き分けている。この三区分による表記の書き分けは後の『大言海』（一九三七年）にも引きつがれた。[*7]

ちなみに、『言海』のような辞書見出し語をベースにした漢字語割合は、それがそのまま日本人の言語生活を反映したものとは言い難い。調査の時代が百年以上も前のことであるし、そもそも辞書の見出し語は、使用頻度が多い少ないといった差を考慮に置かないものである。新聞を十行も読めば必ず目につく漢語も、一か月全紙を読んで一度もお目にかからない漢語も、同じく見出し語になるのである。したがって、日常の言語生活を反映したデータが欲しい場合には、実際の新聞や雑誌の文章を対象にして調査することが求められる。それを現在

＊7　ただし、三区分の認定には多少の訂正がある。

の新聞雑誌について実施したのが国立国語研究所のデータベースである。[*8]このサイトには「現代雑誌二百万字言語調査の語彙表」が公開されている。それによれば、日本の新聞雑誌の自立語彙五九二二二語のうち、一五一二九語が漢字語であるという。約二五．五％の割合である。現代語にあってはこの数値がほぼ日常の漢語割合だと思ってよい。

第三節　漢語の構造

漢語は主として中国の戦国時代から秦漢を経て唐代に至るまでの漢籍から、あるいは六朝時代から唐代までの漢訳仏典から、それぞれ導入されたことは言を俟たない。江戸時代には科学技術の導入にともなって蘭学文献を翻訳したり、明治時代には法整備にともなって英華字典を参照したりして、漢籍や仏典以外のソースから導入されることになる。[*9]

漢語が唐代以前の中国語からきたものが中核をなすとすれば、漢語の構造の分析は中国語の語彙論的な分析が有効であろう。したがって、まず基本的な二字熟語の構造を掲げる。つまり、二字熟語の上字と下字との文法的な関係によって分類したものである。

①主述構造

上字が下字の主語になるものである。たとえば、地震・風流・瓦解・粉砕・自覚・鷹揚など。

②述目構造

＊８　http://pj.ninjal.ac.jp/corpus_center/mag200.html

＊９　第Ⅰ部第三章「西洋文献の翻訳と漢語」参照。

上字が下字を目的語にとるものである。たとえば、失望・成功（以上は「～を～」）／従事・随意（以上は「～に～」）／無限・有力（下字が意味上の主語になる）など。

③形名構造

上字が下字の名詞を修飾するもの。たとえば、中原・白日・長物（以上は上字が形容詞）／漢語・眼光・門徒（以上は上字が名詞）。

④副述構造

上字が下字の動詞形容詞を修飾するもの。たとえば、新調・突発・清掃・忽然・追悼・追究など。追悼・追究の「追」は「追いかける」ではなく、「過去にさかのぼって」の意味。「追究」は、本来は過去にさかのぼって原因や理由を明らかにすることで、中国には「追究真理」という用法は無い。日本で「真理を追究する」のように使われるのは、元の意味が忘れられた結果の用法である。

⑤述補構造

主として、上字の動作の結果、下字の状態になるもの。たとえば、説明・肥大（下字が形容詞）／向上・想起（下字が方向動詞）／打倒・追及（下字が動詞）。追及は追いかけた結果として「及」、つまり追いつくことを示すもので、英語の catch on のような構造である。

⑥並列構造

上字も下字も同じ意味用法のものが並んだもの。たとえば、人物・功徳（名詞の並列）／

料理・追求（動詞の並列）／清浄・危急（形容詞の並列）など。追求の「追」はそれ自体「求める」の意で使われ（韋孟・風諭詩「欲を追い逸を縦にす」）、「追求」は「強く求める」という意味になる。

こういう構造が明らかになると、辞書の意味の記述だけでは使い分けが不明瞭な「追究・追及・追求」三者の成り立ちが明確になる。ただ、成り立ちの区別が後の用法には必ずしも反映されなくなり、その上で意味の違いを表層的に説明しようとするので、現行の辞書のような不明瞭な語釈にならざるを得ない。熟語の構造を明確にすることは、かくも重要なことなのである。

右のような構造は、漢語の内部構造である。しかし、日本語の中の漢語は、以下のように和語を付加した派生構造を有する。なお、ここでは名詞用法以外の用言としての用法と副詞としての用法に限定している。

①「～する」などの動詞用法

利する・損するなど、「一字の字音語＋する」の構造。

感動する・論述するなど、「二字の字音語＋する」の構造。数としては最多。

大衆化する・疑問視するなど、「三の字音語＋する」の構造。この場合、上の例のように「化」「視」などが接尾辞になったり、大失敗する・総点検するのように「大」「総」などが接頭辞になったりして、内部構造は二字＋一字ないしは一字＋二字になる。七転八倒する・過大評価するなど、「四字の字音語＋する」の構造。この場合、「四字熟語＋する」や、「二字の修飾語＋二字の字音語＋する」のようなものになる。

②「～い」「～しい」などの形容詞用法

可愛いなど、「二字の字音語＋い」の構造。ちなみに、一字の字音語に「～い」や「～しい」が付く構造の例はみつからない。

仰々しい・騒々しいなど、「二字の字音語＋しい」の構造。

③「～だ」「～な」などの形容動詞用法

酷だ・損だなど、「一字の字音語＋だ」の構造。

簡単だ・上品だなど、「二字の字音語＋だ」の構造。数としては最多。

理不尽だ・破天荒だなど、「三字の字音語＋だ」の構造。

魑魅魍魎だ・五十歩百歩だなど「四字の字音語＋だ」の構造。四字成語に「だ」が付くものが多い。

急な（坂）・純な（心）など、「一字の字音語＋な」の構造。

自然な（姿勢）・強力な（味方）など、「二字の字音語＋な」の構造。数としては最多。

無尽蔵な（宝庫）・非常識な（ふるまい）など、「三字の字音語＋な」の構造。

慇懃無礼な（態度）・天真爛漫な（表情）など、「四字の字音語＋な」の構造。四字成語に「な」

が付くものが多い。

④そのままで、あるいは「〜に」「〜と」などの副詞用法

少々・本来など、そのままで用言を修飾するもの。

特に・別になど、「二字の字音語＋に」の構造。

一斉に・単独になど、「二字の字音語＋に」の構造。

短兵急に・不自然になど、「三字の字音語＋に」の構造。

異口同音に・猪突猛進になど、「四字の字音語＋に」の構造。四字成語に「に」が付くものが多い。

漠然と・颯爽となど、「二字の字音語＋と」の構造。

意気揚揚と・一目瞭然となど、「四字の字音語＋と」の構造。四字成語に「と」が付くものであるが、数は多くない。

第四節　和語の成り立ちの複雑さ

和語の成立の複雑さについては、すでに江戸時代、太宰春台（一六八〇年―一七四四年）が『倭読要領』において以下のように述べている。原書は漢字とカタカナで表記されているが、カタカナを平仮名に変えて引用した。また、〔〕の読みは原文に付されたもので、（）の読みは

筆者が引用に際して付したものである。

「倭語とは．日本の人の言語〔ゲンギョ〕なり．倭語に五種あり．一つには天地自然の倭語．生民〔セイミン〕以來．應神天皇の世まで．文字無かりし時の．吾國の人の言語なり．是〔これ〕眞〔シン〕の倭語なり．今何（いづ）れの言〔コトバ〕か．其（その）遺〔ノコリ〕ぞといふことを知らず．二つには異國と往來を通じてより後の倭語．吾國にあらゆる事物〔ジブツ〕．多くは異國より傳〔ツタヘ〕來（きた）れる者なれば．是事〔コノコト〕是物〔コノモノ〕ありて後に．各〔オノオノ〕其名をつけたるなり．三つには文字ありてより後の倭語．中國の文字行はるるに及て．文字を讀むにつきて此方（このかた）に無き事物なれども．他の事物に準じて．倭訓を施せるなり．羊〔ヤウ〕をひつじと訓じ．豹〔ヘウ〕をなかつかみと訓じ．象〔ザウ〕をきさと訓じ．棠棣〔タウテイ〕をからなしと訓ずる類なり．四つには華音より來れる倭語．中華の人の言語を．そのままに受〔ウケ〕用ひたるなり．火〔クワ〕をほと訓じ、馬〔バ〕をむまと訓じ．君〔クン〕をきみと訓じ．蟬〔セン〕をセミと訓じ．梅〔バイ〕をむめと訓ずる類．本〔モト〕皆華音なり．火〔クワ〕をひといふは．ほより轉じたるなり．五つには三韓より來れる倭語．上世〔セイ〕は三韓と頻頻〔ヒンヒン〕に往來を通ぜし故に．三韓の人の言語を．そのままに倭語となしたるなり．虎〔コ〕をとらと訓ずるは．高麗〔コウライ〕の語なりと．或人いへり．この類猶〔ナホ〕多かるべし」

江戸中期になると儒者たちが和語の成り立ちや語源に興味を覚えて、たとえば新井白石（一六五七年―一七二五年）は中国の『爾雅』の書名にならった『東雅』を著し、平安中期に源順（みなもとのしたごう）が編んだ『倭名類聚抄』の和語に『古事記』『日本書紀』『万葉集』などの出典を示し、語源解説をほどこした。また、荻生徂徠（一六六六年―一七二八年）の『南留別志（なるべし）』は彼が気になった言葉について、その語源を考察し、「〜なるべし（〜にちがいない）」と結論づけ、それが書名の由来になった。

先に引いた太宰春台『倭読要領』の記述は春台の師匠である徂徠の『南留別志』を受け継いだものである。『南留別志』には以下のようにある。

「くには郡なり。きみは君なり。みなみは南なり。にしは西なり。みとには発声なり。日は火なり。月は土器なり。高坏、酒月もとなるべし。朝鮮にて熊浦をこもかいとよむ。くまは、こもの転ぜるなり。倭語のはじめは漢語朝鮮語の転ぜる多かるべし」

個々の考証については、今ならはっきりと否定されるべきものを含む。たとえばその後明らかになった上代特殊仮名遣いによれば「日」は甲類「火」は乙類であるので、同一語源であるというのは誤りである。一方、「くまは、こもの転ぜるなり」は、新井白石『東雅』に「百濟の方言にも。熊をばクマと云ひけり。今の如きも。朝鮮の俗。熊を呼びてはコムといふ。クマの音の轉ぜる也」と言うのを受けたものであるが、これに関しては河野六郎が、日本語のuが朝鮮語のoに対応するという言語学的な考察に堪えうる例だとしている。[*10]

*10　河野六郎「日本語と朝鮮語の二三の類似」の所説。

江戸期の和語と朝鮮語の関係をめぐる諸説のなかで後世の批判に堪えうるものは多くはないが、和語と思われるものの中に漢語朝鮮語が起源だという指摘自体は貴重であった。『南留別志』にはまたいう。

「虎をとらといふ。羊をひつじといふ。此国になき物なれば、和名あるべきやうなし。とらは朝鮮語なりといふ。さもあるべし。ひつじも異国の詞なるにや。象をきざといふは、舟に刻みめをつけて、おもさをしりたるよりいふといへるは、異国の古事なり。いぶかしき事なり。豹をなかつかみといふは、歌書にもいはず。むつかしき詞なり。何のゝ作りいでたるならん」

「梅をうめ、馬をうまといふは、皆音なり。うは発声なり。日本紀の内に、梅をめのかな、馬をまのかなに用ひたるも、此いはれなり」

太宰春台はこの師の説にはよほど感銘を受けたようで、日本随筆大成の丸山季夫「解題」によれば、「（徂徠が）読書見聞の際に思い浮かんだ考案を記載に留め置いた稿本が早くから世の注意を引く所となって、太宰春台が、特に人を雇って写させたという」といい、「善写本が慶應義塾大学の図書館に収められている」とその所在を紹介している。江戸中期の儒者たちが和語の成り立ちについて、得意の漢学を通じて考察を進めた熱気が感じられる。

一方、国学者たちも刺激を受けたことは、富士谷成彰（ふじたに・なりあきら、一七三八年—一七七九年）が『南留別志』に反論する『非南留別志』を著したことでも知られる（日本随筆大成第二期15巻所収)。ちなみに、成彰は漢学者皆川淇園(一七三五年―一八〇七年)の実弟で、歌学においては和歌の形象の分類研究や歌風歌語の変遷史の研究など、国語学においては品詞分類や活用の研究など、現在でも評価の高い研究を行った。

江戸期の儒者たちの主張した朝鮮語由来の和語については、近代以降にも言語系統論との兼ね合いの中で取り扱われてきた。日本語と朝鮮語との間に同じ語形がある場合には、(一)日本語と朝鮮語との間に同一の祖語が再構可能な場合ならば祖語に由来する同一形式であると認められるし、(二)同一の祖語が再構できないならば朝鮮語からの「借用語」と認めるべきである。前者について言えば、大江孝男「朝鮮語と日本語」においては、音韻対応の法則を用いて共通する祖語を措定するのは困難だとする。

右の論文が書かれる以前の日本語と朝鮮語の関係を論じた論文著書については、金沢庄三郎『日韓両国語同系論』をはじめとして、そこに詳細に紹介されているので本稿には省略する。ここでは、漢学漢文とのかかわりに限定して、白藤禮幸『奈良時代の国語』に紹介された『日本書紀』の古訓に現れる例について挙げておきたい(ただ、挙例は適宜入れ替えと補充をし、岩波文庫『日本書紀』によりつつ読み下した)。

五つの城(きし)を攻めて抜きえつ(推古紀八年二月)

南(ありひし)の迦羅(推古紀八年二月)

大友の村主(すぐり)高聡(推古紀十年十月)

百済国の主（こきし）（皇極紀元年二月）

弟王子（だいわうじ）、児翹岐（こげうき）、及び其の母妹（おもはらから）の女子（えはしと）

四人（よたり）（皇極紀元年二月）

大使（こんつかひ）翹岐（皇極紀元年二月）

以上は少数のサンプルに過ぎないが、城（きし）・南（ありひし）・村主（すぐり）・主（こきし）・女子（えはしと）・大（こん）などはいずれも古朝鮮語だとされる。

和語になりきった外国語としては、朝鮮語のほかにも南島語説というものがある。南島諸語あるいはオーストロネシア語族は細かく分ければ一千語ほどになり、西はマダガスカル島、東はポリネシアの島々まで、北は台湾・ハワイ、南はニュージーランドまで、非常に広く分布する語族である。諸語は広く分布するが、個々の親縁性は高い。これらのなかに、日本語と類似する語形が少なからず存在するとして、日本語と同系統だとする議論もあったが、泉井久之助『マライポリネシア諸語』では、日本語はやはり北方的大陸的な系統に属するが、その基層に南島語が潜んでいると説いた。そうした認識の上に、村山七郎『日本語の語源』では日本語はオーストロネシア諸語と朝鮮語のようなウラルアルタイ諸語との「混合語」だとして、積極的に南方起源の日本語の語源を分析してみせた。

和語の成り立ちを考える場合には、比較言語学が盛んだったころのこうした諸説にも視野を広げて研究することが求められるのである。

【参考文献】


新井白石『東雅』一七一七年成書、吉川半七刊、一九〇三年。

泉井久之助『マライポリネシア諸語』弘文堂、一九七五年。

大江孝男「朝鮮語と日本語」『岩波講座　日本語12　日本語の系統と歴史』所収、岩波書店、一九七八年。

大槻文彦『言海』六合館一八八九年（ちくま学芸文庫、二〇〇四年）。

荻生徂徠『南留別志』一七六二年（日本随筆大成第二期15巻、吉川弘文館、一九七四年）。

金沢庄三郎『日韓両国語同系論』三省堂書店、一九一〇年。

河野六郎「日本語と朝鮮語の二三の類似」一九四九年、『河野六郎著作集　1』所収、平凡社、一九七九年。

国語学会『国語学大辞典』一九八〇年。

坂本太郎・家永三郎・井上光貞・大野晋校注『日本書紀』岩波文庫、一九九五年。

白藤禮幸『奈良時代の国語』東京堂出版社、一九八七年。

太宰春台『倭読要領』一七二七年（勉誠社文庫、一九七九年）。

村山七郎『日本語の語源』弘文堂、一九七四年。

第二章　漢語と外来語

戸内俊介

第一節　外来語の定義

甲言語が乙言語と接触し、その事物や概念を受容する際、同時にその呼称も、甲の言語体系に合う形で乙言語より取り入れ、さらにこれが甲言語の社会の中で一定程度定着したもの、これが甲言語にとって外来語となる。

では中国語において、外来語とは何か。その外延を定めるのは存外難しい。

中国語は歴史上、外来語を取り入れるとき、大きく分けて、二つの方法を採用してきた。それは、①原語に近い音を持つ漢字を当てはめる「音訳」、現代中国語を例に挙げれば、〝咖啡〟(kāfēi, coffee ／コーヒー)[*1]、〝沙发〟(shāfā, sofa ／ソファー)など、②原語の表す概念に相当する中国語で翻訳した「意訳」、例えば、〝互联网〟(hùliánwǎng, internet ／インターネット)、〝照相机〟(zhàoxiàngjī, camera ／カメラ)など。

①②とも外来の事物や概念を表すための手段として、今なお等しく用いられているが、②

＊1　現代中国語音はピンインで示す。

を外来語と認定するか否かは、学者間で態度が異なる。呂叔湘（一九八二）や王力（一九五八）は①のみを外来語とし、②を外来語と認めない。これは言うなれば、「意味・音声ともに借用したものでなければ、外来語ではないという立場である」[*2]（彭広陸（二〇〇五））。

一方で、游汝傑（一九九三）、彭広陸（二〇〇五）や向熹（二〇一〇）、史有為（二〇一三）は、程度の差こそあれ、①に加え②も外来語と見なしている。

また、近代以降、日本語の漢字語から借用した語も中国語には多数見られるが（〝革命〟、〝哲学〟など）、これを外来語と認定するかどうかも論者によって揺れがある。例えば、王力（一九五八）は意味と文字のみを借用し、音声を借用していないことから、これを外来語とは認めていない。これは日本語から借用した漢字語が「形態素そのものも語構成も中国語固有のものであるため」（彭広陸（二〇〇五））との考えによる。一方で、彭広陸（二〇〇五）はこれを外来語と認定し、史有為（二〇一三）は「准外来語」と呼称しつつ、広義の外来語に位置づける。

本稿では、外来語を広義の立場から見なすこととする。すなわち、音訳のほか、意訳や日本語由来の借用語も外来語に位置づける。

＊2　現代日本語でも、カタカナに音訳したものが、直感的に、外来語として認識されるであろう。

第二節　現代中国語における外来語

中国語がいかなる形で外来語を受容してきたのか、その類型を確認すべく、ひとまず現代中国語における外来語について概観したい。

外来語を受け入れるとき、最も簡単な方法は、外来語の音をそのまま自分たちの言語音に当てはめるやり方である。表音文字体系を有した言語であれば、他言語から受容した語彙の音を、そのまま自らの言語の音韻体系に合わせて転写すれば、それが外来語として成立する。しかし、中国語には、純粋に表音的な文字はなく、多くの場合一つ一つの音節がそれぞれ意味を含んでおり、同時にそれを文字化した漢字は一字一字が意味を担っている。いわゆる表語文字である。表語文字は、外来語を受け入れるのには、何かと困難がつきまとう。

日本語であれば、外来語を導入するとき、音節文字であるカタカナを用いて、外来語の音を日本語の音韻体系に沿うように転写すればすむ。一方、中国語は外来語の音を転写するとき、漢字を用いるほかない。しかし、漢字には、どうしても意味がつきまとってしまう。

このように中国語には表語文字固有の性質に由来する欠点があるためか、外来語を受容するとき、一通りではない、様々な手段が用意されている。その手段がいくつあるか、分類は論者によって異なるが、概ね五つのタイプが認められる。なお以下A～Eの分類と用例は、游汝傑（一九九三）、彭広陸（二〇〇五）、向熹（二〇一〇）、史有為（二〇一三）、木村（二〇一七）を参考とした。

A　単純音訳

〝咖啡〟（kāfēi, coffee／コーヒー）

〝沙发〟（shāfā, sofa／ソファー）

〝迪斯科〟（dísikē, disco／ディスコ）

〝的士〟（dīshì, taxi／タクシー）

その他、非漢字文化圏の人名や地名も音訳が多い。

〝特朗普〟（Tèlǎngpǔ, Trump／トランプ大統領）

〝伦敦〟（Lúndūn, London／ロンドン）

B　音訳＋意味：音訳の要素と表意要素からなる。

〝啤酒〟（píjiǔ, beer／ビール）：表音要素〝啤〟＋表意要素〝酒〟

〝高尔夫球〟（gāo'ěrfūqiú, golf／ゴルフ）：表音要素〝高尔夫〟＋表意要素〝球〟

〝酒吧〟（jiǔbā, bar／バー）：表意要素〝酒〟＋表音要素〝吧〟

〝霓虹灯〟（níhóngdēng, neon／ネオン）：表音要素〝霓虹〟＋表意要素〝灯〟

〝冰淇淋〟(bīngqílín, ice cream ／アイスクリーム)：表意要素〝冰〟＋表音要素〝淇淋〟

C　音訳兼意訳：音訳であると同時に、当てられた漢字が意味をも表す。

〝黑客〟(hēikè, hacker ／ハッカー)：〝黑〟が「反社会的」の意味で、全体で「反社会的な客」。

〝可口可乐〟(Kěkǒukělè, Coca-cola ／コカコーラ)：「口に可(よ)く、楽しむ可(べ)し」

〝迷你裙〟(míniqún, miniskirt ／ミニスカート)

：〝迷你〟が表音要素であると同時に、「あなたを惑わす」をも意味する。

また〝裙〟は表意要素。

〝逻辑〟(luójí, logic ／ロジック)

：〝逻〟が「巡察」の意味で、決まった順路で動くことを表し、〝辑〟が「編集」の意味で、決まった順序で動くことを含意している。全体として、「ロジック」の意味とつながりがある。

D　意訳

〝互联网〟(hùliánwǎng, internet ／インターネット)

〝照相机〟(zhàoxiàngjī, camera ／カメラ)

〝激光〟(jīguāng, laser ／レーザー)

〝热狗〟（règǒu, hot dog ／ホットドック）

E　形訳：文字表記を借用したもの。日本語からの借用のほか、ローマ字の借用も見られる。

〝革命〟（gémìng, 革命）

〝哲学〟（zhéxué, 哲学）

〝手续〟（shǒuxù, 手続き）

〝ATM〟

〝DVD〟

漢字文化圏の人名や地名は形訳が用いられ、原語の音は顧みられない。

〝村上春树〟（Cūnshàng Chūnshù, 村上春樹）

〝冲绳〟（Chōngshéng, 沖縄）

以上はやや緩やかなタイプ分けである。さらに細分化することも可能であり、現にそのような分類もなされているが、当面の議論と関係する限りにおいては、さしあたりこれで事足りると思われる。

外来語の分類について、いくつか補足したい。

まず、音訳語の中には、原語と現代中国語（〝普通话〟）の音の間にずれがあるものがあるが、このような外来語は、方言区域を通じて入ってきたものである。例えば、〝的士〟（taxi／タクシー）という外来語は広東語方言区域で最初に受容されたため、広東語の字音の中から近い音である〝的士〟（$\text{dik}^{7}\text{si}^{4}$）[＊3]という文字が当てられた。広東語と発音が異なる現代中国語音でこれを読んでも、当然原語と合わない。ソファーを表す〝沙发〟や、アイスクリームを表す〝冰淇淋〟の〝淇淋〟も同種のものである。

　また、使用頻度から見れば、音訳より意訳の方が多く使われる。これは何より、先にも述べた「表語文字」という漢字の性質による。ある人が漢字によって音訳された外来語に出くわしたとき、もしその原語を知らなければ、それが外来語であることが分からないばかりか、徒に漢字の意味を読み取ってしまう。純粋な表音の音訳語は漢民族の心理的な習慣に馴染まないのである（王云路（二〇〇四））。それゆえ、音訳は定着しにくかった。事実、多くの論者が指摘するように、外来語を受け入れた当初においては音訳が用いられたとしても、後に意訳に取って代わられるケースがしばしば見られる。例えば、

音訳		意訳
カメラ：〝开麦拉〟（kāimàilā）	→	〝照相机〟（zhàoxiàngjī）
ガソリン：〝格士林〟（géshìlín）	→	〝汽油〟（qìyóu）
セメント：〝西门土〟（xīméntǔ）	→	〝水泥〟（shuǐní）

＊3　広東語音の表記は常用字広州話読音表による。

但し、近年は音訳語の増加や復活も指摘されている（彭広陸（二〇〇五））。例えば、

ギター：〝吉他〟（jítā）→〝六弦琴〟（liùxiánqín）→〝吉他〟（jítā）

第三節　古代中国語における外来語

次に、外来語を歴史的視点から見てみたい。謂わば、中国語史における外来語の変遷である。

上古中国語：殷～前漢

古代の中国語は、言うまでも無く、話者が現存していないため、文献資料（伝世文献及び出土文献）からしかその有り様を辿ることができない。加えて文献資料からのみでは、どの語が外来語か、判断が難しいことも多い。さらに、たとえ外来語であると推定できても、どの言語に由来するものか、追跡するのは容易ではない。

とは言え、以下に紹介するように、手がかりが皆無というわけではない。各典籍には時に、外来語であることを示唆する記述が見られる。また古代の各地の方言を集めた揚雄の『方言』という文献の中には、上古中国語の方言のほか、中国語固有ではない（すなわち非漢語系）

と覚しき語彙が収められている。さらに中国語の固有語と思われていた語彙について、音義がそれと接近している非漢語系の語彙を引き合いに、その位置づけを外来語に改める研究もある（③の「牙」など）。以下、いくつか例を挙げる。

①李父・李耳

揚雄『方言』巻八に「虎、陳魏宋楚之間或謂之李父、江淮南楚之間謂之李耳」（虎、陳魏宋楚の間或いは之を李父と謂い、江淮南楚の間或いは之を李耳と謂う）とある。上古音（周代〜漢代の漢字音）では、「李父」は *rəʔ-paʔ、「李耳」は *rəʔ- nəʔ と復元できる。[*4] 王静如（二〇一五／一九五四）は、『方言』の「李父」と「李耳」を湘西土家語の雄虎を表す li:^{35}pa^{31} と雌虎を表す li:^{35}ŋi:^{31}ka^{31} に、それぞれ対応させる。土家語は中国語方言ではなく、シナ・チベット語族のチベット・ビルマ語派に属する言語とされるが（王静如二〇一五／一九五四）、もしこのような解釈が是認されるなら、『方言』に収録されている「李父」・「李耳」は、上古中国語の方言ではなく、非漢語系言語の語彙を音訳したものということになる。但し、『方言』では「李父」と「李耳」は使用地域の差とされるが、土家語の li:^{35}pa^{31} と li:^{35}ŋi:^{31}ka^{31} は性別の差である。

②於菟

＊4　本稿の上古音の復元音は、シュスラー（Schuessler）（二〇〇九）に基づく。

＊5　シュスラー（Schuessler）（二〇〇九）の体系では、「於菟／於䖘」は *ʔâ-lhâh で復元される。ノーマン＆梅（二〇〇七／一九七六）の述べるように、オーストロアジア祖語の「虎」*kalaʔ が、上古中国語の「於菟／於䖘」*ka-t'a の由来である場合、第二音節の子音（*l と *t'）の違いが問題になる。事実、ノ

『春秋左氏伝』宣公四年に「楚人謂乳穀、謂虎於菟」（楚人乳を穀と謂い、虎を於菟と謂う）とあり、揚雄『方言』巻八「虎、江淮南楚之間（中略）或謂之於䖘」（虎、江淮南楚の間（中略）或いは之を於䖘と謂う）とあり、「於菟／於䖘」は「虎」の南方における語彙とされる。

ノーマン&梅（Norman & Mei）（二〇〇七／一九七六）は、オーストロアジア祖語における「虎」の祖型を*kalaʔに、「於菟／於䖘」の上古音を*ka-t'aに復元しつつ、双方の音形が近似していることに踏まえ、「於菟／於䖘」をオーストロアジア系言語の「虎」*kalaʔの方言形であると推論する。但しこれには諸説あり、セロイス（Serruys）（一九六八）は「於菟／於䖘」を外来語ではなく、中国語の一方言と解釈する。また張永言（一九八三）は、「於菟／於䖘」の「於」を接頭辞と見なしつつ、残りの「菟／䖘」の上古音を*d'agに推定したうえで、これをチベット語の「虎」stagやネワール語の「虎」d'uに由来する語と見なし、「於菟／於䖘」が反映するところの言語をチベット・ビルマ語派と見なす。*5

③牙

一見すると、中国語の固有語とも思われる「牙」だが、ノーマン&梅（Norman & Mei）（二〇〇七／一九七六）は、その上古音を*ngraに復元し、またオーストロアジア語族の「牙」を意味する語の祖型を*ngo'la相当の音に復元したうえで、両者の意味と音形の類似から、中国語の「牙」をオーストロアジア系言語からの借用、謂わば外来語と見なしている。

ーマン&梅もその解釈にやや苦慮したように見える。しかし、現在の上古音研究では「菟」は*t̄-系の音ではなく、*n̄-に復元されており、これに従えば、「於菟／於䖘」の上古音はオーストロアジア祖語の「虎」*kalaʔの音形とより近づく。さらに、第一音節の「於」の声母を、ノーマン&梅（二〇〇七／一九七六）は*k-に、シュスラー二〇〇九は*ʔ-に推定するが、前者は「於」の復元音価として例外的であり、後者は*kalaʔの*k-と音が対応しない。しかし、潘悟雲（二〇〇二／一九九七）によれば、「於」の声母は口蓋垂音*q-となり、さらにこれをシュスラーの体系に当てはめれば、「於菟／於䖘」は*qâ-lhâhと復元できる。口蓋垂音q-と軟口蓋音k-の音が近いことを考え合わせれば、オーストロアジア祖語の「虎」*kalaʔと上古中国語の「於菟／於䖘」*qâ-lhâhは相当に接近した音価であると言える。

同時に、甲骨文や金文の古文字資料中に、「齒」字は頻出するが、「牙」字がないことを指摘しつつ、当初は「齒」が象牙、動物のキバ、人間の歯など歯全般を表していたが、のち動物のキバの意味で「牙」という語彙が中国語に借用され、さらに動物のキバが概して他の歯より大きなものであることから、「牙」が大きな歯や臼歯の意味を獲得し、その結果「歯」は前歯、「牙」は奥歯という分業が生じた、と推定する。ノーマン&梅（Norman & Mei）はこのほか、長江の「江」をオーストロアジア系言語の「川」を表す語彙からの借用、また黄河の「河」をアルタイ系言語の「川」を表す語彙からの借用と見なす[*6]。

④西域由来の外来語

前漢、紀元前一三八年に武帝が張騫を西域へ派遣して以降、西域の国や民族から大量の事物が中国に将来し、それに伴い大量の語彙も借用した。王力（一九五八）は、植物・動物・食品・日用品・楽器などの名詞が多かったとする。以下は今なお用いられている語の一部である。

「葡萄」:『史記』大宛列伝に「大宛在匈奴西南、在漢正西、去漢可萬里。其俗土著、耕田、田稻麥。有蒲萄酒。」（大宛は匈奴西南に在り、漢の正西に在り、漢を去ること万里可かり。其の俗土着にして、田を耕し、稲麦を田つくる。蒲萄酒有り。）とある。「蒲萄」は「葡萄」を表す（「葡萄」と書くようになったのは、元代以降のことである）。

＊6　二種の異なる言語に互いに同義語があり、そのうちの一方が、もう一方の言語に借用された場合、二つの同義語間に意味機能上の分業が生じることがある。また、本来普通名詞であったものが、借用された言語において、地名として用いられるケースもしばしば見られる。例えば、「ミシシッピ」は、北米先住民族の言語であるアルゴンキン語で「大きな川」という意味であり、「サハラ」はアラビア語で「砂漠、荒れ地」の意味である。

「蒲萄（葡萄）」は、古代ペルシア語でワインを意味するbatakの音訳に由来するとも（陳習剛（二〇〇四））、イラン語でワインを意味するbuāwaに当たるとも（周振鶴・游汝傑（二〇〇六））言われる。

「師子」:『漢書』西域志に「烏弋地暑熱莽平、（中略）、而有桃拔、師子、犀牛」（烏弋の地暑熱莽平たり、（中略）、桃拔・師子・犀牛あり）とある。「師子」は今の「獅子」で（カテゴリーを明示するため意符「犭」が加えられた）、古ペルシア語のšēr或いは東イラン語のšē／šīに由来すると考えられる（史有為（二〇一三））。

「駱駝」:古くは「橐駞」（『逸周書』王会解篇）、「橐它」（『史記』大宛列伝）、「橐駝」（『史記』蘇秦列伝）などとも書かれ、匈奴語の*dadaの音訳と考えられる（史有為（二〇一三））。一方で、「橐」は表意的要素とも見られ（「橐」は袋を表す）、駱駝のコブを連想させる（王云路（二〇〇四））。第二節で示した外来語受容の五タイプのうち、「C音訳兼意訳」の萌芽的事例に該当する。時代が下り、「駱駝」の表記が取って代わり、現在では「橐」との関係は見いだせない。

以上はいずれも音訳であるが、現代中国語同様、異国の地名や人名にも音訳は用いられる。例えば、

「烏弋山離」：アレクサンドリア（Alexandria）の音訳。

「安息」：中央アジアから西アジアに位置したアルサケス朝パルティアを指す。初代王アルサク（Arsak）の名に由来すると考えられる。

このような対音資料は、上古音（周代～漢代の漢字音）を復元する際に、大きな手がかりを提供する。例えば、「烏弋山離」の「弋」字の声母（音節頭子音）は、古くは*d-で復元されていたが、現在では、*l-で復元するのが一般的である。解釈が改められた論拠の一つとして、「弋」がアレクサンドリアのle（x）の部分に対応することが挙げられる。

この他、意訳の外来語も見られる。当時の意訳の一つとして、固有語の前に、接頭語「胡」を加え、外来の事物であることを示すという方法がある。例えば、「胡麻」、「胡瓜」、「胡桃」、「胡椒」など。「胡」は匈奴の自称であるが、匈奴のみならず、中国から見た異民族全般を指し示す（史存直（二〇〇八））。

⑤匈奴語由来の外来語

匈奴は漢代に、モンゴル高原を中心に活躍した北方騎馬民族である。漢と長きにわたり戦争と講和を繰り返した結果、その間に、中国語に匈奴語の語彙が流入した。文献には匈奴語に由来する語彙がしばしば見られる。例えば、王を表す「単于（ぜんう）」、天子を意味する「撐犁孤塗（とうりこと）」、単于の正妻を示す「閼氏（あつし）／烟支（えんし）」などの称号が代表的であり、いずれも音訳であると考えられる（史有為（二〇一三））。

単于に次ぐ王侯の称号である「屠耆（とき）」もまた匈奴語を音訳したものと考えられるが、この語が「賢」を意味することから、太子に相当する「左屠耆王」は「左賢王」とも称された。音訳を含んだ「左屠耆王」は当時あまり広まらず、意訳を用いた「左賢王」が受け入れられた（王云路（二〇〇四））。第二節で述べたように、現代中国語では、外来語を受け入れた当初音訳が用いられていても、後に意訳に取って代わられるケースがしばしば見られるが、「左屠耆王」と「左賢王」の関係は、漢民族に意訳を優先する心理的傾向が古くよりあったことを示している。

この他、古代中国人の日常食になかった乳製品関係語彙も匈奴語由来と考えられる。例えば、バターを意味する「酥」や、乳製品を表す「醍醐」など（蒲立本（一九九九））。但し、匈奴語については明らかになっていない点も多い。

⑥罷

以上は伝世文献における外来語であるが、出土文献にも外来語が流入した痕跡が確認できる。

戦国時代の古文字資料の中に「罷」と楷書化できる文字が見られる。例えば、

(1)　鄂君啓節「歳罷返」
(2)　郭店楚簡『五行』十六号簡「淑人君子、其儀罷也」

文字上半分が「羽」に、下半分が「能」に該当する。
(1)の鄂君啓節は、一九五七年安徽省で出土した、戦国時代楚国懐王時期の竹型の金文で、水陸路交通の免税証である。発見当初から「罷」字については、諸説紛々たる状況であったが、一九九三年に郭店楚簡[*7]が発掘され、その中の一篇『五行』に見える「淑人君子、其儀罷也」が、現行の『毛詩』曹風・鳲鳩「淑人君子、其儀一兮」に対応することから、「罷」が「一」を表す文字であることが判明した。
この文字について、林・村瀬・古屋（二〇〇四）は、「羽」を意符（文字の意味やカテゴリーを表す部分）、「能」を声符（文字の音を表す部分）と見なしつつ、上古では*nengに相当する音を持っていたと推定した上で、これがタイ系言語の数字の「一」を表すnengやnungに近似していることから、「罷」はタイ系の音が採用された「一」の代用字であると結論づけている。言うまでもなく、中国南方に位置する楚とタイ系言語話者の居住区域は接近していたであろうし、さらに林・村瀬・古屋（二〇〇四）はこの事実から、「楚の地の基層民族として推定される苗蛮集団や百越集団の中に後のタイ系の言語を話す人々が含まれた」と推定

＊7　楚簡とは、戦国時代の楚国領域内で出土した、または楚国で筆写されたと考えられる竹簡を指す。

する。もし以上の如き推論が妥当であるならば、「罷」はタイ系言語の語彙を音訳した外来語であると見なすことができる。

中古中国語：後漢〜唐末・五代

この時代は、上古期よりも外来語が格段に増加した。特に漢訳仏典によって、仏教用語から借用したサンスクリット語由来の語彙が顕著である。以下の例は、史有為（二〇一三）による。


「佛陀」：サンスクリット語の Buddha に由来。

「阿弥陀佛」：西方浄土の教主。サンスクリット語の Amitābha に由来。

「南無」：信仰、帰依の意。「阿弥陀佛」の前で用いられることが多い。パーリ語の Namo に由来。

「阿羅漢／羅漢」：究極の悟りに到達した者。サンスクリット語の Arhāt に由来。

「僧／僧伽」：男性出家者。サンスクリット語の Saṃgha に由来。

「比丘尼」：女性出家者。サンスクリット語の Bhiksuṇi に由来。

「伽藍」：寺院。サンスクリット語の Saṅghārāma に由来。

「涅槃」：釈迦の死。パーリ語の Nibbana、或いはサンスクリット語の Nirvāṇa に由来。

以上は仏教独特の用語を音訳したものであるが、一方で、仏教用語を意訳した語彙もある。例えば、「世界」、「現在」、「因果」、「結果」、「方便」、「導師」など。これらは、今日では日常の語彙として定着しており、仏教用語に由来することを直感的に判断しにくい。意訳語がより自然な形で定着するというこうした現象は、上で述べたように、現代中国語にも引き継がれている。

また、単純な音訳・意訳の他、第二節で挙げた外来語受容の五タイプのうち、「B音訳＋意味」に該当するものも、この時代にすでに見える。例えば、

「懺悔」：サンスクリット語で「悔いる」を表すKsamaの音訳「懺」と、意味を表す「悔」からなる（顔洽茂（二〇〇二））。

この他、仏教用語の中には、本来音訳語であったものが、中国語の固有語と誤認され定着したものもある。例えば、喜捨を意味する「達嚫（儭）」はサンスクリット語Daksinā の音訳であり、もともとは財物との連想が働きにくい語であった。しかし「嚫（儭）」に単音節化されたうえで、仏教用語の意味に基づき、「施す」という意味の訓釈が辞書に収録されるに至り（『玉篇』口部「嚫、嚫施也」（嚫、嚫施なり））、中国語の語彙として取り込まれてしまう。

さらに字体が「䞋」に変化し、これが貝偏であることから、金銭に関わる字であることを連想しやすくなった。例えば、『玉篇』貝部に「䞋、䞋銭」（䞋、銭を䞋す）とある（以上、何亜南（二〇〇三）による）。本来音訳語の一部であった文字が漢語化され、中国語の語（または形態素）として新たに意味を担うようになった、上のようなプロセスは、一面では、音訳語をそのままの形で受け入れることに対する中国人の心理的抵抗感を示しているとも言える。

近代中国語：宋〜清

①征服王朝の言語に由来する外来語

この時代は、異民族が王朝を建国し、漢民族を征服したため、異民族王朝の言語の語彙が外来語として中国語に流入した。遼（九一六年〜一一二五年）の契丹語、金（一一一五年〜一二三四年）の女真語、元（一二七一年〜一三六八年）のモンゴル語、清（一六一六年〜一九一一年）の満州語など。但し、契丹語、女真語由来の外来語は、中国語に定着したものが少ない。モンゴル語、満州語由来の外来語は、現代も少数ながら残っている。例えば、

「站赤」：街道沿いの宿駅。モンゴル語の jamči を来源とする。元は逓送を担う人の意味であったが、元代に宿駅を表すようになった（史有為（二〇一三））。現代中国語で〝站〟（zhàn）が「駅」を意味するのはこれに由来する。

「胡同」：北京には〝胡同〟(hútòng) と呼ばれる、伝統的な民家が細い路地に立ち並んでいる地区があり、古い町並みを留めていることから、今や観光名所にもなっている。この「胡同」の成立は元に遡ることができ、その名称もモンゴル語に由来すると考えられている。但し、どの語に由来するかは諸説ある。史有為(二〇一三) はモンゴル語で路地を表す gudum の音訳と解釈する。

「薩其瑪」：中国には〝萨其玛〟(sàqímǎ) と呼ばれる、雷おこしを揚げたようなお菓子がある。元は満州族の食していたもので、満州語の sacima に由来する。

「喇忽」：「粗忽である」を意味する北京方言だが、その由来は満州語で「打ち勝つ能力がない」を意味する lahu の音訳である (常瀛生 (一九九三))。満州族が大挙して北京に居住した結果、北京方言には多くの満州語由来の語彙が入り込んでいる。

「挺」：満州語で「とても、きわめて」を意味する ten という語があった。これを北京方言が〝挺〟(tǐng) と音訳して取り入れ、今では現代中国語でも用いられている (常瀛生 (一九九三))。

②ヨーロッパ言語に由来する外来語

明代より、ヨーロッパとの交流が始まり、宣教師や商人が中国に到来し、それに伴いヨーロッパの文化や事物が中国に紹介された結果、ヨーロッパ言語の語彙に由来する外来語が増加した。以下の例は、王力（一九五八）、向熹（二〇一〇）による。


「亞細亞」：ラテン語の Asia の音訳。

「歐羅巴」：ラテン語の Europa の音訳。

「鴉片」：英語の opium の音訳。

「歷史／史學」：ラテン語 historia の意訳。当初は「伊斯多利亞」の音訳が用いられていた。

「幾何」：一般的にはイタリア語の geometria（幾何学）の意訳と見なされる。しかし渡辺（二〇〇五）はジュリオ・アレーニ（艾儒略）が一六二三年に著した『西学凡』に「幾何之学、名曰馬得馬第加者」（幾何の学、名づけて馬得馬第加という者なり）とあり、且つ「馬得馬第加」が mathematica（数学）の音訳であることから、「幾何」はラテン語の mathematica（数学）の意訳であると結論付ける。なお、「幾何」は十九世紀半ば以降になって、今日のいわゆる geometry（幾何学）を意味するようになったという。

「熱帶」：英語の torrid zone の意訳。マテオ・リッチ（利馬竇）が一六〇五年に著した『乾坤體義』に見える。

「神父」：英語の catholic father の意訳。ジュリオ・アレーニが一六二三年に著した『職方外紀』に見える。

現代中国語：二十世紀以降

現代中国語の外来語については、すでに第二節でその概略を述べた。ここでは、十九世紀末から二十世紀前半にかけて、顕著に増加した日本漢字語の借用に焦点を当てたい。

古代において、中国は東アジアの先進国であり、日本は中国を手本に多くを学んだ。しかし、十九世紀半ば以降、日本は明治維新を経て、いち早く、西洋の学問を自国語に翻訳しつつ、積極的に吸収し、列強の仲間入りを目指すようになる。その結果、日清戦争で中国に戦勝するに至り、今度は反対に、中国側が日本に留学生を送り込み、日本を通して西洋文化を学び取るようになった。これを機に、中国語は日本語の語彙を外来語として借用するようになったのである。

日本は明治以降、西洋の概念を翻訳する際、多くを漢語に置き換えた。それを中国が「形訳」という方法で借用したのであるが（第二節参照）、借用した漢語は、大きく分けて二つのタイプがある（史存直（二〇〇八））。

一つは、古代中国語に既にある語句を再利用しつつ、そこに新しい意味を付与したもので、例えば、

「革命」：revolution の意訳。『周易』革卦に見える。

「機械」：machine 或いは mechanical の意訳。『荘子』天子篇に見える。

「共和」：republic の意訳。『史記』周本紀に見える。

今一つは、漢字を組み合わせて新語を造ったもので、例えば、

「哲学」、「科学」、「肯定」、「否定」、「積極」、「消極」、「主観」、「客観」

この他、日本語の中にも、中国語同様、外来語を音訳した語彙があり（例えば、「瓦斯」（gas）や「米」（meter）など）、かつては中国語もこれを借用していたが、今日なお用いられているものは多くない。

また中国語は日本固有の漢字複合語も、少数ながら、形訳という形で取り入れている。例えば、

「手続き」→〝手续〟（shǒuxù）

「取消し」→〝取消〟（qǔxiāo）

「立場」→〝立场〟（lìchǎng）

【参考文献】

日本語文献

木村英樹（二〇一七）『中国語はじめの一歩〔新版〕』、ちくま学芸文庫。

彭広陸（二〇〇五）「中国語と外来語」、『国文学　解釈と鑑賞』第七〇巻第一号、一三二頁〜一四二頁。

林虹瑛・村瀬望・古屋昭弘（二〇〇四）「戦国文字「罷」について」、中国語学研究『開篇』二三号、七一頁〜七五頁。

渡辺純成（二〇〇五）「満洲語資料からみた「幾何」の語源について（数学史の研究）」、『数理解析研究所講究録』一四四四巻、三四頁〜四二頁。

中国語文献

王云路（二〇〇四）〈試論外族文化対中古漢語詞彙的影響〉、《語言研究》第二十四巻第一期、六六頁〜七三頁。

王静如（二〇一五／一九五四）〈関于湘西土家語言的初歩意見〉、《王静如全集》、社会科学文献出版社、六二一頁〜六六五頁。

王力（一九五八）《漢語史稿（修訂本）》、科学出版社。

何亜南（二〇〇三）〈従仏教看早期外来音訳詞的漢化〉、《南京師範大学報（社会科学版）》二〇〇三年第三期、一五五頁〜一六〇頁。

顔洽茂（二〇〇二）〈中古仏教借詞略説〉、《浙江大学学報（人文社会科学版）》第三二巻第三期、七六頁〜七九頁。

向熹（二〇一〇）《簡明漢語史（修訂本）》、商務印書館。

史存直（二〇〇八）《漢語史綱要》、中華書局。

史有為（二〇一三）《漢語外来詞》、商務印書館。

周振鶴・游汝傑（二〇〇六）《方言与中国文化（第二版）》、上海人民出版社（邦訳本：内田慶市・沈国威監訳『方言と中国文化 第二版』、光生館、二〇一五年）。

常瀛生（一九九三）《北京土話中的満話》、北京燕山出版社。

張永言（一九八三）〈語源札記三則〉、《民族語文》一九八三年六期、一二三頁〜一二五頁。

陳習剛（二〇〇四）〈吐魯番文書中葡萄名称問題辨析—兼論唐代葡萄的名称〉、《農業考古》二〇〇四年巻一、一五四頁～一六二頁。
潘悟雲（二〇〇二／一九九七）〈喉音考〉、《著名中年語言学家自選集・潘悟雲》、安徽教育出版社、二一〇頁～二三九頁。
蒲立本（潘悟雲、徐文堪訳）（一九九九）《上古漢語輔音系统》、中華書局。
游汝傑（一九九三）《中国文化語言学》、高等教育出版社。
呂叔湘（一九八二）《中国文法要略》、商務印書館。

英語文献

Norman, Jerry and Mei Tsu-lin.（二〇〇六／一九七六）"The Austroasiatics in acient south China: Some lexical evidence", 梅祖麟《梅祖麟語言学論文集》、商務印書館、四五九頁～四九七頁。
Schuessler, Axel.（二〇〇九）<u>*Minimal Old Chinese and Later Han Chinese*</u>. University of Hawai'i Press。
Seruuys, Paul L-M.（一九六七）"Five word studies on FANG YEN（Third part）", <u>*Monumenta Serica*</u>, vol.XXVI, 二五五頁～二八五頁。

第三章　西洋文献の翻訳と漢語

佐藤　進

第一節　翻訳語における漢語

山田孝雄『国語の中に於ける漢語の研究』には以下のような指摘がある（旧漢字を常用漢字にして引用する）。

「近代西洋文化をわが国語の中に伝へたるものも亦主として漢語たり。この種の漢語は支那の古典によりて既に用ゐられしものを転用したるものもあるべきが、又新に造られたるものも少なからざるなり。而してこれに二の源あり。一は支那にて西洋文化を輸入する為に撰せし翻訳書に用ゐたる語をばわが国語にてもそれを襲用せしものなり。一は本邦にて西洋文化を輸入する為に撰せしものにして、これも支那の古典に典拠あるものを求めしものと、本邦にて新に選定せしものとあり」[*1]

ついで、すでに江戸時代後期、杉田玄白（一七三三年―一八一七年）・大槻玄沢（一七五七年―一八二七年）らの蘭学において自然科学書の翻訳がなされ、そこにも漢学の知識が必要

＊1　第六章「源流の観察」の「二　洋学の翻訳より生じたる漢語」。

であったことを述べる。

「而してこれらの翻訳に用ゐし語は主として漢語たりし故に、漢学の知識はこれら洋学者の上に必要なりと感ぜられしものなり。而してこれが為に支那の古典の中にその適訳の語を求め、又古典に之を得ざる時は漢字につきて適切の意を求めて新たに語をつくりしものもあり[*2]」

江戸後期から明治時代にわたって、日本の近代化に資するための西洋文献の翻訳にとって、漢語が重要な働きをしていたということの指摘である。以下、その実態を見て行く。

第二節　蘭学における翻訳語

オランダ語文献の翻訳は、一七七四年に刊行された『解体新書』が最初の業績である。この前人未到の仕事の苦心の様は、翻訳グループの一人であった杉田玄白の『蘭東事始[*3]』に生き生きと語られている。

彼らが訳語を選定した経緯については、『解体新書』巻頭の杉田玄白「凡例」に以下のように記す[*4]。

「譯に三等有り。一に曰く翻譯。二に曰く義譯。三に曰く直譯。和蘭呼びて価題験（ベンデレン）と曰ふ者は即ち骨也。則ち譯して骨と曰ふが如し。翻譯是れ也。又呼びて加蠟假価

＊2　同右。

＊3　一八一五年成書・一八六九年刊、『蘭学事始』とも。

＊4　京都大学貴重資料デジタルアーカイブの画像によって、原漢文を訓読して示す。

（カラカベン）と曰ふ者は骨にして軟なる者を曰ふ也。加蠟假（カラカ）は、鼠、器を噛む音の如く然るを謂ふ也。蓋し義を脆軟（ゼイナン）に取る。価（ベン）は価題験（ベンデレン）の略語也。則ち譯して軟（ナン）骨と曰ふが如し。義譯是れ也。又呼びて機里爾（キリイル）と曰ふ者は語　當たる可き無く、義　解す可き無きは、則ち譯して機里爾（キリイル）と曰ふが如し。直譯是れ也。余の譯例、皆　是の如き也。讀者思へ」

杉田玄白は「翻訳」「義訳」「直訳」の三原則について例を挙げて説明しているが、のち約半世紀後の一八二六年に大槻玄沢が、『解体新書』の誤訳を訂正する『重訂解体新書』を刊行した。その大槻玄沢「凡例」には以下のようにある。*5

「譯例に三等有り。曰く直譯。曰く義譯。曰く對譯。今其の一二を擧げて之を言はん。搴牒冷（ベンデレン）即ち骨也。譯して骨と曰ふ。直譯是れ也。泄奴（セーニユ）即ち神液通流の經也。譯して神經と曰ふ。義譯是れ也。吉離盧（キリル）、名の充つ可く、義の取る可き無し、乃ち音譯して吉離盧（キリル）と曰ふ。對譯是れ也。其の對譯の字音、皆杭州音を用ゆ。亦唯だ彷彿の間に在るのみ。地名は則ち既に漢譯を經し者を襲用す。其れ未だ妥當ならざる者有りと雖も姑く之に従って復た改正せず。若し夫れ未だ漢譯を經ざる者は例を照らして以って字音を填む」

右の杉田玄白の「翻訳」「義訳」「直訳」と大槻玄沢の「直訳」「義訳」「対訳」との間には、同じ言葉を使っていてもその意味するところに違いがある。

＊5　これも、京都大学貴重資料デジタルアーカイブの画像によって、原漢文を訓読して示す。

杉田玄白の「翻訳」は、オランダ語ベンデレンに該当する「骨」を訳語とするもので、実物の対応関係を確認して決めるものである。これは、大槻玄沢の「直訳」に該当する。

杉田玄白の「義訳」は、たとえばオランダ語カラベンの語構成や意味分析を行い、カラは擬声語にもとづく「軟らかい」という意味にあたり、ベンは骨の意味のベンデレンの省略形にあたることから、これを「軟骨」と決めるものである。これは大槻玄沢の挙げる例でみると、オランダ語セーニユは神液の流れる経脈であると解釈して、「神経」と決めるもので、大槻玄沢はこの訳法を「義訳」という。「義訳」に関しては杉田と大槻の間に大きな違いはない。ちなみに、中国古典における「軟骨」は、唐詩に「柔軟な身体」の意味の使用例はあるが、骨の部位としての意味では使われなかった。同様に、「神経」の中国古典における意味は「神秘的な経典」の意味であって、身体の経脈の意味では使われなかった。すなわち、蘭学における「義訳」は、日本人による漢語の撰定、山田孝雄のいう「本邦にて新に選定せしもの」にあたるものである。

杉田玄白の「直訳」はオランダ語キリイルをそのまま漢字表記で「機里爾」とするもので、大槻玄沢の「対訳」にあたる。『解体新書』は日本語訳といっても、全文を漢文で訳しており、漢字表記にせざるを得なかったのである。刊本では、漢字表記の脇にカタカナでオランダ語の読みを示してある。

大槻玄沢の『重訂解体新書』では、音訳漢字としては「吉離盧」を用いており、杉田らの用字とは異なる。これについて、大槻玄沢は杭州音を用いたと説明するが、要するに唐音（トウイン）を採用したのである。オランダ語文献の日本語訳という作業は、そもそも長崎の通詞たちの手になるものであった。長崎の和蘭通詞にとっての漢字音は、同じ長崎の唐通事が使う唐話の南方官話音がなじみのあるものであったに違いなく、[*6] 杭州音はその代表的なひとつであった。[*7]

右のように苦心して翻訳語を定めていったのであるが、その後、医学書以外にも、地理・天文・物理・化学・植物学等の諸学の書が翻訳された。そのオランダ語和訳の結果、次のような翻訳語ができたとされる。[*8]

医術関係：近眼・病院・視力・強心剤・丸薬・下剤・坐薬・蛔虫・発汗剤・甲状軟骨・鎖骨・視神経・胃液・小腸・大腸・膵・膣・尿道・輸精管・腺・腱・腹膜・脂肪・心耳・神経

理数科関係：沸騰・光線・蒸気・晴雨昇降・究理書・分母・立方・再乗冪・花粉・葯・気質・気孔・気管・蜜槽・葉柄・球根・元素・酸素・水素・酸化・中性・王水・青酸加里・細胞・圧力・還元・粘液・澱粉・化学

その他：詩学・理学・論理術・文学・一章・書籍・文体・為替手形・手紙・相場・裁判所・批判・契約・自由・議論・接吻・鎖国・演説（舌）

これらの中には、現代でもそのまま使うものもあるが、たとば「究理」が「物理」に変わっ

＊6　石崎又造『近世日本に於ける支那俗語文学史』第一章「支那語學の源流（其一）唐通事」参照。

＊7　湯浅質幸『唐音の研究』「第一部　序説」に、唐音の依拠した中国方言について「近世唐音の場合、主に杭州音、南京官話であるがその他南方各地の音、時には北方音のこともある」という。

＊8　例語は『講座国語史6　文体史・言語生活史』第六章「近代の言語生活」に掲げるもの。

てゆくのは明治二十年代のことだという。[*9] 次には、明治時代の翻訳語の成立についてみてみたい。

第三節　明治初期の人文社会用語の翻訳

江戸期の日本にとって、西洋文献は医術をはじめとする自然科学知識の獲得が急務であった。それが、幕末から明治にかけて、新しい国家を建設するということになると、いきおい人文社会関係の概念知識が求められる。

当時の日本人が新しい政治哲学の師表として仰いだのは、イギリスのジョン・スチュワート・ミル（一八〇六年―一八七三年）であった。特に広く読まれたのは〝On Liberty〟（一八五九年刊）の中村正直訳『自由之理』（明治五年・一八七二年刊）であった。現在では『自由論』という書名で各種の翻訳がある。[*10] これは国家権力に対して個人が確保する自由はどのようにあらねばならないかを論じたものであり、幕藩体制の下で形成されてきた主君対家臣という主従関係が崩壊する中にあって、国家対個人の関係の有り様を学ぶために緊要な知識であったのであろう。

中村正直が〝On Liberty〟を翻訳する際にもっとも依拠したのはドイツ人のロブシャイド（一八二二年―一八九三年）が編んだ『英華字典』（ENGLISH AND CHINESE DICTIONARY）

＊9　『講座国語史6　文体史・言語生活史』第六章「近代の言語生活」の指摘。

＊10　たとえば岩波文庫には塩尻公明・木村健康の翻訳『自由論』（一九七一年刊）がある。

である。[*11]なお、ロブシャイドの原綴Lobscheiはドイツ語で発音するとロプシャイトになるが、英語読みにしてロブシャイドと読み習わされることが少なくない。

『英華字典』は一八六六年から一八六九年まで、一年に一部ずつ、四部に分けて香港のデイリープレス社から刊行された。縦三一センチ・横二一・五センチの大冊、すべて二〇一三頁にもなる。巻頭の「序」には中国の歴史と言語の解説、広東語と北京語の音節表等がある。本文の語義解説も詳密であるが、中国語の訳語には一字一字広東語と北京語のローマ字表記が付くという丁寧さである（＊11森岡前掲書）。いずれにしても、当時の各種の英華字典のなかでは抜群に充実したものであった。のちに明治十七年（一八八四年）井上哲次郎が、原著の序や本文の中国語発音表記を削除し、巻末に独自の付録を二二項目加え、見出し語三八六六六語について六五三三五語の原著にない訳語を補充した『訂増英華字典』を刊行した（＊11森岡前掲書）。付録とも一三五七頁。一九九五年に、ゆまに書房が刊行した復刻本がある。ただし、この訂増版は中村正直の翻訳には直接の関係は無い。

中村正直は〝On Liberty〟を『自由之理』として訳出するにあたって、まずは当時の日本の貧弱な英学環境の中で、「英学を学ぶのに書物が乏しく、辞書の不完備であることに困却し、英漢対訳の書によって訳語を余白無きほどに写したり、さらに漢英辞書を全部筆写したりして」（注11森岡前掲書）準備を重ね、その後、約一年の英国留学によって語学力をみがいた。さて、『自由之理』翻訳にあたってどのように『英華字典』を用いたか、『改訂　近代語の成

＊11　森岡健二『改訂　近代語の成立　語彙編』による。

立　語彙編』ではその訳語が、(一)ロブシャイドと一致する語、(二)ロブシャイドの訳語を修正している語、(三)ロブシャイドの訳語と異なっている語、の三つに分けて検討している。

(一)ロブシャイドと一致する語は以下のようなものである。

income 所入・the Deity 上帝・the artizan 工匠・duty 職分・interest 利益・protection 保護・consult 商量・gamble 賭博スル・manufacture 製造・principle 道理・public 公・manual labour 手工・private 私・music 奏楽・marry 娶ル・encroach 侵佔・forbid 禁ズ・intense 甚ダ・choice 揀択・cleanly 清潔ニ・majority 過半・abstain 戒メル・enormity 悪弊・bound 境界・world 天下・opinion 意見・意思・power 権・thief 盗賊・courage 剛勇・effort 勉力・natural 自然ノ・pleasure 歓楽・for the sake 因ヨリ・extreme 甚シキ・contempt 侮慢スル・軽慢スル・distaste 嫌悪・way 道・aboid 避ケル・conviction 確知・conversation 暖論・well-doing 善行・benefit 利益・judge 決断・判断・error 過失・doctrine 教道・autority 権勢・provision 条約・position 地位・officer 官員・want 欠キタル・difficult 難ク・choose 択ブ・minute 微細ナル・tool 器具・indolent 懶惰ナル・standard 度・plan 計策・faculty 才能・decision 決断・people 民・emolment 俸禄・unnecessarily 無用ニ・business 事務・administration 管轄・teacher 教師・locality 地方・restrain 拘束スル・extend 及ボス・truth 真理・school 学校・character 品行・right

権・body 身体・unfortunate 不幸ナ・important 最要ナ・緊要ナル・要重ナル・too 甚ダ・the labouring class 工人・imply 包蔵・change 変ズル・engagement 契約・null 無用・abdicate 譲ル・evidence 明カナル・marriage 婚姻・counsel 商量・exchange 交易スル・cause 原由・damage 損害スル・soldier 兵卒・injurious 害スル・prohibit 禁ズル・禁制スル・happines 福祉・education 教養・educating 教育・depend 依頼スル・example 模範・folly 呆事・direct 直チニ・harm 害スル・extravagance 奢侈・infringe 犯ル・necessary 必要ナル・entirely 全ク・the memmber of society 会友・murder 殺ス・enemy 仇敵・idleness 懶惰ナル事・decide 断ズル・othor 他人・suffer 受ル・weal 安寧・oppose 対反・offence 罪悪・commit 為ス・the gambling-house 賭舘・publicly 公然ニ・kind 類・poison 毒・protect 保護・restriction 限制・function 職分・free 自由・waste 費ス・impossible 不可・force 勢力・workpeople 工人・hope 望期スル・hold 執ル・disappintment 失望・conduct 行為・dislike 嫌悪・of detail 詳細ニ・discussion 弁論・moral 徳行・belong 属スル・the United State 合衆国

森岡氏の分析によると、一つの英語に対して『英華字典』があてたいくつもの漢訳語の中から、中村正直は日本語の文脈に入れても漢語としてよくなじむものを選択した由である。

また、中国語に日本語として使用可能ならしめるような工夫を加えている。たとえば、サ変動詞の付加（賭博スル）、活用語尾の付加（娶ル）、送り仮名の付加（甚ダ・詳細ニ）、などであるが、これは漢文訓読の素養が深い中村正直によってごく自然に行われたものに違いない。

（二）ロブシャイドの訳語を修正している語は以下のようなものである（挙例は少数にとどめた）。

①書き下し（熟語を訓読したもの。ここでは森岡氏のつけた標題を、括弧内に分かりやすく言い改めた。以下同じ）。antipasy 嫌悪↓嫌ヒ悪ムコト・immoral 不正経↓正経ナラズ。②中国語法の和訳（構造助詞など中国語の文法成分を日本語風に改めたもの）。ordinary 尋常的↓尋常ノ・inconvinience 不便者↓不便ノ事。③文字の倒置。evil 行悪↓悪行・harmony 和諧↓諧和。④二語の組み合わせ。prevail 通行＋通流↓流行スル・relation 親属＋族人↓親族。⑤主要漢字の選択（熟語の中から一字を選んで日本語化）spend 使費・費用↓費ス・extend 広布↓広メル。⑥中国語の意訳で漢字の一部が共通するもの（意訳する場合、一旦カナで示した既存の日本語にして訳したという）。freedom 自主者↓ジイウナル事↓自由。trade 売買↓シャウバイ↓商売。上は意訳した語を正常な漢字で書いたものだが、意訳した語を当て字の漢字で書きあらわしたものも含まれるという。fellow 同伴↓ナカマ↓夥伴（ナカマ）・many 多↓アマタ↓許多（アマタ）。

注意しておきたいのは、森岡氏が最後のパターンで「当て字」とした用字は、現在の完備した工具書やネット検索を使うと、ほとんどの語に出典が見つかることである。森岡氏が当て字とした例を、右の fellow「夥伴」many「許多」を含めてすべて挙げると以下のようになる。
reproach 非斥ソシリ《百喩経》《大唐西域記》・purse 銀袋サイフ【中国古典には無い】・narrow 狭隘セマキ《荀子》・basis 根基ドダイ《魏志・鄧艾伝》《朱子語類》・labor 労工シゴト【古典には無いが、工人の意で現代漢語にはある】・intercept 阻礙スル　サマタグ《水経注》・detect 査出すミイダス【無し】・specimin 式様ミホン《鶴林玉露》・fellow 夥伴《児女英雄伝》・many 許多《隋書・裴蘊伝》

中村正直がこれらに敢えて読み仮名を与えておいたのは、当時の工具書環境では確かな用例を見出しがたかったためで、読者が読んで直ちに理解するのが難しいと判断したからであろう。森岡氏がこれらを中村正直の「当て字」と判断したのは、今から見ると少しく違和感がある。

(三)ロブシャイドの訳語と異なっている語。これには以下の二つのパターンがあるという。

①中国語の意訳に相当するが漢字の異なるもの。absolute 全・斉全→ジフブンノ→十分ノ・ground 原由・原本・縁故・因由→コンゲン→根源。②独自の訳語かと思われるもの。result 収尾・到尾・到底・帰落→結果。theory 法・法子・総理・統理・意思→理論。

以上のような分析の結果、『改訂　近代語の成立　語彙編』では「訳語の対応の度合からいって、『自由之理』が全面的にロブシャイドに依存していたことは、もはや疑うことのできない事実だといってよい」とした。本文に紹介したこの書の『自由之理』と『英華字典』に関する章は、すでに個別論文として昭和四一年に発表されたもので、それ以後の明治初期の翻訳語に関する見方に大きな指針を与えたものである。

第四節　訳語の選択と定着

ジョン・スチュワート・ミルの〝On Liberty〟を『自由之理』と翻訳するにあたってロブシャイド『英華字典』が寄与したことは、右のように解明されたのであるが、子細に見ると、明治初期の西洋文献の翻訳は辞書があればそれで済むという単純なことではなかった。その間の事情は、たとえば柳父章『翻訳語成立事情』に詳しい。

柳父氏は「社会」「個人」「近代」「美」「恋愛」「存在」「自然」「権利」「自由」「彼、彼女」の十の翻訳語をめぐって、それぞれの成立事情を検討している。ここでは『自由之理』の「自由」についての成立事情に耳を傾けてみよう。なにしろ、「近代以後の私たちの「自由」ということばにも、英語で言えば freedom や liberty のような西欧語の翻訳語としての意味と、伝来の漢字のことば「自由」の意味が混在しているのである。そして単純化して言えば、西欧語の翻訳語としての「自由」はいい意味、伝来の「自由」は悪い意味である」と、いささか刺激的な問題を提示しているのである。

伝来の中国古典や日本古典の「自由」の歴史は古いけれども、翻訳語としての「自由」もキリシタン文献やオランダ語文献[*12]では「自由」がほぼ定着していて、幕末までの freedom や liberty の訳語としては「自由」を使うのが普通になっていた。しかし、幕末明治のころ、この言葉を使って西欧の色々な書物を翻訳し始めると、「自由」はどうもよくない訳語だと気づかれ始めたという。その最初の明言は福沢諭吉の『西洋事情　二編』に見られる。「洋書を翻訳するに臨み、或は妥当の訳字なくして訳者の困却すること常に少なからず。譬へば訳書中に往々自由（原語「リベルチ」）通義（原語「ライト」）の字を用ひたること多しと雖も、実は是等の訳字を以て原意を尽すに足らず」。

そもそも、のちに「自由」で訳されても良いはずの観念が、当初は色々な訳者たちによって慎重に避けられていたという。たとえば西周『万国公法』や津田真一郎『泰西国法論』（ともに一八六八年）では「自主」、加藤弘之『立憲政体略』（一八六八年）では「自主」と「自在」の混用、同じ加藤の『真政大意』（一八七〇年）では「不羈」、神田孝平『性法略』（一八七一年）では「自主」と「自在」の混用といった具合であった。そして一八七二年、中村正直『自由之理』の「自由」が訳語の定着に大きな役割を果たした。

とはいえ、中村正直はその後「自由」の語を警戒するようになったと柳父氏は言う。『自由之理』の二年後、中村は『明六雑誌』第十号（一八七四年）にリベラル・ポリチクスを「寛弘之政学ト訳ス」と書いた。「自由」という訳語を避けて、「寛弘」の語を用いたわけである。柳父氏は「寛弘」の出所を検討していないが、おそらく森岡氏がロブシャイドの辞書を修正

＊12　十九世紀の『和蘭字彙』など。

した「④二語の組み合わせ」の例と同じで、辞書中の訳語から「寛」と「弘」を組み合わせたものに違いない。漢語としての「寛弘」はたとえば、『漢書』元帝紀・賛に元帝を評して「寛弘にして下に盡くすことは恭倹より出でたり。號令温雅にして、古への風烈あり」とあるように、「寛弘」はむしろ「寛大」の義であって、「自由」の義とは異なるからである。あくまでもリベラルの翻訳語としての「寛弘」であった。

しかし『明六雑誌』第十五号（十号の二カ月後）ではまた「自由」にもどったように、屈折しながら定着したのが、翻訳語「自由」であったのである。

「自由」が明治初期の翻訳者らに避けられた理由は、はやく津田左右吉が一九五七年に「訳語から起る誤解」なる文章で考察していたと柳父氏は紹介する。津田は『後漢書』の赤眉の賊が天子を子ども扱いして「百事自由」にふるまったという用例や、日本では『徒然草』のある僧が「よろず自由にして、おほかた人に従ふといふことなし」という用例などにより、「自由」は我がまま勝手、というような意味の用例が多いことを指摘し、「キリシタン文献に見えるものは別として、自由といふことばには（中略）何ほどか非難せられるやうな意義の含まれてゐるものの多いことが、知られるやうである」とし、「フクザハの西洋事情に、リバチイまたはフリイダムにはまだ適当な訳語が無いといひ、さうして試みに挙げたもののうちの一つに「自由」があるが、それについて、原語は我儘放蕩で国法をも恐れぬといふ意義の語ではない、とわざわざことわってあることも、思ひ出されやう。自由は実は適切な訳語ではないやうである」と結んでいる。

日本での「自由」の語感は津田左右吉の指摘する通りのようであるが、ここで、中国古典での語感を『漢語大詞典』の掲げる用例で見ておこう。

『玉臺新詠』「爲焦仲卿妻作」では、「我が意、久しく忿（いか）りを懐く、汝　豈（あに）自由なるを得んや（私は長らく怒りを懐いてきた、お前の勝手気ままは許さない）」、晉・袁宏『後漢紀』「靈帝紀中」では、「今方（まさ）に権宦群居し、同悪　市の如し、上　自由ならず、政　左右より出づ（今やまさに権力を持った宦官が群れをなし、悪党どもが市をなすようだ。お上は自分の勝手にならず、政令は周囲から発せられる）」、『北史』「尒朱世隆傳」では、「既に朝政を総べ、生殺自由なり、公の行ひ淫泆にして、群小なるものを信任し、情に随って与奪す（朝廷を牛耳って、生殺は勝手気ままだ、公の行いはみだらで、つまらぬ小物を信任して、気分しだいに指示を下す）」、唐・劉商の詩『胡笳十八拍』の七では、戦時の状況になって「東西に寸歩するること豈（あに）自由ならんや、生を偸み死を乞ふは非情の願ひなり（東西にちょっと移動することも勝手気ままにできず、かろうじて生き延びたり死を乞うのは本性の願いではない）」、などとなっていて、津田左右吉の言うような「勝手気まま」の語義がほとんどである。当然ながら freedom や liberty の概念には重ならない。

ところで、翻訳語としてはどういう言葉が生き残って定着するか、『翻訳語成立事情』で柳父氏は以下のような翻訳語の特質を掲げて指摘する。「翻訳語とは、母国語の文脈の中へ立入ってきた異質な素姓の、異質な意味のことばである。異質なことばには、必ずどこか分からないところがある。語感が、どこかずれている。そういうことばは、逆に、分からないまま、ずれたままであった方が、むしろよい。母国語にとけこんでしまっては、かえってつごうが悪いこともある」。また、別の箇所では翻訳語をカセット（＝宝石箱）にたとえて、「むずかしそうな漢字には、よくは分からないが、何か重要な意味があるのだ、と読者の側でもまた受け取ってくれるのである。日本語における漢字の持つこういう効果を、私は「カセット効果」と名づけている。カセット cassette とは小さな宝石箱のことで、中身が何かは分からなくても、人を魅惑し、惹きつけるものである。「社会」も「個人」も、かつてこの「カセット効果」をもつことばであったし、程度の差こそあれ、今日の私たちにとってもそうだと、私は考えている」と述べる。

つまり、翻訳された漢字語は、今の私たちがカタカナ外来語の定義をきちんと確認しないままに、それでもそれを使うことで、何かもっともらしい言説に仕立て上げるのに似たものであった。そういう使い方と、翻訳語の導入で社会が動くということとは、また別の問題である。

なお、ロブシャイド以後の色々な英華辞典と言語の交流については、内田慶市『近代における東西言語接触の研究』、沈国威『近代日中語彙交流史』などに見ることができる。本稿において十分に紹介できなかった言語の交流については、これらについて見られたい。

【参考文献】

石崎又造『近世日本に於ける支那俗語文学史』清水弘文堂書房、一九六七年。
内田慶市『近代における東西言語接触の研究』関西大学出版部、二〇〇一年。
漢語大詞典編纂処『漢語大詞典』上海辞書出版社、一九九三年。
佐藤喜代治等『講座国語史6　文体史・言語生活史』大修館書店、一九七二年。
沈国威『近代日中語彙交流史』（改訂新版新装版）笠間書院、二〇一七年。
森岡健二『改訂　近代語の成立　語彙編』明治書院、一九九一年。
柳父章『翻訳語成立事情』岩波新書、一九八二年。
山田孝雄『国語の中に於ける漢語の研究』宝文館、一九四〇年、訂正三版一九七八年。
湯沢質幸『唐音の研究』勉誠社、一九八七年。
羅布存徳原著・井上哲次郎訂増『訂増英華字典』ゆまに書房、一九九五年。

第四章　漢文と中国語

小方伴子

第一節　高校の漢文教材

「漢文」ということばを漢和辞典で引くと、①漢代の文章・文学、②漢字、漢語、③漢字で書かれた文、④漢の文帝、⑤中国の文語体による文章・文学とある。[*1] 我々が高校や大学の一般科目で学ぶ漢文は⑤に当たる。この「漢文」は日本語特有の用法であり、[*2] その中には『論語』や『史記』や唐詩といった中国の古典だけではなく、日本人が中国の文語体に倣って書いた詩や散文も含まれる。また中国の古典も、文字通りの意味ではなく、日本で刊行されたものや、訓点を施されたものなど、日本人の手を経たものを指すことが多い。[*3]

漢文をどう定義するか、漢文として扱う作品の範囲をどこまでにするかは、人によって異なる。本章では、大多数の人が漢文とみとめるであろう作品、すなわち高校の国語科の教科書に漢文教材として取り上げられている作品を出発点に、漢文と中国語について考えてみたい。

＊1　『漢辞海』（第四版）、三省堂、八五六頁。

＊2　『漢語大詞典』（漢語大詞典出版社）の「漢文」の語釈には、①漢文帝劉恒的省稱（漢文帝劉恒の略称）、②漢語、漢字（漢語、漢字）、③漢代的文章（漢代の文章）、④劍名（剣の名）とある。日本語の「漢文」は、そのいずれにも該当しない。

＊3　前田直彬（二〇一五／一九六八）等参照。

平成二十七年度検定済「国語総合」（古典編）全九種[*4]の漢文編に収録されている中国の散文を、教科書の平均的な分類に沿って整理すると以下のようになる。[*5]

①故事成語
「漁父之利」「借虎威」「蛇足」（以上、『戦国策』）、「朝三暮四」（『列子』）、「知音」（『呂氏春秋』）、「嬰逆鱗」「矛盾」「守株」（以上、『韓非子』）、「塞翁馬」「蟷螂之斧」（以上、『淮南子』）、「断腸」（『世説新語』）、「推敲」（『唐詩紀事』）

②史伝
「晏子之御」「管鮑之交」「鶏鳴狗盗」（以上、『史記』）、「臥薪嘗胆」「完璧」「管鮑之交」「刺客荊軻」「死諸葛走生仲達」「鼓腹撃壌」「鶏口牛後」「鶏鳴狗盗」「先従隗始」（以上、『十八史略』）

③文章
「漁父辞」（『楚辞』）、「桃花源記」（『陶淵明集』）、「売油翁」（『帰田録』）、「春夜宴従弟桃花園序」（『李太白文集』）、「雑説」（『韓昌黎集』『唐宋八家文読本』）、「黔之驢」「羆説」（以上、『柳河東集』）、「愛蓮説」（『古文真宝』）、「詩人貪求好句」（『六一詩話』）、「人面桃花」（『本事詩』）

④思想
『論語』『孟子』[*6]

次にこれらの作品を出典別にみていくと、①の『戦国策』『列子』『韓非子』『呂氏春秋』『淮

＊4　九種については章末の〈本章で用いた教科書〉に記す。

＊5　分類は教科書によって違いがある。あくまでも平均的な分類である。

＊6　『論語』『孟子』は個々の文章に表題を付けないことが多いので、書名だけ提示する。

南子』、②の『史記』、③の『楚辞』及び④の『論語』『孟子』は前漢以前に成立したとされる古典籍、③の『陶淵明集』は東晋の陶潜の詩文集、①の『世説新語』は南朝宋の劉義慶の著作である。

②の『史記』と『十八史略』はどちらも史書であるが、書物としての性格は大きく異なる。『史記』は前漢の司馬遷の著作で、二十四史[*7]の筆頭に置かれる。一方『十八史略』は、宋末元初の曽先之が十七史や宋代の史料などを簡潔にまとめたもので、入門者向きの書とされる。『十八史略』は日本では江戸時代中期から幕末にかけて多くの刊本が出され、大いに流行した。明治以降も訳注が出版され、高校の漢文教材の定番となっている。しかし中国では、明末以降刊行されることが少なく、高校の教科書に取り上げられることもない。

①の『唐詩紀事』、③の『帰田録』『李太白文集』『韓昌黎集』『柳河東集』『唐宋八家文読本』『古文真宝』[*8]『六一詩話』『本事詩』は、個人或いは複数の人の作品集で、取り上げられている作品の多くは、唐宋の文語によるものである。

中国では唐宋以降、文語と口語の区別が明確になっていく。宋代以降の文語は、その時代の話し言葉を文章用に整えたものではなく、前漢以前の文章に倣って書かれたものである。

①から④の作品は、(i)文語と口語が明確に区別される前の中国語で書かれたもの(『論語』『孟子』『韓非子』『史記』『世説新語』など)と、(ii)文語と口語が明確に区別された後の文語によって書かれたもの(『十八史略』『韓昌黎集』『柳河東集』『唐宋八家文読本』など)とに大別

＊7　清の乾隆帝の勅命によって選定された正史二十四種の総称。

＊8　『古文真宝』も『十八史略』と同じく、中国では明末以降、ほとんど刊行されることがなく、むしろ日本で流行した。③の「漁父辞」「雑説」「春夜宴従弟桃花園序」は、教科書に示されている出典のほか、『古文真宝』にも収録されている。

される。前者は先秦から現代に至るまでの中国語史の中に位置づけられる。後者はいわゆる「擬古文」であり、中国語史の資料としては扱わない。

（ⅰ）の作品に用いられている中国語は、中国語史の時代区分でいうと、上古中国語から中古中国語に該当する。[*9]『論語』『孟子』『韓非子』『史記』などは上古中国語、『世説新語』は中古中国語である。また同じ上古中国語でも、戦国初期以前の作とされる『論語』[*10]、戦国末期以降の作とされる『韓非子』、前漢の司馬遷の著作である『史記』[*11]、南朝宋の劉義慶の著作である『世説新語』では、それぞれ用いられている語彙・文法が異なる。次節では、春秋時代から六朝時代までの中国語の歴史的変遷を、受身文と使役文を例にみていく。

第二節　中国語の歴史的変遷

［Ⅰ］受身文

漢文の教科書で受身文として挙げられているのは、おもに次の①から④である。Xは動作の受け手、Yは動作主、Vは動詞で、「Xが（Yに）Vされる」という意味をあらわす。

①XV（於Y）
②X見V（於Y）
③X爲（Y）所V

＊9　春秋時代から前漢までを上古中国語、後漢から唐末・五代までを中古中国語という。ただし中国語史の時代区分には定説がなく、中古中国語を南北朝までとする説もある。

＊10　『論語』の成立時期については、楊伯峻（二〇一六／一九五八）等を参照。

＊11　ただし『史記』は、司馬遷自身の文章と、古い文献の引用とが混在しており、均質な資料ではない。

④X被（Y）V

西周以前の中国語では、受身文は①の「XV（於Y）」構文に限られていた。[*12] 春秋時代になると、②の「X見V（於Y）」構文があらわれ、戦国中期から漢代にかけて大幅に用例数が増えていく。[*13]（1）は『論語』の「X見V」構文の例である。

（1）年四十而見悪焉、其終也已。（論語・陽貨）
（四十歳になっても憎まれるようでは、おしまいだろう）

③の「X爲Y所V」構文があらわれるのは戦国末期以降である。[*14] 先に挙げた教科書の作品では、戦国中期以前の『論語』『孟子』にはみられず、戦国末期以降の『韓非子』『史記』『世説新語』にはみられる。（2）は『史記』の例である。

（2）周幽王爲犬戎所殺、周東徙。（史記・陳杞世家）
（周の幽王が犬戎に殺され、周室は東遷した）

④の「X被V」構文は、戦国末期頃から用例がみられるが、動作主Yのついた「X被YV」構文はさらに遅く、後漢以降である。『論語』『孟子』『史記』などにはみられず、『世説新語』には萌芽的な例がみられる。（3）は『世説新語』の例である。

（3）亮子被蘇峻害…（世説新語・方正）
（庾亮の子が蘇峻に殺されると…）

以上のように、漢文の教科書に取り上げられている作品には、①から④の受身文が同じよ

＊12　「XV」構文に用いられる動詞には制限がある。大西克也（二〇〇四）参照。

＊13　唐钰明・周锡（一九八五）、唐钰明（一九八七）、小方伴子（二〇〇五）。

＊14　「X爲Y所V」構文の「所」がない形式「X爲YV」はより古くからみられるが、前漢以前の文献では、使われるVに偏りがみられる。魏培泉（一九九四）。

うに用いられているわけではない。

［Ⅱ］使役文

漢文の教科書で使役文として挙げられているのは、次の①②である。Xは使役者、Yは被使役者、Vは動詞をあらわす。

①XV1YV2「XがYを（V1して）V2させる」

②XVY「XがYをVさせる」

①の「XV1YV2」構文は、使役兼語文と称されるもので、V1には「使」「令」「遣」「教」などがはいる。ここでは漢文の教科書に取り上げられることの多い「X使YV2」構文を例に、その歴史的変遷をみていく。[*15]

西周時代の金文の「X使YV2」構文は、「XがYをつかわしてV2させる」という意味をあらわしていた。しかし『春秋左氏伝』『論語』『孟子』など春秋時代以降の文献になると、「使」に「つかわす」という意味が含まれない例が大量にあらわれてくる。（4）（5）はいずれも『春秋左氏伝』の例である。（4）の「使」には「つかわす」という意味が含まれ、（5）の「使」には含まれない。

（4）公使寺人披伐蒲。（春秋左氏伝・僖公五年）

（公は寺人披をつかわして蒲を攻めさせた）

＊15　詳しくは大西克也（二〇〇九）、小方伴子（二〇〇五）。

（5）［楚子］使申叔去穀、使子玉去宋…（春秋左氏伝・僖公二八年）

（［楚子は］申叔を穀から撤退させ、子玉を宋から撤退させ…）

春秋時代以降の文献には、Yに無情物がくる例や、V2に状態動詞や形容詞がくる例もみられる。（6）ではYに無情物「罪」が用いられ、（7）ではYに無情物「吾水」（わたしの川）、V2に形容詞「滋」（濁っている）が用いられている。

（6）不如逃之、無使罪至。（春秋左氏伝・閔公元年）

（逃げ出して、罪にかからぬようにしてください）

（7）何故使吾水滋。（春秋左氏伝・哀公八年）

（どうしてわたしの川を濁らせるのか）

このような例は、戦国末期から漢代にかけて、徐々にその数が増えていく。またそれと並行して、主語が事物の例も増加していく。（8）は後漢王充の『論衡』の例である。主語が原因となり、「…という結果を引き起こす」という意味をあらわしている。

（8）是竟寒温之氣、使人君怒喜也。（論衡・変動）

（それは寒温の気が人君を喜怒させたのである）

次の（9）は、②の「XVY」構文（XがYをVさせる）の例である。高校の漢文の教科書では、「文脈から使役に読む」などと説明されている。

（9）死諸葛走生仲達。（十八史略・三国）

（死んだ諸葛亮が、生きている仲達を走らせた）

「走生仲達」の「走」（走らせる）は、自動詞の「走」（走る）の使動用法である。使動用法とは、動詞、形容詞、名詞が目的語をとり、使役的な意味をあらわすものである。上古中国語には、「X坐Y」（XがYを座らせる）、「X去Y」（XがYを去らせる）、「X立Y」（XがYを立たせる）など多くの用例がみられる。使動用法は後漢の頃から徐々に衰退し、宋代に至るまでに北方の口語ではほぼ消失する。現代中国語（普通話）にも使動用法は存在するが、一部の動詞、形容詞、慣用的な表現に限られる。（9）の「走」（走らせる）は、文語表現として残ったものである。

第三節　白話小説の中国語

高校の漢文の教科書には、『水滸伝』『三国志演義』『西遊記』『紅楼夢』などの明清白話小説が教材として採られることはほとんどない。[*16] これらの作品には、指示詞「那」「這」、動詞接尾辞「了」「着」「過」、様態補語「得…」、前置詞「把」など現代中国語の特徴ともいえる語がすでに用いられており、[*17]『論語』『史記』『十八史略』などと同じように訓読することはできない。無理に訓読すれば、不自然な日本語になってしまう。次の（10a）は『水滸伝』の一節、（10b）は幸田露伴（一八六七―一九四七）による訓読である。[*18]

＊16　現行（二〇一八年現在）の教科書では、第一学習社『高等学校　改訂版　古典B』が、『三国志演義』（底本は世界書局『三国演義上冊』、一九六二年）を取り上げている。

＊17　宋から清までの中国語を近代中国語という。明清の白話小説はそれに該当する。

＊18　『国訳漢文大成』（文学部第十八巻）「水滸伝上巻」、早稲田大学出版部、五〇一頁。

（10a）武松也知了八九分、自家只把頭來低了。那婦人起身去盪酒。武松自在房裏拿起火筋簇火。那婦人煖了一注子酒、來到房裏、一隻手拿着注子、一隻手便去武松肩胛上只一捏、説道、叔叔、只穿這些衣裳不冷。（第二十四回）

（10b）武松也八九分を知了し、自家只頭を把り來つて低了す。那の婦人身を起し去つて酒を盪む。武松自ら房裏に在て火筋を拿起して火を簇む。那の婦人一注子の酒を煖了し、房裏に來到し、一隻手注子を拿着し、一隻手便ち武松の肩胛上に去いて只一捏し、説道ふ、叔叔、只這の些の衣裳を穿ち、冷ならずや。

吉川幸次郎（二〇〇六／一九六二）は、右の訓読について、「甚だ無理をまぬがれない。訓読ではさばききれない語が、あまりにも多いからである」（二六三頁）と述べる。「訓読ではさばききれない語」というのは、例えば「知了八九分…」の「了」（完了をあらわす動詞接尾辞）、「把頭來低了」の「把」（「…を」という意味をあらわす前置詞）などをいう。「知了八九分…」を「八九分を知了し…」、「把頭來低了」を「頭を把り來つて低了す」と訓読したのでは、日本語として不自然であるし、原文を正しく理解する助けにもならない。

次の（11a）は『紅楼夢』の一節、（11b）は幸田露伴による訓読である。[*19] 返り点附きの原文を交えたり、口語体を用いたりと、さまざまな工夫を凝らしているが、日本語としては違和感がある。

（11a）寶玉聽了、喜不自禁、笑道、待我放下書、幫儞來收拾。黛玉道、什麽書。寶玉見問、

＊19　『国訳漢文大成』（文学部第十四巻）「紅楼夢上」、早稲田大学出版部、四五四頁。なお、（11a）を含む一節については、太田辰夫（一九八二／一九五七）に語学的な解説がある。

慌的藏之不迭、便說道、不過是中庸大學。（第二十三回）

（11b）寶玉は聴て、喜不自禁、我が書を放下て、儞に幫來して收拾ますから待ちなさいと道つた。黛玉は、什麽の書ですかと問る。寶玉は慌的て之を藏す迭もないので、不過の中庸、大學の様なものですと道て居た。

露伴は同書の「凡例」で、「国訳文と原文とは、非常に相違し居る様なれども、それは原文の性質上より起りたる、止むを得ざる自然の結果なれば、原文を解し読まんとする人は、本書独特の筆づかひと能く前後の関係とを熟読するを要す、余韻を含ませて文を省約したる処、文を婉曲にしたる処、謎式にして両様の意味を現したるもの、隠隠約約の際に顕現して、筆者苦心の跡非常に面白く読まるるに至るべければ也」（一頁）と述べる。

中国語を学ぶことが容易でなかった頃、「原文を解し読まんとする人」を読者に想定すれば、このような文体を創り出すしかなかったのであろう。我々がいま白話小説の原文を「解し読まん」とするならば、まず現代中国語を学び、そこから近代中国語の学習へと進む。その方法は確かに手間はかかるが、露伴がいきなり近代中国語に立ち向かったよりは、効率よくかつ正確な読解の教程となるのである。

第四節　古典の現代中国語訳

我々は『源氏物語』や『枕草子』などを読むとき、現代人の注釈や現代日本語訳を参照する。古文を専門に学んだ人でなければ、原文を素手で読むのは至難である。中国語を母語とする人が、『論語』や『史記』を原文で読むときも同様で、やはり現代人の注釈や現代中国語訳の助けが必要である。ここでは中国古典の訳注の一例として、楊伯峻『論語譯注』を紹介する。（12）は同書から引いた『論語』の一節、亀甲括弧内は楊伯峻による現代中国語訳である。[*20]

（12）有子曰、「其爲人也孝弟、而好犯上者、鮮矣。不好犯上、而好作亂者、未之有也。君子務本、本立而道生。孝弟也者、其爲仁之本與」。（学而）

〔有子說、「他的爲人、孝順爹娘、敬愛兄長、却喜歡觸犯上級、這種人是很少的。不喜歡觸犯上級、却喜歡造反、這種人從來沒有過。君子專心致力於基礎工作。基礎樹立了、「道」就會產生。孝順爹娘、敬愛兄長、這就是「仁」的基礎吧」〕

〈有子がいった、「その人柄が父母に孝行で、兄を敬愛しながら、上に逆らうことを好むというような人は少ないものだ。上に逆らうことを好まないのに、造反することを好むというような人は、これまでいたためしがない。君子は根本的な務めに力を尽くす。根本が定まれば、「道」は生じる。父母に孝行し、兄を敬愛するのは、「仁」の根本であろう」〉

楊伯峻は現代中国語訳のほかに、原文の「鮮」「未之有也」に（13）（14）のような注釈を施している。[*21]

（13）鮮—音顯、xiǎn、少。『論語』的「鮮」都是如此用法。

*20　現代中国語の正式な字体は「簡体字」であるが、ここではテキストの表記に従って「繁体字」を用いる。「簡体字」「繁体字」については、本巻第Ⅱ部第三章「旧字と新字」を参照されたい。なお、便宜上、原文の句読は「。」「、」に統一する。

*21　「鮮」「未之有也」のほか、「有子」「孝弟」「犯」「孝弟爲仁之本」「與」にも注釈を付けている。

（鮮―顯と発音する、xiǎn、少。『論語』の「鮮」はみなこのような用法である）

（14）未之有也―「未有之也」的倒装形式。古代句法有一條這樣的規律。否定句、賓語若是指代詞、這指代詞的賓語一般放在動詞前。

（未之有也―「未有之也」の倒置形式である。古代中国語の文法には次のような規則がある。否定文では目的語が指示代詞の場合、その指示代詞の目的語はふつう動詞の前におかれる）

（13）は「鮮」の発音と意味についての注釈である。「鮮」は現代中国語では単独で用いられることは少なく、「新鮮」（新鮮である）、「鮮花」（生花）などの熟語として使われる方が多い。その場合の発音は「xiān」である。[*22] 原文の「鮮」は「少ない」という意味であり、発音は「xiǎn」である。

（14）では「未之有也」の構文を説明している。中国語の動詞述語文は、上古中国語から現代中国語まで基本的には「主語＋動詞＋目的語」の語順であるが、上古中国語では特定の条件のもと、「主語＋目的語＋動詞」の語順になることがある。

第五節　直読と訓読

日本語を母語としない人が、日本の古典、例えば『源氏物語』や『枕草子』を原書で読もうとすれば、当然のことながら、現代日本語を学ぶところから始める。同じように、中国語

＊22　「新鮮」の「鮮」は軽声で発音されることもある。

を母語としない人が、中国の古典、例えば『論語』や『史記』を原書で読もうとすれば、現代中国語を学ぶところから始めるのが自然である。実際、欧米の人はそうしている。しかし日本では、中国の古典に関して、外国語の書物を原書で読むための一般的な方法とは別に、訓読という、原文の語順を日本語の文法に合うように改変して読む方法も用いられている。原文を日本語化して読むのであるから、中国語で音読することはしない。

中国の古典は、平安時代に遣唐使が廃止されて以来、おもに訓読によって学ばれてきた。江戸時代になって鎖国政策がとられるようになると、「対外的な語学教育の必要が一層減少し、ただ国民の教養としての漢文が奨励された結果、一般の傾向は、もとより訓読に重きをおき、その形式を表現した訓点にも、いろいろな派を生じた」（倉石武四郎（一九四一）、六八頁）。

江戸時代には訓読の諸学派とは別に、中国の書物は中国語で直読すべきと説く学派もあった。その代表的な人物に、江戸時代中期の儒学者荻生徂徠（一六六六―一七二八）がいる。徂徠は『訳文筌蹄初編』の「題言十則」で次のように述べる。*23

（15）予嘗て蒙生の為に学問の法を定む。先ず崎陽の学を為し、教ふるに俗語を以てし、誦するに華音を以てし、訳するに此の方の俚語を以てし、絶して和訓迴環の読を作さず。始めは、零細なる者を以てす。二字三字、句を為す。後、書を成す者を読ましむ。崎陽の学、既に成りて、乃ち始めて中華人たることを得。而して後に稍稍に経史子集四部の書を読まば、破竹の如し。是れ最上乗なり。

＊23　『漢語文典叢書』第三巻、汲古書院、一頁〜一五七頁。鈴木直治（一九七五）、一〇三頁参照。

「崎陽の学」は長崎で唐通事などが学んでいた唐話（明清の中国語）の学、「和訓廻環の読」は訓読のことをいう。すなわち、原文を中国語で発音し、日本語の俗語に訳し、決して訓読はさせず、二字三字から学びはじめて、その後にまとまった書を読ませる、熟達して中国人のようになったら経史子集四部の書を読ませる、という主張である。外国語の古典を学ぶ方法としては至極まっとうであり、太宰春台（一六八〇―一七四七）など賛同する者もあらわれた。しかしそれでも、訓読全盛の状況を変えることはできなかった。倉石武四郎（一九四一）はその理由を、「時代の背景によるもので、当時は支那に渡ることはおろか、支那人の顔を見ることすら容易でない頃で、しかも、オランダ語の様に若い語学ではなくて、久しい伝統をもっている支那語の改革を、適切に実行することは容易でなく、つまり、鎖国時代には、十分適当しない方法として、成功を見るに至らなかったのである」（七三頁）とする。

なお、少し補足をすると、当時の訓読は、「目による直読」を伴うものであった。鈴木直治（一九七五）は、太宰春台の「倭語の読には転倒あり、助語を遺す。是れ漢語と異なり。されば、口にて読みたるばかりにては、漢文の義理見えがたし。只、口には、倭語の読をなすとも、目にて、其の文字を看て、其の上下の位を分別し、助語辞までに、一一に目に属けて、子細に看て、心には、其の句法字法の種々変化異同あることを思量して、中華の人の音にて順に読みくだす心になりて、漢文の条理血脈を識得せんことを要すべし。是れ書を看るといふ者なり」（倭読要領・巻中）を引き、「「書を看る」ということは、藤原惺窩・林羅山などにおいても、更に、古く博士家の人たちにおいても、実際上、やはり、このような読みかたがなされていたものにちがいがない。すなわち、口に訓読することは、古くから、当然、目による直読を伴うものとされていたのであって、わが国における漢学は、このような読書法の基礎の上に発達して来ていたものということができる」（一一九頁）と述べる。

大正時代から昭和初期にかけて、青木正児（一八八七―一九六四）、倉石武四郎（一八九七―一九七五）等、直読を推奨する学者があらわれる。*24 青木正児（一九七〇／一九二七）は、「現今支那学専門家の大多数が、無意識の間に直下黙読を行ひつつあるは吾々の経験から推測出来る」とした上で、「併しともすれば、視線が転倒したがる。更に一歩を進めて之を音読に及ぼし、目も口も頭も転倒しないやうに習慣を付けたら、読書力が大いに増進するに違ひ無い」（三四一頁）と述べ、倉石武四郎（一九四一）は、中国語の文章を理解するには、「支那人の発音で、文字の順序どほり、かならず、上から下へと音読し、その一句ごとに、まとまった意味を悟つていかなければならない」（八一頁）、「語学を語学らしく勉強しないかぎり、文学を文学らしく味ふことはできない」（同上）と述べる。

一九四九年に中華人民共和国が建国されると、共通語としての「普通話」が規範化され、アルファベットと声調符号で漢字の発音を示す「ピンイン」が正式に用いられるようになり、中国語は格段に学び易くなる。一九七二年に日中両国の国交が正常化されてからは、中国が一層身近な国となり、外国語のひとつとして中国語を学ぶ人が増えていく。中国の古典も、「漢

---

*24 陶徳民（二〇〇八）は、直読論の先駆者として重野安繹（一八二七―一九一〇）を挙げる。

文」としてではなく、古代中国語による作品として、現代中国語の知識と読解力を基礎に学ぶ方法がとられるようになる。[*25]ただし、現代中国語の能力だけでは古典の正確な読解にはならない。その能力を基礎として、古代中国語の意味を調べる辞書・工具書の使い方、古代中国語の語彙・文法などを別に学ぶのである。その入門としては、中国の学習者向けに編集された「古代漢語」課本を利用したり、先に紹介したような古典の現代中国語訳を参照するという方法が推奨された。

筆者は一九九〇年代に東京都立大学で中国古典を学んだが、在学中に受けた授業では、テキストを例外なく中国語で直読した。本章第三節で取り上げた明清の白話小説はいうに及ばず、第一節で取り上げた『論語』『韓非子』『史記』『世説新語』などの「漢文教材」も、すべて直読を通して学んだ。その際、第二節で述べたような中国語の歴史的変遷を意識し、第四節で挙げたような現代中国語による訳注を参照した。そこでは青木正児、倉石武四郎が目指した古典教育が、当たり前のように行われていたのである。

中国の古典を、中国語という外国語で書かれた作品として直読するのであれば、訓読法は必要ない。それならばなぜ、我々は訓読を学ぶのであろう。訓読を主とする漢文教育の意義についてはさまざまな議論があるが、[*26]ひとつはっきりしているのは、訓読法およびそれにもとづく資料は、日本の貴重な文化遺産であるということである。

*25　ただし、中国学の研究分野によっては、中国の文言資料を読解する技法として、漢文訓読法が有効に利用されている。研究技法としての漢文訓読法については市來津由彦（二〇〇八）が参考になる。

*26　中学・高校の「国語科」に於ける漢文教育の意義については、松浦友久（一九九七）、門脇廣文（二〇〇五）等参照。

江戸時代以前の日本人が、中国の古典をどのように解釈したのかを知るには、彼らが遺した訓点資料、書き下し文によるしかない。また、訓読で用いられる語彙・文法は、近世以降、日本人が漢文或いは漢文訓読体の文章を書く際の規範とされてきた。彼らの遺した文章を正しく読み解くには、訓読に関する知識が不可欠である。

本章第一節で述べたように、高校の漢文教材には、『十八史略』『古文真宝』といった、中国よりも日本で多く読まれてきた文献が採用されている。日本人が読んできた中国古典を、日本人が読んできたように読む[*27]、というのが、現代における漢文訓読の基本であり、中国語による直読とは領域を異にする部分である。

【参考文献】


青木正児（一九七〇／一九二七）「漢文直讀論」、『青木正児全集』第二巻、春秋社。

市來津由彦（二〇〇八）「漢文訓読の現象学―文言資料読解の現場から―」、中村春作他編『「訓読」論　東アジア漢文世界と日本語』、二九五頁～三三二頁、勉誠出版。

太田辰夫（一九八二／一九五七）『中国歴代口語文』、朋友書店。

大西克也（二〇〇四）「施受同辞芻議―《史記》中的「中性動詞」和「作格動詞」」、高嶋謙一他編『意義與形式―古代漢語語法論文集』、三七五頁～三九四頁、Lincom Europe。

大西克也（二〇〇九）「上古汉语「使」字使役句的语法化过程」、中国社会科学院语言研究所历史语言学一室编『何乐士纪念文集』、一一頁～二八頁、語文出版社。

小方伴子（二〇〇五）「先秦両漢漢語における使役・受動構文の研究―動詞の使動用法、使令兼語文、受事主語文をめぐって―」、東京都立大学提出博士論文。

＊27　ただし現代の訓読は、「官報」第八六三〇号（明治四十五年）によって公示された「漢文教授に関する文科省調査報告」にもとづくものである。明治初期以前の訓読については、本巻第Ⅲ部第一章「漢文訓読（奈良時代から室町時代まで）」及び第二章「漢文訓読（江戸時代から明治初期まで）」を参照されたい。

門脇廣文（二〇〇五）「学会展望」、『日本中国学会報』第五七集、三三六頁～三三八頁。

倉石武四郎（一九四一）『支那語教育の理論と實際』、岩波書店。

鈴木直治（一九七五）『中国語と漢文』、光生館。

陶徳民（二〇〇八）「近代における「漢文直読」論の由緒と行方─重野、青木、倉石をめぐる思想状況─」、中村春作他編『「訓読」論　東アジア漢文世界と日本語』、四九頁～八五頁、勉誠出版。

唐钰明（一九八七）〈汉魏六朝被动式略论〉、《中国语文》一九八七年三期、二一六頁～二二三頁。

唐钰明・周锡（一九八五）〈论先秦汉语被动式的发展〉、《中国语文》一九八五年四期、二八一頁～二八五頁。

前田直彬（二〇一五／一九六八）『漢文入門』、筑摩書房。

松浦友久（一九九七）「「訓読古典学」と「音読古典学」─その意義と相補性について─」、『新しい漢文教育』第二五号、一九頁～三二頁。

吉川幸次郎（二〇〇六／一九六二）『漢文の話』、筑摩書房。

魏培泉（一九九四）〈古漢語被動式的發展與演變機制〉、《中國境內語言暨語言學》第二輯、二九三頁～三一九頁。

楊伯峻（二〇〇九／一九五八）『論語譯注』、中華書局。


〈本章で用いた教科書〉

東京書籍『国語総合　古典編』（三三五）、三省堂『高等学校国語総合　古典編　改訂版』（三三七）、大修館書店『国語総合　改訂版　古典編』（三四五）、教育出版『精選国語総合　古典編』（三四一）、数研出版『改訂版　国語総合　古典編』（三四九）、明治書院『新　精選　国語総合　古典編』（三五三）、筑摩書房『精選　国語総合　古典編　改訂版』（三五六）、第一学習社『高等学校　改訂版　新訂国語総合　古典編』（三五九）、桐原書店『新　探究国語総合　古典編』（三六四）。括弧内は教科書番号。

第五章　漢和辞典略解（明治以降）

武田　京

明治以降の漢和辞典について、以下その主なものを採り上げて、時代別に紹介する。

近代辞書の歴史は欧米外国語辞典の翻訳の試みから始まった。明治に入り、多くの出版社が創立され出版事業が産業として成立すると、英和辞典を中心とした外国語辞典は着々と実績が重ねられるようになるが、近代辞書としての国語辞典や漢和・古語辞典の誕生はその後となった。それまでの間、漢和辞典にあたる辞書としては、江戸時代以来の『増続大広益会玉篇大全』『倭玉篇』『康熙字典』などが用いられていたが、明治三六（一九〇三）年、史上初めての漢和辞典として『漢和大字典』が誕生した。

第一節　漢和大字典

漢字と熟語を合わせて解説した日本で初めての漢和辞典。明治三六（一九〇三）年二月、重野安繹・三島毅・服部宇之吉監修、三省堂編輯所編纂として、三省堂より刊行された。菊判。一九三六頁。収録親字数三万余字。

明治一四（一八八一）年創業の三省堂が、明治一七（一八八四）年の『英和袖珍字彙』刊行以来の辞書出版の実績を経て、自社の印刷部門も育成したうえで取り組んだもので、三省堂編輯所の編集者斎藤精輔が、足助直次郎を招いて深井鑑一郎・福田重政とともに編纂させ、重野・三島・服部に監修を委嘱した。

その「例言」に「本書は、泰西辭書中最も進歩したるもの、體裁に則りて、漢字を、平易に且つ秩序正しく訓釋したるものとす」とあるとおり、西洋辞書の最新の方法論をもって漢字を解説しようとしたものである。「漢和」の語を冠した初の辞書であるが、その主旨も、既に「英和」辞典などの外国語辞典が定着していたことを踏まえ、「漢字→和語」という翻訳語辞典としての方針を明確に示そうとしたものであると考えられる。親字[*1]の配列と収録範囲はほぼ『康熙字典』に基づいており、親字を『康熙字典』の部首順に配列した。解説では、親字を大きく掲げて見出しとし、その下に漢音・呉音と反切・詩韻[*2]を示している。その次に親字の意味解説と熟語解説をまとめる。意味の説明は「あらゆる字典を斟酌し、諸種の書史をも参照して」原義から転義に記述し、その後に「極めて普通なる」和訓を示した。親字の解説のあとには、その親字を含む熟語成語（熟語）を配列して解説している。親字・熟語ともに、典拠として『書経』『詩経』『論語』『孟子』『老子』『荘子』『史記』『漢書』『爾雅』、韓愈・柳宗元といった漢籍用例を掲げる。索引としては、部首索引、部首別親字「索引」、部首の紛らわしい字の「検字」（総画引き）、紛らわしい字の「辨似」を収録する。その編集方針と

＊1　漢和辞典における見出しの単漢字。

＊2　漢字の四隅に平上去入の記号を付けた枠囲みの記号で掲示。

紙面体裁は既に現代の漢和辞典につながるものであるが、現代のものと大きく異なるのは、親字について、同じ字でも音・韻と意味の異なる場合は別見出しとして立項解説していること、そして、熟語について、『佩文韻府』にならって親字が最後に来る語をまとめる方式（脚韻式）で配列したことであった。この熟語配列は、漢詩の創作に資することを意図したものであると言われている。

その画期的な内容は広く支持を集め、以降百年以上にわたって受け継がれる漢和辞典の原形を形作ることになった。

第二節　詳解漢和大字典

現代の実用を主として最も適切詳密な解釈を施した漢和辞典。大正五（一九一六）年一二月、服部宇之吉・小柳司氣太共著、冨山房刊。四六判。二一〇〇余頁。

字形・配列はおおむね『康熙字典』に従うがその錯誤等は訂正し、国字を含む他の文字を補完、現代に使われない字は収録しない。字音は漢音・呉音を挙げ、凡例でその細則を掲示している点が注目される。親字の解説は、見出し字の下に字音・反切・詩韻を掲げ、さらに、通用する字・異体字を示す。字解（意味）は、現代の用途の広狭の順とし、文書を読み下すことを重視して和訓を太字で示し、その次に意味、引証・出典として『十八史略』『文章軌範』『唐詩選』などの平易で一般的な漢籍用例を示す。日本にのみ通用する訓は国訓として区別して解説する。熟語は親字が先頭にある語をまとめる方式（頭字式）として、字数順・画数順で配列、引証として漢籍用例または出典を示し、日本語独自の語は区別する。熟語配列の末尾には脚韻式の熟語例を列挙した。索引・付録として「部首索引」「音訓索引」「検字（総画索引）」「支那音索引」「草字便覧」などを収める。

その後、『改訂増補版』『新訂版』『修訂増補版』として改訂増補を重ね、昭和四〇年代まで刊行された。

第三節　大字典

漢字を形・音・義の三方面より解釈して、漢字に対するあらゆる知識を最も正確かつ統合的に解説した辞典。大正六（一九一七）年三月、上田萬年・榮田猛猪・岡田正之・飯田傳一・飯島忠夫編、啓成社刊。菊判。二八〇〇余頁。親字数一万四九二四字。

親字は『康熙字典』に準拠しつつ、取捨選択のうえ、通常世間に慣用される俗字・略字・新製文字等を新聞雑誌その他諸記録中より採集した。親字の解説は、見出し字の下に字音（漢音、呉音、唐・宋音、慣用音）・詩韻を掲げ、さらに小篆・大篆・古文・俗体・略体・草書など多くの異体字を掲げる。見出し字に番号を付している点が注目される。そして、見出し字の左横上部に、本書の紙面を特徴付ける枠囲みの解説を置き、そこに訓義を列挙した。この訓義は、『康熙字典』『玉篇』等に拠りつつ、広く諸書を参考にして、重要な訓は太字で明記して品詞を示し、日本独自の訓は『和名抄』『新撰字鏡』等を広く参酌して「特訓」「和義」の記号で区別した。そして『節用集』などから採った「名乗」欄を置く。訓義解説の下部には、漢字の形・音・義を明らかにするために、六書によって説明した「字源」欄を置き、[*3]字形の似た字を「辨似」欄で比較説明、「応用」欄として意義を要素とする字と音符として構成する字を列挙し、さらに、伊藤東涯説による同訓異義解説を挙げる。熟語は、漢和古今の別なく多数採録して、熟語大辞書であることを目指し、頭字式・字数順・画数順で配列した。日本の難解な地名・姓氏も収録する。索引は「部首索引」（部首にも番号を示す）「画引索引」（部首別索引）「総画引索引」「音訓索引」を収めるほか、本文紙面上にも部首索引を示している。付録に「草字彙」を収める。

その後、大正九（一九二〇）年『増補縮刷版』（菊半截判）、大正一〇（一九二一）年『増補訂正版』、大正一三（一九二四）年『復興版』、昭和三（一九二八）年『昭和新版』、昭和一五（一九四〇）年『華語増補版』と版を重ね、のち、昭和四〇（一九六五）年に講談社より再版、平成五（一九九三）年には『新大字典』として刊行され、現在に至る。

＊3　凡例では六書解説を掲げる。

第四節　字源

古来の漢籍に出る漢字を網羅、精確な音義を施し、熟語を簡明に解説した、漢字典にして故事成語・地名・人名辞典を兼ねた漢和辞典。大正一二（一九二三）年六月、簡野道明著、北辰館刊。菊判。二六〇〇余頁。収録親字数約一万一〇〇〇字。

収録・配列は『康熙字典』に準拠するが、古書に用例の無い字・既に廃れた字は収録せず、日常使用される字や国字は収録して、現代の実用に適切なように修訂。同部首同画数字の場合、それまでの漢和辞典では『康熙字典』に従うとして明瞭な配列原則がなかったが、これを字音の五十音順によって配列したことが注目される。親字の解説は、見出し字の下に字音・詩韻を掲げ、古字・本字・俗字などの字体の注記を示す。字解（意味）は、本義から転義に配し、字義・熟語例・出典例[*4]を説明し、通用する字や古字・正字などを示す。中国語官話俗語・仏典・国語の訓義を区別する。「解字」では六書に基づき解説する。熟語についても、頭字式としたうえで、親字と同様に読みの五十音順で配列したことが注目される。索引として「部首索引」「検字」（総画引き）「字音索引」（口語音）「字訓索引」を掲げ、付録として本文解説を補う図版・「草字彙」「隷法彙纂」を収める。

その後、大正一四（一九二五）年には『縮刷版』を刊行、以降、発行元を変えながら版を重ね、

＊4　最も古く信頼できる用例を原則とするが、古来一般的なものも掲示。

昭和三〇（一九五五）年には角川書店から再版されている。

第五節　明解漢和辭典

字音五十音順配列の小型漢和辞典。昭和二（一九二七）年三月、宇野哲人編、三省堂刊。B七変型版。親字数六四八八字。

現代文明に適切な漢和辞典として、部首配列によらず、慣用音・通用音の五十音順によって親字を配列した。宇野は、訓詁解釈の簡明的確と故事成語の収集選択に苦心し、西山栄久が北京音を校訂、『漢和大字典』以来三十余年三省堂編輯所にあった足助直次郎が全体を補佐した。見出しには国字や中国の現代漢字も掲げる。字音配列は発音順で、「カウ」「カフ」等は「コ」に属し、また、「イ」部に「ヰ」部を合わせるなどしている。見出し字には番号を付し、総画索引と関連させている。字音・詩韻に加えて、中国語北京音を示す点が注目される。親字の解説は極めて普通の和訓を掲げて、解釈を示す。用例は特別なもの以外は示さず、国訓を区別、中国現代語や俗語の語義も区別して解説する。故事成語（熟語）は、親字配列にならい、文字数順・五十音順で配列する。索引は、見出し字の番号を示した「総画索引」を備える。

第六節　新漢和大字典

『明解漢和辞典』の部首順配列増補版。昭和七（一九三二）年二月、宇野哲人編、三省堂刊。四六判。一八四四頁。親字数九一一一字。

漢字存廃論議を背景に、『明解漢和辭典』を編んだ宇野哲人が、旧来の部首引き漢和辞典を求める声に応じた。配列は『康煕字典』によるが、「相」など部首の分かりにくい字については本来の「目」部のほかに誤りやすい「木」部にも空見出しを掲げるなど配慮している。見出し字には番号を付す。親字の解説は、解釈訓詁を精細的確にして、訓は極めて普通のものを強調して示し、意義を共通する訓は先頭に掲げた。多くの場合に引証・出典を挙示、普通に典拠とされる経史雑著詩文集の漢籍例文を掲げる。普通一般の知識を標準として、字源説明は省略している。故事成語（熟語）は五十音順で配列、引証・出典を多く挙示する。熟語配列の末尾には脚韻式の熟語例を列挙。索引・付録は、「部首索引」、画数引き「検字」、「草字便覧（常用漢字便覧つき）」「音訓索引」を収める。

第七節　新修漢和大字典

現代普通教育に必要な字を選び、これに詳密適切な解釈を施し、関連する熟語を収録し、漢字字典・故事成語字典・人名地名字典を兼ねた現代の実用字典。昭和七（一九三二）年二月、小柳司氣太著、博文館刊。四六判。二一〇〇余頁。親字数一万八二二字。

漢字排斥と外来語濫用の時代を背景に、『詳解漢和大字典』を編んだ小柳司氣太が、山内計作の材料収集と校訂、小野鍾山の草書を得て編集した。字形・配列は『康熙字典』に準じ、使用されない字を排し、現代実用の字を収録、部首の紛らわしい字は複数掲示した。見出し字には番号が示され、現代の字音、韻字、字体の注記、草書を示す。字解は、はじめに和訓を示し、次に本義・転義を熟語例とともに示し、出典を掲げた。日本独自の訓は「国訓」として、現代中国語も区別して解説する。熟語は字数順・画数順で配列し、解説では類義語も示した。引例・出典は最も古くて正確なものを原則とするが、『小学』『十八史略』『文章軌範』などから採った例も多い。「同訓異義」「助字篇」「国字」「常用漢字・略字」などの付録、索引は「部首索引」「検字」「音訓索引」を収める。

昭和一一（一九三六）年には『増補版』が刊行され、昭和二八（一九五三）年には博友社より『増補版』が刊行、以降、昭和五〇年代まで版を重ねている。

第八節　新撰漢和辭典

「長澤式」部首配列漢和辞典の登場。昭和一二（一九三七）年二月、宇野哲人・長澤規矩也編、三省堂刊。B六変型判。一一九二頁。親字数九一一一字。

編集の主体は長澤規矩也。『漢和大字典』以来漢和辞典の主流であった意味別分類による『康熙字典』に基づく部首順の親字配列が、国語施策によって略体漢字が導入されつつあった当時では検索に困難を生じるようになっていたことを踏まえ、中等学校の生徒のためとして、新たに漢字の偏や冠の字形から引ける独自の部首を考案して、親字を配列したものである。たとえば、「人」部と「イ」部、「水」部と「氵」部は分割し、「宀」部と「穴」部、「日」部と「曰」部は統合、さらに新たな部首を創設するなどして、そこに親字を配列した。（同時に、旧来の部首でも引けるように配慮されている）親字の解説は、見出し字の下に字音等を掲げたうえで、簡潔な訓義の説明を示す。熟語は画数順で配列し、解説には多く用例が示される。索引として「音訓索引」を収める。

長澤の打ち立てたこの新しい漢和辞典は、その後、昭和三四（一九五四）年に『明解漢和辞典　新版』に受け継がれ（原田種成が参加）、昭和三五（一九六〇）年に『大明解漢和辞典』として拡充、昭和四二（一九六七）年には『新漢和中辞典』に発展、さらに昭和四九（一九七四）

年には『新明解漢和辞典』というように徐々に拡充・整備され、二〇世紀を通じて七〇年にわたり広く用いられた。（戦前と戦後の『明解漢和辞典』には、直接のつながりはない）

第九節　新字鑑

漢和辞書に中国語辞書と国語辞書を併せた、漢字で表現される語彙を集大成した総合的辞典。昭和一四（一九三九）年二月、鹽谷温編、弘道館刊。A四判。二五〇〇頁。親字数約一万一〇〇〇字、熟語数一〇万語。

中等学校で中国現代文の学習が始まり、また、漢文の教授要目も改正された時代を背景としている。部首は、『康熙字典』部首から改変し、「人」部と「イ」部、「水」部と「氵」部を分離し、「二」部を「一」部に、「玄」「高」「斎」部を「亠」部に統合、「玉」部を「王」部に変更するなど、「長澤式」部首配列にも似た、字形による分類法としている。見出し字は、部首順・部首内画数順であるが、部首内画数が同じ場合、偏・旁・冠・脚などその字のなかで部首のある場所の順としている。見出し字には、中国語の発音を標準音ウェード式で付し、[*5]字音は漢音・呉音、通用（慣用）音・促音・延音・唐音・宋音等を挙げ、韻を示す。見出し字に対応する新字体がある場合、見出しの下に掲げ、国字・略字等を正字と区別。昭和六（一九三一）年臨時国語調査会発表「常用漢字表」に当たる字に記号を付す。字解は、初

＊5　凡例に「中国語発音について」がある。

めに和訓を掲げ、次に本義・転義を高等学校漢文教科書・日本漢文の引例とともに掲げ、国訓と名乗を末尾に示した。熟語は、頭字とする熟語・成句・故事・書名・人名・地名等を収録、画数順で配列する。現代語を含む国語、仏教語ほか、現代中国語熟語も立項解説した。付録に「同訓異義」「中国慣用語句」「草字便覧」「漢字の構成（字源）」「中国歴史学芸年表」など、索引は「部首索引」「音訓索引」「難字索引」を収める。

第一〇節　支那文を讀む爲の漢字典

渺たる一小字典ながら最も大きな漢和辞典にも匹敵する、刊行当時唯一の〝対訳〟をうたう漢和辞典であるが、中国語の解説を日本語訳した語釈に特徴がある。昭和一五（一九四〇）年一〇月、田中慶太郎編訳、文求堂刊。B六変型判。六八〇頁。親字数約八〇〇〇字。

文求堂の田中慶太郎が、現代中国語のみならず漢籍の語も含めた中国語の文章を読むためとして、大正四（一九一五）（中華民国四）年に上海商務印書館が発行した陸爾奎・方毅共編『学生字典』を元に、松枝茂夫に依頼して中国語解説を日本語に訳し、『辞源』『中華大字典』を参考に増補して編纂したもの。書名は長澤規矩也が提案した。『康煕字典』部首に従って配列した親字の解説のみで構成され、熟語解説は収録されない。意義の説明では、国訓は「すべて国語辞典の領域のものである」として示さず、意義内容を直接解釈する方法を取る。原著の中国語の発音は、当時日本で通行していたウェード式の表記に改めている。見出し字に続いて反切、詩韻が示されるが、字音は示されない。解説の末尾には『説文解字』の部首順位を示す。「部首索引」を掲げる。

漢和辞典史上画期的な一冊であり、一九六二（昭和三七）年の『第四版』には長澤規矩也が序を寄せ、平成九（一九九七）年には『第九版』が刊行されるというように、二〇世紀を通して流通している。

第一一節　大漢和辭典（『廣漢和辭典』）

収録字数五万字を誇る史上最大の漢和辞典。昭和三〇（一九五五）年三月、諸橋轍次編、大修館書店刊。B五判。全一三巻。親字数五万一〇二六字。

親字は、正字のほか略字・俗字・国字を含み、『殿版康熙字典』を中心に『説文解字』『玉篇』『広韻』『字彙』『正字通』『中華大字典』ほかから採録。語彙（熟語）は、普通の成語・故事熟語・格言俚言・詩文の成句・人名・地名・書名・官職名・年号・動植物名を主とし、法律・経済ほか学術語および普通の現代文・中国語も載せ、仏教語・邦語は普通のものを採録した。親字は、『康熙字典』に基づいた正しい字形を見出しとして掲げ、その配列も『康熙字典』に準拠し、漢字に番号を付し、反切に基づく字音、注音符号、ウェード式中国語発音、『集韻』

『広韻』等を基にした反切、『佩文韻府』等を基にした韻を掲げる。字義の解説は、まず主な訓義を示し、その下で意義を細説した。音によって意義の異なるものは区別し、仏教語と国訓も区別して記述している。出典・用例は、日本・漢籍の原典を返り点を付して引用した。語彙（熟語）は字数順・五十音順に配列し、見出しには親字ごとに熟語の番号が付してある。たとえば「一」の解説では、字義の大区分は二三条、意義はさらに細分化され、二七〇七語を数える熟語と合わせて、七〇頁以上が費やされるという膨大な分量となる。各巻には「総文字」（部首順による検字）索引が置かれる。第一三巻『索引』では、「総画索引」「字音索引」「字訓索引」「四角号碼索引」のほか、一〇六二字の補遺、「當用漢字表」「中國簡化文字表」などを収める。

最終第一三巻にあたる『索引』が刊行されたのは昭和三五（一九六〇）年五月。五万語という空前の収録語数と詳細な解説により、時代を画する辞書となり、中国においても大いに注目されることとなった。その後、昭和六一（一九八六）年に刊行を完了した『修訂版』が現在に至る。

昭和五七（一九八二）年一一月には、『大漢和辞典』を補正・精選した『廣漢和辭典』が刊行されている。[*6]

＊6　諸橋轍次・鎌田正・米山寅太郎著、本文三巻および索引一巻、親字二万字・熟語約一二万語、B五判。

第一二節　角川　漢和中辞典

当用漢字と現代かなづかいという戦後の国語施策を踏まえて、漢和辞典の伝統を現代語で現代人に伝えるという理想に基づく漢和辞典。昭和三四（一九五九）年四月、貝塚茂樹・藤野岩友・小野忍編、角川書店刊。B六判。一五三六頁。親字数六〇四八字。

親字の字体は、当用漢字は当用漢字表、それ以外（制限漢字）は『康熙字典』に基づく。親字の配列は、『康熙字典』の部首順・画数順・現代かなづかいによる字音の五十音順で、当用漢字・人名用漢字の新字体は新しい画数の箇所に立項した。親字の見出しは、見出し字に総画数と部首・部首内画数を添え、当用漢字・人名用漢字等の漢字の種別、旧字体と字体の異なる当用漢字には旧字体を添えて示すという、現代の漢和辞典にまでつながる扱いとなっている。字音は現代かなづかいに歴史的かなづかいを併記し、当用漢字音訓表に示された音訓は太字で強調、字訓では「送りがなのつけ方」に基づき送り仮名を区別、字音・韻字を示す。親字の解説は「解字」「字義」「参考」の三項目の下で、「解字」として甲骨文字・金文・篆文の字形を掲げて六書を示して解説、「字義」では現代かなづかい・口語で訓義を示し、主な訓義を太字として原義から転義へ記述、現代北京語の語義や国訓は区別した。漢文用例は示されない。「参考」では、略字・正字など字体の別、同訓異義や同音の漢字による書きかえ字などを示している。熟語は画数順で配列。熟語見出しでは、制限漢字には記号を付し、旧字体を示し、国語語義を区別して、用例・出典を掲示する。付録は「漢字の成立」「漢文について」「筆順について」・図版・歴史地図・「中国文化史年表」から当用漢字音訓表・人名用漢字表まで豊富に収録、索引は部首索引・総画索引・音訓索引。現代につながる漢和辞典の原形となった一冊である。

第一三節　新漢和辞典（『漢語林』）

『大漢和辞典』に基づき、中学校・高等学校の国語漢文教科書や一般読書人の必要も考慮して編集した辞書。昭和三八（一九六三）年二月、諸橋轍次・渡辺末吾・鎌田正・米山寅太郎著、大修館書店刊。A六変型判。一一二〇頁。親字八〇〇〇余字。

親字の配列は、『康熙字典』の部首を基本としつつ、たとえば「水」部と「氵」「氺」部を分割、「月」部と「にくづき」部を統合するなど新たな部首立てを工夫し、たとえば新字体の「予」に「予」「豫」の二つの旧字体があるような場合は区別して解説を施すなど、新字体に対応して編集されている。漢字の読みかたや解釈に重点を置いて、現代かなづかいで解説した。

『大漢和辞典』の高評を背景にしたこの辞書は、昭和六二（一九八七）年四月の『漢語林』（鎌田正・米山寅太郎著、親字八八五七字、付録に「助字解説」。B六変型判。一四八八頁）となり、平成一三（二〇〇一）年の『新版漢語林』、平成一六（二〇〇四）年の『新漢語林』（「助字解説」を本文に組み込み）、平成二三（二〇一一）年の『新漢語林　第二版』（常用漢字表に対応。親字一万四六二九字、「助字・句法解説」を新設）として改訂を重ね、現在に至るまで流布する漢和辞典となった。

第一四節　新選漢和辞典

高等学校の漢文学習を主として、一般社会の実用に応じ、中学校以上の国語学習の要望にも応えようとする漢和辞典。昭和三八（一九六三）年四月、小林信明編、小学館刊。B六小判。一三四四頁。親字数八三〇〇字、熟語数約六万語。

漢文学習を主とした編集方針であり、高等学校漢文教科書はじめ学習資料としての漢籍（四書・唐宋八家文・唐詩など）を網羅する。『康熙字典』に基づく親字配列だが、検索用の親字も置く。現代中国音（独自のローマ字表記とかな発音）も示される。解説は、訓は当用漢字の音訓を太字とし、活用語は語幹と語尾を分け、歴史的かなづかい・文語形を示した。日本特有の訓義は区別して示し、『説文解字』に基づいた解字、人名・姓・地名を挙げる。親字解説では漢文用例はほとんど示されない。熟語は字数順・画数順で、国語特有の読み・意味は区別、高校漢文教科書や著名漢籍中の熟語には出典を示した。

平成一五（二〇〇三）年の『第七版』（親字数一万二七八〇字、本文に「語法」欄を設けて助字を解説、本文に小学館独自の部首索引「部首ナビ」を掲示）を経て、平成二三（二〇一一）年には『第八版』（親字数一万五五〇〇字、熟語数約六万四〇〇〇語、新「常用漢字表」に対応、ユニコードを掲示）に至っている。

第一五節　角川　新字源

コンパクトな判型に密度の濃い漢文情報を収め、半世紀におよぶロングセラーとなった漢和辞典。昭和四三（一九六八）年一月、小川環樹・西田太一郎・赤塚忠編、角川書店刊。A六変型判。一四五六頁。親字数約一万字、熟語数約六万語。

漢籍から漢字と熟語を選び、原義を説いて、国語の用法を付記した。書名は、簡野道明『字源』を踏まえたものである。親字の配列は『康熙字典』の部首によるが、「修」を「人」部から「さんづくり」部の所属に改めるなど、親字の所属を合理的と考える部首に移している例がある。また、常用漢字は新字体の部首・画数で配列したが、旧字体の部首が明確でなくなった新字体も旧字体の部首のままで配列している。親字解説では、見出し字に、旧字・異体字・字音・常用音訓・韻・現代中国音を示した。「なりたち」では、甲骨文字・周金文・篆文を掲げて最新の学説により解説した。「意味」では、熟している訓を掲げ、本義から派生義への展開に従い意味を示して、日本独自の意味・用法は区別した。熟語は五十音順で、教科書はじめ『唐詩選』や主な詩人の作品などから多く採録した。索引は、部首索引・音訓索引・総画索引に加え、部首見出し後に部首別索引を置く。また、一〇〇頁単位の「ツメ」を付して検索の便を図った。

一九九四年の『改訂版』を経て、二〇一七年には阿辻哲次・釜谷武志・木津祐子を編者に加えた『改訂新版』が刊行されている（KADOKAWA 発行）。そこでは、親字を一万三五〇〇字・熟語を約六万五〇〇〇語に拡大、コンピュータ組版により紙面を刷新、ＪＩＳ漢字規格に全面対応して漢字コードを掲示、なりたち解説を差し替え、助字索引や本文中の部首索引［部首ガイド］を設けるなどしている。

第一六節　旺文社　漢和中辞典

日常使用の漢字・漢語から高度な漢文献読解に必要なものまでを扱う漢和辞典。昭和五二（一九七七）年一〇月、赤塚忠・阿部吉雄編、旺文社刊。Ｂ六判。一六〇〇頁。親字数一万一〇〇〇字、熟語数六万二〇〇〇語。

親字の配列は『康熙字典』に基づく。親字の意味は、重要度・難易度に応じて解説を施し、広く用いられる訓があるときは強調して示し、意味の展開をまとめる。同義・同音同義・反義の字を示す。基本的な古典から適切な例を選び、一部に書き下し文を添えた用例を掲げる。国語だけで用いられる意味・用法を区別。助字としての用法など特に文法的な役割の大きな部分は逐一用例を挙げた詳細な解説を施す語法欄を設けている点が注目される。また、同訓異義も示される。熟語は五十音順で配列し、国語の読み・語義を区別して、用例・出典を掲示する。

第一七節　学研　漢和大字典

中国語音韻学者藤堂明保による音韻論を踏まえた漢和辞典。昭和五三（一九七八）年四月、藤堂明保編、学習研究社刊。菊判。一八四〇頁。親字数約一万一〇〇〇字、熟語数約七万語。

親字の配列は『康熙字典』に基づく。親字では、見出し字に、音韻論によって再構成した上古音—中古音—中原音韻—現代北京音（拼音によるローマ字）の四段階の発音を示す。「意味」では、成り立ちにもとづく原義から派生義の順に解説、漢語文法の品詞を掲げ、訓を示す。[*7] 日本語特有の意味・用法は区別。中国古典および日本漢文の用例を書き下し文つきで掲げる。「解字」として甲骨文字・金文・古文・籀文・篆文・楷書に至る字形変遷図を付した成り立ちの説明には、藤堂による同系の漢字の解説（単語家族）が示される。ほか、漢和辞典として初めて『類聚名義抄』『新撰字鏡』など日本の古辞書から採録した古訓が示されて

＊7　一般に定着している訓、漢文訓読に使用される訓、日本の古訓資料中で日本語として定着している訓、等。

いる。熟語は画数順で、意味は原義から派生義に展開、日本語特有の意味は区別し、中国・日本の用例、古訓を示す。付録に「中国の名著」「中国の詩」「中国文化史年表」など、索引は「部首索引」「総画索引」「音訓索引」を収める。

平成一七(二〇〇五)年には、加納喜光を編者に加えた『学研新漢和大字典』が刊行された(親字数一万九七〇〇字、熟語数一一万語)。

第一八節　漢字源

『学研　漢和大字典』のコンパクト判として刊行された漢和辞典。昭和六三（一九八八）年一〇月、藤堂明保・松本昭・竹田晃編、学習研究社刊。B六判。一七七六頁。親字数九九九〇字、熟語数五万五〇〇〇語。

『学研漢和大字典』の編集方針を踏襲、単語家族の理論を記述、親字に番号とJISコードを掲示。親字の配列は、『康熙字典』の部首を基本としつつ、たとえば「刀」と「刂」を分割するなど新たな部首立てを工夫。親字の見出しでは、親字番号とJISコード、総画数が示されている。解説は『学研漢和大字典』を簡潔にしたもので、歴史的な音の変遷や古訓については示されない。熟語は画数順に配列。

その後、版を重ね、平成六（一九九四）年には『新版』[*8]、平成一四（二〇〇二）年には『改

＊8　親字一万二八字。親字見出しに部首・部首内画数を掲示。熟語数七万五〇〇〇語〈語例含む〉は、配列を五十音順に改編。

訂新版』[*9]、平成一九（二〇〇七）年には『改訂第四版』[*10]、平成二三（二〇一一）年には『改訂第五版』（新「常用漢字表」に対応。学研教育出版刊）、平成三〇（二〇一八）年には『改訂第六版』（解字を充実など。学研プラス刊）として、現在に至る。

第一九節　現代漢語例解辞典

日本漢字典を理想に描きつつ、漢文学習にも配慮した辞典。平成四（一九九二）年一月、林大編、小学館刊。B六判。一五二〇頁。親字数約九六〇〇字、熟語数約五万語。

本書で注目すべきは、索引に「部首の形と位置による検索表」を掲げ、親字をその順で配列していること、および、熟語を親字の意味別に大別して配列していることである。親字見出しは、見出し字に検字番号、JISコード、中国語発音（「漢語拼音方案」による）、「字解」「同属字」[*11]を示す。意味の解説は、「字解」を踏まえ、基本的な字義から派生義へ記述、訓、字義、熟語例、作例、高校教科書に掲載される漢文用例を読み下し文・現代日本語訳を付して掲げた。親字の意味別に大別した熟語は画数順で配列、同一の熟語が親字の意味によって分割される場合は複数立項した。索引は、上述のほか、「部首索引」「部首類型検索表」「音訓索引」「総画索引」を収録する。

平成九（一九九七）年には『二色刷版』、平成一四（二〇〇二）年には『第二版』（本文に小

＊9　新JIS漢字、「表外漢字字体表」に対応して親字を一万二六〇〇字に拡大。部首立てを改編、ユニコードを掲示、「語法」欄を新設、本文中に部首索引を掲示。

＊10　加納喜光が参加。新「人名用漢字」、JIS補助漢字に対応して親字一万七〇〇〇字、熟語八万八〇〇〇語に拡大。

＊11　親字を構成要素としても つ字。

学館独自の部首索引「部首ナビ」を新設）を刊行し、現在に至る。

第二〇節　角川　大字源

中国の文学・哲学・言語などを専門的に学習しようとする人にも役立ち、国語関連部分も一層充実させて、漢和辞典と国語辞典の間を取り持とうとする辞典。一九九二年二月、尾崎雄二郎・都留春雄・西岡弘・山田勝美・山田俊雄編、角川書店刊。B五変型判。二三八四頁。親字数一万二三〇〇字、熟語数約一〇万語。

漢籍に見られる漢字・漢語、日本独自の国字・国語から採録し、国語分野の一層の充実を図り、和漢の古典読解に資するとともに、日常の社会生活・学習活動に必要な漢字情報も提供することをめざした。親字の配列は『康熙字典』の部首順。親字の解説は、見出し字には、検字番号、旧字体、字音、『広韻』『集韻』はじめ『玉篇』等による反切、韻目、現代中国音、異体字、甲骨・金文・篆文の古代文字が示される。常用音訓に加えて、熟している訓を掲示。「字義」は、簡潔明瞭に出典・用例を掲げ、熟語例を掲示して熟語の出典・用例を参照させる場合も多い。日本固有の読み・意味は区別。「解字」を掲げ、親字が音符となっている形声文字をまとめた「音符字」を置く。時代別の「古訓」を掲げることは漢和辞典では初めての試みで、中古（『新撰字鏡』など）・中世（『倭玉篇』など）・近世（『節用集』など）各々日本の古辞書を典拠として掲示した。[*12] 熟語は五十音順で配列し、『文選』など漢籍や『和漢朗詠集』などから現代の和製漢語まで幅広く採集した。

第二一節　旺文社　漢字典

平成一一（一九九九）年九月、小和田顕・遠藤哲夫・伊藤倫厚・宇野茂彦・大島晃編、旺文社刊。B六判。一六三二頁。親字数九八〇〇字。

漢文・漢字情報を中心にしており、「語法」説明、故事成語・四字熟語索引などを収め、現在までに『第三版』に至っている。

第二二節　全訳　漢辞海

漢文読解・学習に資することを第一の目的として、漢字を初めて語としてとらえた漢和辞典。現代日本の漢字情報にも対応。平成一二（二〇〇〇）年一月、戸川芳郎監修、佐藤進・濱口富士雄編として、三省堂より刊行。B六判。一八八八頁。親字数一万字、熟語数五万語。

巻頭「監修者のことば」には、「漢語（古漢語）そのものを学習するための漢字辞典」、「漢字を単に和訓に置き換えるのではなく、漢語（chinese word）として捉え、適確な例文から

*12　時代別ではないが、『類聚名義抄』や『新撰字鏡』の古訓を採録した嚆矢は十七『学研漢和大字典』。

実際の文脈にそって語義を読解する。したがって古漢語を品詞別に分類し、文法をふまえた説解をほどこし、用例は現代日本語で〝全訳〟した」とある。

三省堂は長く長澤式部首配列の漢和辞典を発行してきたが、本書では『康熙字典』に基づく部首順に親字を配列する。親字の見出しに、漢字コードと常用音訓・筆順を示し、字音・詩韻・中古音・現代中国語を掲げる。字音は、『広韻』『集韻』『蒙求』加点『孔雀経音義』『色葉字類抄』等の字音資料に基づいた実証的な字音（漢音・呉音・唐音・慣用音）とし、本居宣長以前の字音仮名遣いを示している。中古音の枠組みを掲げるのは漢和辞典でも本書独自で、『広韻』『集韻』による声類・韻類・調類を示す。語義の解説は、中国で全巻刊行されて間もない『漢語大詞典』などを踏まえ、古代漢語語法に即してまとめたもので、漢語語法の品詞別に語義を分類して、語義および漢文訓読上標準的な訓を掲げ、漢文用例に現代日本語訳・出典を示して解説することを基本とする。漢語語法の品詞と訓読法とが一致しない場合には補足して説明するなど伝統的な訓読法も十分踏まえた解説としている。さらに、漢文読解上重要な語については「句法」として詳細に説明、漢文用例には書き下し文も示される。日本独自の意味用法については区別して示されており、漢和辞典として一貫して取り組まれてきた漢語と日本語の意味用法の違いをより明確に示し、漢語・日本語双方の理解を助けている。熟語については五十音順で配列し、出典を示して典拠を検証したうえで、文脈に即して解説する。付録についても、漢語語法概説や訓読に関する情報、歴史地図などを備え、本文解説と合わせて、漢文読解・学習に資する漢和辞典を実現している。

最も新しい漢和辞典であるが、その編集方針は読者の支持を得ることとなり、平成一八（二〇〇六）年には、親字を一万二五〇〇字に拡大、書き下し文を全用例に示し、仏教語彙に小川隆が参加した『第二版』、平成二三（二〇一一）年には、国字表示と日本語情報に笹原宏之が参加し、新「常用漢字表」新「人名用漢字」に対応、ユニコードを掲示した『第三版』として改訂を重ね、平成二九（二〇一七）年には、和訓を増補、本文・付録の漢文情報を合わせて拡充させ、熟語に『日葡辞書』の字音を掲示、本文に三省堂独自の部首索引「部首スケール」を導入するなどした『第四版』を刊行して、現在に至る。

以上のほか、昭和三〇年代以降、小学校・中学校・高等学校以上一般という段階に応じた多くの漢和辞典が刊行されているが、小中学生向け漢和辞典については、本稿では割愛する。また、現代日本語における漢字語に主眼を置く漢和・漢字辞典として、山口明穂・竹田晃編『岩波漢語辞典』（岩波書店）、新潮社辞典編集部編『新潮日本語漢字辞典』（新潮社）、影山輝國・伊藤文生・山田俊雄・戸川芳郎編著『新明解現代漢和辞典』（三省堂）、竹田晃・坂梨隆三編『五十音引き講談社漢和辞典』（講談社）、阿辻哲次・林原純生・釜谷武志編『角川現代漢字語辞典』（角川書店）、沖森卓也・三省堂編修所編『三省堂五十音引き漢和辞典』（三省堂）など（後の三書は親字を五十音引きで配列）、また、白川静による著作として、『字統』『字訓』『字通』などを挙げることができる。

【参考文献】
上述の各辞書（一部は国立国会図書館近代デジタルライブラリーを参照）
斎藤精輔『辞書生活五十年史』、図書出版社、一九九一年。
『三省堂の百年』、非売品、三省堂、一九八二年。
円満寺二郎『漢和辞典に訊け！』、ちくま書房、二〇〇八年。

〔本章で取り扱った漢和辞典〕

一　『漢和大字典』　明治三六（一九〇三）年
二　『詳解漢和大字典』　大正五（一九一六）年
三　『大字典』　大正六（一九一七）年
四　『字源』　大正一二（一九二三）年
五　『明解漢和辭典』　昭和二（一九二七）年
六　『新漢和大字典』　昭和七（一九三二）年
七　『新修漢和大字典』　昭和七（一九三二）年
八　『新撰漢和辭典』　昭和一二（一九三七）年
九　『新字鑑』　昭和一四（一九三九）年
一〇　『支那文を讀む爲の漢字典』　昭和一五（一九四〇）年
一一　『大漢和辭典』（『廣漢和辭典』）　昭和三〇（一九五五）年
一二　『角川　漢和中辞典』　昭和三四（一九五九）年
一三　『新漢和辞典』（『漢語林』）　昭和三八（一九六三）年
一四　『新選漢和辞典』　昭和三八（一九六三）年
一五　『角川　新字源』　昭和四三（一九六八）年

一六　『旺文社　漢和中辞典』　昭和五二（一九七七）年
一七　『学研　漢和大字典』　昭和五三（一九七八）年
一八　『漢字源』　昭和六三（一九八八）年
一九　『現代漢語例解辞典』　平成四（一九九二）年
二〇　『角川　大字源』　平成四（一九九二）年
二一　『旺文社　漢字典』　平成一一（一九九九）年
二二　『全訳　漢辞海』　平成一二（二〇〇〇）年

第Ⅱ部　漢学と文字

第一章　漢字とカタカナ・ひらがな

藤田拓海

第一節　現代の仮名用法

現代日本語を書く場合には、漢字・平仮名・片仮名が用いられる[*1]。一般の文章としては、漢字・平仮名交じり文が基本であり、片仮名は主に外来語などの名詞に用いられる。

文字としての仮名は、表音文字である。表音文字とは、ある文字が特定の音を表すもので、ローマ字もこれに該当する。ただし、一つの仮名をローマ字で表記すると文字数は基本的に増加する。すなわち両者にも区別がある。仮名は音節文字と呼ばれ、ローマ字は音素文字と呼ばれる。

仮名を一覧にしたものが五十音図である。縦に母音によって五字ずつ[*2]、横に子音によって十字ずつ[*3]を並べたものであるが、ヤ行とワ行には空白があるので、五十には届かない。また、このほかに「ん」（これを撥音（はつおん）という）が加わる。「を」は一般に「お」と同じように発音されるが、これは「を」が助詞としてのみ用いられるためであり、「は」を「わ」、「へ」を「え」

*1　現在では、アラビア数字（１２３…）やローマ字（ＡＢＣ…）もよく用いられる。

*2　「ア段・イ段…」「ア列・イ列…」などという。

*3　「ア行・カ行…」という。

*4　この意味においては、仮名と音の対応が一定でないということになる。

*5　外来語の子音vを表す「ヴ」も使用される。ほか、ガ行の鼻濁音を表すために、カ行に半濁点を付すことがある。

*6　小字の仮名を捨て仮名という。ア行のものや、「ヵ」や

と発音するのと同じ理由である。[*4]

したがって、現代日本語の表記には、四十六種の仮名（清音仮名）が用いられる。また、ほかに次のものが用いられる。

①濁音を表すための濁点（濁音符）「゛」や半濁音を表すための半濁点（半濁音符）「゜」[*5]

②促音を表すための「っ／ッ」や拗音を表すための「ゃ／ャ」「ゅ／ュ」「ょ／ョ」[*6]）

③長音を表すための「ー」（主に片仮名と共に用いる）

第二節　音節文字としての仮名

日本語は、子音一つと母音一つの結合により一音節[*7]を形成する。この一音節を表すのが仮名（一文字）である。ただし、拗音は「きゃ」のように仮名二字（二つ目は捨て仮名）で一音節である。[*8]

現在では、仮名をローマ字で表記することも一般的である。日本語のローマ字表記としては日本式・訓令式・ヘボン式などある。ヘボン式ローマ字と日本語音節の対応表を次に掲げる（基本となる四十六種に網掛け）。

「ヶ」（「箇」の異字体「个」（あるいは「箇」の竹冠部分）に由来する）なども用いられる（「一ヵ月」「一ヶ月」など）。

＊7　母音をV、子音をCで表すと、音節には主にV・CV・VC・CVCの四つのパターンがある。日本語の仮名では、ア行がV構造、それ以外がCV構造である（「ン」を除く）。

＊8　古代日本語には拗音は存在しなかった。したがって純粋の日本語（和語）には拗音は現れない（例えば、今日「きょう」は古く「けふ」）。拗音は漢字音の導入によって日本語に組み込まれたため、音読みに現れる（ほかに外来語など）。草創期の仮名資料では、拗音を仮名で表記できなかったため、漢字を用いざるをえなかった。平仮名資料では『土左（佐）日記』に見ることができる。片仮名資料では、「クヮ」を「火」などで表した（これを準仮名という）。

あ a	か ka	が ga	さ sa	ざ za	た ta	だ da	な na	は ha	ば ba	ぱ pa	ま ma	や ya	ら ra	わ wa
い i	き ki	ぎ gi	し shi	じ ji	ち chi		に ni	ひ hi	び bi	ぴ pi	み mi		り ri	
う u	く ku	ぐ gu	す su	ず zu	つ tsu		ぬ nu	ふ fu	ぶ bu	ぷ pu	む mu	ゆ yu	る ru	
え e	け ke	げ ge	せ se	ぜ ze	て te	で de	ね ne	へ he	べ be	ぺ pe	め me		れ re	
お o	こ ko	ご go	そ so	ぞ zo	と to	ど do	の no	ほ ho	ぼ bo	ぽ po	も mo	よ yo	ろ ro	
	きゃ kya	ぎゃ gya	しゃ sha	じゃ ja	ちゃ cha		にゃ nya	ひゃ hya	びゃ bya	ぴゃ pya	みゃ mya		りゃ rya	
	きゅ kyu	ぎゅ gyu	しゅ shu	じゅ ju	ちゅ chu		にゅ nyu	ひゅ hyu	びゅ byu	ぴゅ pyu	みゅ myu		りゅ ryu	
	きょ kyo	ぎょ gyo	しょ sho	じょ jo	ちょ cho		にょ nyo	ひょ hyo	びょ byo	ぴょ pyo	みょ myo		りょ ryo	

訓令式では各行の子音が同一であるが、ヘボン式ではshi、chi、tsu、fu、jiなどがほかと異なる。これはヘボン式が表音的な表記をとっているためである（「ぢ」「づ」「を」[*9]は「じ」「ず」「お」と同音のため置かれていない）。

＊9　「お」と「を」の区別は十一世紀頃に無くなった。

ほか、ツァ（tsa）、シェ（she、sye）といった音節（表記）も一般的となっている。

なお、ヤ行とワ行には空白がある。ワ行については、wiを表す仮名として「ゐ／ヰ」が、weを表す仮名として、「ゑ／ヱ」があるが、これらは古代の日本語に用いられていたものである（現在ではwi・weは「ウィ」「ウェ」と書かれる）。ヤ行のyeも同様で、現在ならば「イェ」と書かれるが、かつてはこれに対応する仮名（音節）が存在した。[*10]「いろは歌」には「ゐ」「ゑ」を加えた四十七音[*11]が用いられているが、これは「いろは歌」が作成された時代（一〇〇〇年頃）の日本語（の音韻体系）に基づいているためである。[*12]

第三節　古典文学（和歌）と仮名

比較的身近な古典資料として百人一首がある。その第二番歌に持統天皇[*13]の和歌がある。

①**春過ぎて　夏来にけらし　白妙（しろたへ）の　衣ほすてふ　天の香具山（かぐやま）**

今でこそ仮名の字体は一つとなっているが、かつては多くの字体が存在した。いわゆる変体仮名である。[*14] 現在でも、「そば（蕎麦）」を「そば」[*15]と書いた看板や、割り箸の袋に書かれた「御手もと」の「も」「と」に用いられていたりすることがある。

さて、百人一首の札にもこうした仮名が用いられることがある。その一例を次に示す。[*16]

②**春過て　夏きにけらし　白妙の　ころもほすてふ　あまのかく山**

＊10　十世紀頃に区別が無くなったとされる。

＊11　「ん」は含まない。また、ヤ行のエが含まれていたともされる。

＊12　「い」と「ゐ」、「え」と「ゑ」の区別は十三世紀頃に無くなったとされる。

＊13　六四五〜七〇三年（在位は六九〇〜六九七年）。天武天皇の皇后。

＊14　異体仮名とも呼ばれる。変体仮名は二〇一七年にユニコードに登録され、パソコンでの使用環境が整いつつある。

＊15　濁点が付されることがある。

＊16　国立国会図書館デジタルコレクションに掲載されている菱川師宣画（延宝八年［一六八〇］）による。

仮名は漢字から生まれたものである。仮名の元となった漢字を字母という。②では、現行の平仮名と字母が異なるものを変体仮名で示しておいた。[*17] この歌の字母は次のようになる。

③春過天　夏幾尓介良之　白妙乃　己呂毛保春天不　安末乃加久山

また、原典の表記を現行の漢字・仮名になおすことを翻刻・翻字などという。この場合、次のようになる（濁点については、付す場合と付さない場合とがある）。

④春過て　夏きにけらし　白妙の　ころもほすてふ　あまのかぐ山

ここから、仮名と漢字とを変換させることで、①のような一般に読まれる漢字平仮名交じり文となる。

ところで百人一首の歌は、十世紀に成立した『古今和歌集』以来の勅撰和歌集から採られている。この持統天皇の歌は『新古今和歌集』（巻三、一七五番）に収められたものである。しかし、『新古今和歌集』は十三世紀鎌倉時代の成立であり、持統天皇はそこから五〇〇年遡った奈良時代以前の人物である。この歌は、八世紀成立の『万葉集』（巻一、二八番）にも収められているのである。一般的な書籍で『万葉集』を読む場合は、おもに次のように書かれている。[*18]

⑤春過ぎて 夏来たるらし 白妙の 衣干したり 天の香具山

ただし、『万葉集』が作られた時代には、仮名（平仮名・片仮名）はまだ生まれていない。したがって、『万葉集』の歌は全て見た目が漢字である。この歌は次のように書かれている。

＊17　現行の字体で示したものでも、やや異なる字体となっているものがある。また、複数の字を連続して書く連綿を用いている。

＊18　①～④とは二句目・四句目に相違がある。また、「天」は「あま」「あめ」いずれにも読まれる。

⑥春過而 夏来良之 白妙能 衣乾有 天之香来山

このうち、助動詞「良之（らし）」と助詞「能（の）」は、漢字の意味とは無関係に用いられている。このように、漢字の（日本語による）読みを利用したものを万葉仮名[*19]という。「良」「之」「能」については、音読みによったものなので、より細かくいうと音仮名（借音仮名）という。

一方、漢字の訓読みによったものを訓仮名（借訓仮名）という。この歌であれば、助詞「而（て）」や「之（の）」が該当する（ただし、この例では漢字の意味も関係している[*20]）。なお、「香来山」は一般に「香具山／香久山」と書かれる。したがって、「来」もまた訓仮名である。そうすると、「香」も仮名[*21]と見ることができる[*22]。

第四節　漢字と万葉仮名

漢字がどのように日本に伝来したかについては不明な点が多いが、特に中国の隋・唐時代にあたる七、八世紀には多くの文物と共に漢字（文化）が流入した。日本の文献上、最も古いものとして位置づけられる『古事記』（七一二年、三巻）、『日本書紀』（七二〇年、三十巻）、『万葉集』（七五九年以後、二十巻）の三書「記紀万葉」はこの時代に成立したものである。この時代には平仮名・片仮名は生まれておらず、漢字を用いた万葉仮名によって日本語が書かれていた。平仮名・片仮名は、共に万葉仮名[*23]を起源とする。

＊19　借字・真仮名などとも呼ばれるが、本章では現在まで最も広く用いられている万葉仮名と呼ぶ。

＊20　漢字の意味を無視した訓仮名も存在する。

＊21　「香」は訓仮名とも音仮名ともされる。

＊22　万葉仮名資料において、漢字と見るか仮名と見るかについては必ずしも明瞭ではない。『万葉集』の歌謡についても、平安時代の段階で読みが明確でないものも多かった（それは今日においても同様である）。

＊23　平安時代に用いられた万葉仮名を含む。

日本の固有名詞を漢字の音によって表したものとしては、三世紀の「魏志倭人伝」[*24]に記述されている「卑弥呼」が有名である。ただし、これは中国側からの記述である。

日本における万葉仮名の最古の資料は、稲荷山古墳鉄剣銘文[*25]のものである。四七一年あるいは五三一年に作られたもので、雄略天皇を指すとされる「獲加多支鹵（わかたける）」などが記されている。用いられた万葉仮名は後代のものと異なり、より古い段階の漢字音が反映されている。[*26]なお万葉仮名には音仮名と訓仮名とがあるが、音仮名が先に生まれており、種類や用例数も音仮名の方が圧倒的に多い。

記紀万葉の仮名　代表的な資料である『古事記』『日本書紀』『万葉集』[*27]に用いられる万葉仮名の例を示す（ここでは音仮名のみ）。[*28]中黒「・」は上代特殊仮名遣いの区別のために設けたもので、前者が甲類・後者が乙類。[*29]おもに、『古事記』『万葉集』は呉音に、『日本書紀』は漢音に基づく。『古事記』『日本書紀』は清濁を区別するが、『万葉集』では一般に区別しない。

ア阿婀安	イ伊以易異	ウ宇汙禹于有	え亜愛	オ淤意於飫憶乙
カ迦加可珂訶	キ岐棄吉・貴紀幾	ク久玖矩屨倶	ケ祁稽啓・氣該開	コ故古高・許挙己
ガ賀何峨我鵝	ギ藝蟻枳・疑擬	グ具虞娯遇愚	ゲ下牙・宜皚礙	ゴ胡吾誤・碁其御
サ佐沙左作瑳	シ斯志芝色絁矢思	ス須洲州輸周	セ勢世制栖細西齊	ソ蘇宗泝・曾所賊
ザ奢邪蔵奘装	ジ士耳児貳珥餌	ズ受儒孺	ゼ是噬筮	ゾ俗・叙序茹鐏鋤
タ多當他陁駄	チ知智擿遅致池笞	ツ都覩豆菟屠	テ弖帝底堤諦題提	ト斗刀都・登等騰

＊24　『三国志』「魏書」中の「烏丸鮮卑東夷伝倭人条」の通称。

＊25　一九六八年に埼玉県の埼玉古墳群から出土し、一九八三年に国宝に指定された。「金錯銘鉄剣（きんさくめいてっけん）」とも。

＊26　例えば「支」は古くはカ行kの音であり、平仮名（変体仮名）において「キ」の字母となる（これは伎・技・岐の音読みがキ・ギであるのに関連する）。

＊27　『万葉集』は巻五のもの（築島裕（一九八一：五五）による）。『万葉集』では巻ごとに特徴が大きく異なる。

＊28　網掛けは『古事記』『日本書紀』に見えないもの。傍線字は『日本書紀』α群に用いられるもの（森博達（一九九一）による。『日本書紀』は巻ごとにα群とβ群の二類に分かれ、

ダ 陀嚢娜太儾	ヂ 治遅地膩旎泥	ヅ 豆逗都頭弩	デ 傳殿提底泥涅弟	ド 度怒奴・杼縢騰
ナ 那娜乃儺奈	ニ 尓迩儞尼而珥仁	ヌ 奴農濃怒努	ネ 泥尼袮涅埿	ノ 怒努奴・能乃廼
ハ 波簸皤婆播	ヒ 比卑必・斐肥彼	フ 布賦符甫輔	ヘ 弊幣鞞・閇杯倍	ホ 富本番譜裒報保
バ 婆魔磨麼縻	ビ 毗寐弭・備媚	ブ 夫父符歩騖	ベ 辨謎・倍陪	ボ 菩蕃煩裒朋
マ 麻摩麼馬末	ミ 美弥寐・微味未	ム 牟无夢武務	メ 賣謎綿・米毎梅	モ 毛・母（謀謨茂
ヤ 夜耶野椰也		ユ 由庾瑜愈喩	江 延曳	ヨ 用遙庸・与余豫
ラ 良羅囉攞樂	リ 理唎里釐梨利離	ル 流留琉楼屢	レ 礼黎例戻列	ロ 路盧漏・呂廬慮
ワ 和倭涴	ヰ 韋威偉為謂位委		ヱ 恵衛慧廻隈	ヲ 袁遠嗚乎弘烏塢

万葉仮名は、片仮名・平仮名が成立したのち、次第に使用されなくなっていった。ただし、『新撰万葉集』（九〇〇年頃）中の和歌をはじめ、古辞書である『新撰字鏡』（九〇〇年頃）や『和名類聚抄』（九三一―九三八年）の和訓、そのほか仏教音義書の和訓などに用いられている。

なお現代においても、人名（特に女性）などの固有名詞には万葉仮名的なものが用いられている（奈・麻・也など）[*30]。

このうちα群は音韻研究上重視される）。

＊29　上代（奈良時代）には、イ段のキ・ヒ・ミ、エ段のケ・ヘ・メ、オ段のコ・ソ・ト・ノ・モ・ヨ・ロに区別があった（濁音を含む）。モの区別は『古事記』と『万葉集』巻五の一部のみ。なお、仮名で甲類と乙類を区別する場合、甲類を片仮名で、乙類を平仮名で区別する場合が多い。この際、「ヘ」は区別できないため、乙類には「ヘ」の変体仮名や「㋬」などが用いられる。また、「エ」はア行とヤ行の二つがあるため、「え／江」のように区別する（ヤ行のイ、ワ行のウが存在しないのは、yi・wuがi・uと区別しづらいことに関連する）。

＊30　「也」は常用漢字に含まれない人名用漢字である。「奈」はかつて人名用漢字であったが、二〇一〇年に常用漢字に追加された（都道府県に使用され

第五節　片仮名・平仮名とその字母

片仮名・平仮名は平安時代に入ってから生まれたとされる。「仮名」とは、漢字を「真名（まな）」というのに対する語で、「仮の名」（かりな）から生じた。[*31] 片仮名・平仮名は、清濁を区別しないことを特徴とする。[*32]

片仮名・平仮名は、時代ごとに様々な字体が存在したが、現在では統一されている。本節では、片仮名・平仮名の元になった字母（漢字字体）を示しておく。

現行の片仮名　現行の片仮名とその字母を掲げる。[*33]

ア阿　イ伊　ウ宇　エ江　オ於　　カ加　キ幾　ク久　ケ介　コ己
サ散　シ之　ス須　セ世　ソ曽　　タ多　チ千　ツ州　テ天　ト止
ナ奈　ニ二　ヌ奴　ネ祢　ノ乃　　ハ八　ヒ比　フ不　ヘ部　ホ保
マ末　ミ三　ム牟　メ女　モ毛　　ヤ也　　　　ユ由　　　　ヨ与
ラ良　リ利　ル流　レ礼　ロ呂　　ワ和　ヰ井　　　　ヱ恵　ヲ乎　（ン）

片仮名は、主に漢字の始めの部分、あるいは終わりの部分から採られているが、全体を採用しているものもある。直線的であることを特徴とし、中には漢字と同じ字体のものもある

る漢字を一律に追加したため）。

＊31　『古今和歌集』にある「真名序」と「仮名序」がこれによる。なお、仮名は「仮字（かな）」とも書く。

＊32　今日のように濁点が用いられるようになるのはかなり後の時代である。

＊33　ここでは築島裕（一九八一）によるが、字母については異説も多い。

（「エ」「カ」など）[*34]。また、楷書体からよりも行書体・草書体から出たものが多い（「キ」は「幾」の草体「き」の省画体）。「ン」は撥音を示す記号「∨」によるとされる[*35]。

なお、字母となった漢字の字体は当時のものであることに注意を要する。「オ」が手偏のかたちであるのは、「於」が当時「扵」で書かれていたためである。「礼」には「禮」という旧字があるが、「レ」は新字「礼」の終画を採っている。

ちなみに、片仮名「エ」は本来ヤ行のものであり、ア行のエを表すために、かつて用いられていた「𛀀」を使用することがある。音読みに由来するものが多く、現行の仮名で訓に由来するものは「エ」「チ」「ヘ」「ミ」「メ」「ヰ」などである。また、音に由来するものは殆どが呉音である[*36]。

現行の平仮名と変体仮名　変体仮名を含む平仮名とその字母を掲げる（各音の先頭には現行の字体を置く）[*37]。仮名・（字母となった）漢字の順に示し、漢字には網掛けする（一つの字母に複数の仮名字体が対応する場合もある）。

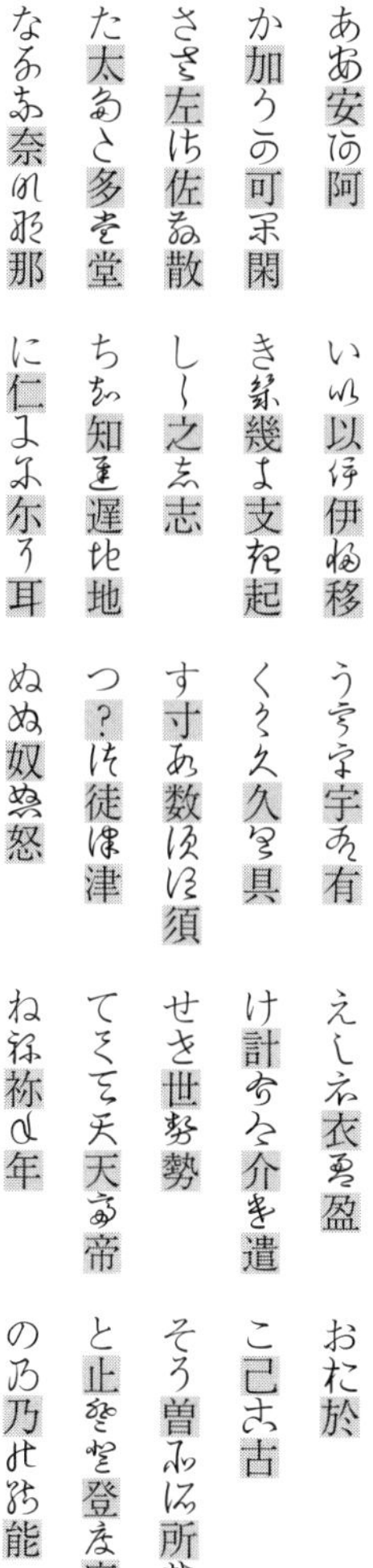

あ 安 阿　い 以 伊 移　う 宇 有　え 衣 盈　お 於
か 加 可 閑　き 幾 支 起　く 久 具　け 計 介 遣　こ 己 古
さ 左 佐 散　し 之 志　す 寸 数 須　せ 世 勢　そ 曽 所 楚
た 太 多 堂　ち 知 遅 地　つ ? 徒 津　て 天 帝　と 止 登 度
な 奈 那　に 仁 尓 耳　ぬ 奴 怒　ね 祢 年　の 乃 能

＊34　ここに掲げたのはあくまで現行の仮名字体であって、古くは異なることがある（例えば「チ」は古くはその字母である「千」のように書かれた）。

＊35　古くは促音や漢字音における入声韻尾を表す場合にも用いられた。

＊36　「と（止）」や「の（乃）」は呉音以前の音（一般に古音などという）による。「礼（れ）」は呉音「ライ」、漢音「レイ」であることによれば漢音のように見えるが、『万葉集』やそれ以前の資料にある万葉仮名に見られる。

＊37　現行の仮名の字母は築島裕（一九八一）による。「つ」の字母は、「州」「川」「門」「津」などが考えられているが、築島裕（一九八一）に従い載せていない。

	あ段	い段	う段	え段	お段
は	波 者 盤	ひ 比 悲 飛	ふ 不 布 婦	へ 部 遍	ほ 保 本
ま	末 満 万	み 美 三 見	む 武 無	め 女 免	も 毛 母 茂
や	也 屋		ゆ 由 遊	江	よ 与 余
ら	良 羅	り 利 理 里	る 留 流 類	れ 礼 連	ろ 呂 路
わ	和 王	ゐ 為 井		ゑ 恵 衛	を 遠 乎 越
ん	无				

平仮名は、漢字を極度に草体化したもの（極草体）である。[*38]

「あ」「ぬ」の中に「め」が含まれるのは「安」「奴」の中に「女」を含むためである。「お」の字体については、「於」ではなく「扵」に由来するためと見るとわかりやすい。

現行平仮名の字母は片仮名と同じものも多く、現行の仮名で訓に由来するのは「へ」「め」である（おもに呉音に由来することも片仮名と同じ）。

なお、「ん」の字体は「ム」や「モ」を表すことがある。[*39]

第六節　仮名の発生と展開

現在用いられる片仮名・平仮名は、共に万葉仮名を起源とし、その字体を簡略化したもの（省

＊38　草体化の程度が低いもの（草書体）は、一般に草仮名と呼ばれる（後述）。

＊39　ほかの字体についても、別の音を表す場合がある。

体仮名）である。なお、前節で示したように、片仮名は漢字の一部から採られたもの（省画仮名）を主体とするのに対し、平仮名は草体化したもの（草化仮名）から成る。ただし、平仮名と片仮名は、それぞれ別の世界で発生したものである。[*40]

「片仮名（かたかな・かたかんな）」という名称は、不完全を表す「かた」に由来するとされ、平安時代の資料にも見えるが、「平仮名（ひらかな・ひらがな）」という名称が文献に現れるのは遅く、室町時代である。現在、平仮名と呼ばれるものは単に「かな」と呼ばれていたとされるが、平安時代の文献には、「女手（おんなで）」や「さうの仮名（草仮名）」などの様々な語も現れ、それらが何を指すかについては、現在においても不明なことが多く、様々な名称・定義が与えられている。本章では、現代の仮名体系に則し、片仮名・平仮名という呼称を用いるが、こうした点については注意を要する。

訓点資料と片仮名　仮名（片仮名）の本格的な研究は、一九〇九年の大矢透『仮名遣及仮名字体沿革史料』に始まる。大矢はそれまで注目されてこなかった訓点資料を見出し、これが日本語研究の上で不可欠であることをも示した。訓点資料とは、漢文訓読をするための訓点（仮名・返り点・ヲコト点[*41]）が付された漢字文献であるが、こののち訓点資料は、文字・音韻・文法・語彙など、多くの研究に利用されることとなっている。

　訓点資料には、仏典（仏書）・漢籍・国書があるが、日本における訓点の記入は、平安時代初期の仏典に始まる。そこで用いられた仮名は、漢文訓読する際のメモ書きであって、私

＊40　例えば、平仮名資料には「ミ」が現れるが、これは片仮名の混入ではなく、平仮名の体系の中にあるもの（変体仮名）として理解される。

＊41　漢字の四隅などに付けられた、読みを示す記号。「てにをは」はこれに由来する。

的な領域で用いられていたために、資料ごとに字体が大きく異なっていた。また、漢字に従属するものであり、小さく書かれていた。

平安初期においては、万葉仮名のように漢字全画を用いたものも多く、今日の片仮名同様に省画化されたもの（省画仮名）のほか、平仮名のように草体化したもの（草化仮名）も含まれていた。その後、社会性を帯びていくとともに統一が進み、省画化されたものが中心となり、異体字も減少していった。

字体に幅があった時代には、例えば「イ」と書いて「サ」「ホ」の音を表すこともあった（それぞれ「佐」「保」の偏による）。そうした時代には、「イ」の音を表すために「尹」（「伊」の旁による）などを用いていたが、やがて現行の「イ」（「伊」の偏による）に統一されていった。そして十二世紀後半になると、今日とほぼ同様の字体による体系が成立した。

和文資料と平仮名　平仮名については、どのように生まれ発展していったのかについて、不明なことが多い。[*42] 漢字に従属するかたちで用いられた片仮名とは異なり、平仮名資料では平仮名を主体として漢字を交える表記をとるが、そうした資料が乏しい。仮名文学といえば平仮名で書かれた文学を指し、平安時代に生まれた中古文学をその極致とするが、それに至るまでの九世紀の資料はもとより、一〇世紀の資料も極めて僅少である。[*43]

日本に限らず、文献資料というものは、古くなるほど数が少なくなる。平安時代のものとしては、藤原道長の漢文日記『御堂関白記』の自筆原本が現存しているが、こうした例は極

＊42　築島裕（一九八一：一〇七）。

＊43　ここ数年、九世紀の出土資料として、藤原良相邸跡出土墨書土器や難波津歌木簡などが報告されている。

めて稀であって、同時代に数多く生まれた『源氏物語』などの中古仮名文学作品には著者の原本は存在しない。現在一般的に読まれる古典は、多くの人々によって書き写されてきた多くの伝本に見られる文字を、読みやすく改変・校訂したものである。そしてその伝本とは、鎌倉時代以降に書かれた写本や、江戸時代に印刷された刊本であって、平安時代に書かれた写本はほとんど無く、仮名文学が出現する一〇世紀のものは皆無である。

中古文学は後世に多くの影響を与えており、伝本も数多い。しかし、仮名で書かれた文献は、漢字で書かれた文献に比べて内容にかかわる改変が多い。[*44] さらに仮名の字体については伝写の過程で考慮されることはほとんどなく、したがって原本の字体を知ることは基本的に不可能なのである。[*45]

なお、数少ない現存資料から見ると、仮名の字体は多くが一音節一字体となっており、現行のものと同じものも多い。それが平安後期になると、多くの字体が使用されるようになっている。ただし、ここでは草仮名との関係も問題となる。草仮名とは、万葉仮名と平仮名の中間的な字体のもの、すなわち平仮名ほどには草体化されていない字体の仮名である。この草仮名には、万葉仮名から平仮名への過渡的段階のもの[*46]と、平仮名成立後に装飾目的で生まれたものの二種類があるとされている（前者は字母・字体に統一性が見られるのに対し、後者は多様な字母に基づく仮名が用いられている）。

＊44　平仮名文献においては、平仮名が漢字に変換されて書写される場合が多い。

＊45　『土左日記』には、著者原本を忠実に写した伝本が存在する。

＊46　九世紀の資料（「有年申文」など）。

第七節　中世以降の仮名

平安時代の漢文訓読の世界では、片仮名はヲコト点と併用されていたが、やがて片仮名のみが用いられるようになっていった。平安後期になると、片仮名は辞書の和訓や音注にも使用されるようになり、『今昔物語集』などの説話文学にも用いられた。中世以降、片仮名の字体は統一の方向に進み、近世に至ると現行とほぼ同じとなっており、「ネ」の異体字として「子」使われるほかは、「マ」が「ㄗ」という字体であるといった、微細な違いがあるのみである。

一方、平仮名については、平安後期に続いて中世以降の資料においても異体字が多く存在する。これは平仮名が芸術作品と深いかかわりをもつためである。

また、音韻変化によって、仮名遣いの乱れも多くなっていった。今日、日本の古典に用いられる仮名遣いの規範となっているのは「いろは歌」四十七音に基づいた歴史的仮名遣いであり、これは仮名文学の最盛期である一〇〇〇年頃の日本語によっている。しかしその後、「お／を」「い／ゐ」「え／ゑ」「じ／ぢ」「ず／づ」[*47]などの発音上の区別が順次失われていった。また、語中に置かれるハ行音がワ行音で読まれるようになった。[*48]そのため、歴史的仮名遣いで「ゆゑ（故）」「あるいは（或いは）」であるべきものが、「ゆへ」「あるひは」と書かれるよ

＊47　「じ」「ぢ」「ず」「づ」を四つ仮名という。

＊48　この現象を一般に「ハ行転呼」という。

うになった。

音韻変化に伴い、中世には、いわゆる定家仮名遣が生まれており、これに基づく文献では、アクセントの違いにより「お」と「を」の字体の使い分けなども行われている。

そのほか中世以降の平仮名文献には、本来同音であった仮名においても、使い分けが一般化している。顕著なものとしては「シ」があり、語頭に「𛀙」を、そのほかに「し」を用いるというものである。ハについては、助詞に「ハ」を用いることが一般的であった。*49

明治三十三年（一九〇〇年）、小学校施行規則において、小学校で教えられる仮名の字体は一字体に統一され、「ゐ」「ゑ」および変体仮名は実質的に使用されなくなった。なお、戦前の教育では、平仮名よりも先に片仮名が教えられており、漢字片仮名交じり文が用いられることも多かったが、戦後は平仮名が初めに教えられるようになり、現代に至っている。

【参考文献】

大矢透（一九〇九）『仮名遣及仮名字体沿革史料』国定教科書共同販売所（勉誠出版による解説付きが一九六九年に、その縮刷版が二〇〇五年に刊行）。

築島裕（一九八一）『日本語の世界5 仮名』中央公論社。

森博達（一九九一）『古代の音韻と日本書紀の成立』大修館書店。

小松英雄（一九九八）『日本語書記史原論』笠間書院。（補訂版：二〇〇〇、新装版：二〇〇六）

矢田勉（二〇一二）『国語文字・表記史の研究』汲古書院。

今野真二（二〇一四）『日本語学講座 第9巻（仮名の歴史）』清文堂出版。

---

*49　この「ハ」はハ行転呼により「ワ」と発音された。また、「波」を字母とする「は」のほか、「者」「盤」を字母とする仮名にも、使い分けがある場合がある。

今野真二（編）『秋萩帖の総合的研究』勉誠出版、二〇一八。
日本語学会（編）『日本語学大辞典』東京堂出版、二〇一八。

第二章　日本漢字音

中澤信幸

はじめに

漢和辞典を引くと、音は片仮名で書かれ、訓は平仮名で書かれる。そもそも漢字は中国から伝来したものであるが、それ以前から日本には固有の言葉―和語（大和言葉）が存在した。その和語を漢字に当てはめたのが訓であり、一方漢字とともに伝来した中国語音をそのまま取り入れたのが音である。

その音―これがまさに日本漢字音なのであるが―を見ると、漢和辞典では漢音・呉音・唐音の三種類が記される。例えば「明」という字には、「メイ―漢音」「ミョウ（ミャウ）―呉音」「ミン―唐音」という三種類の音が記されるのである（図1）。本章では、この三種類の音を中心に日本漢字音について見ていくことにしよう。

なお、漢和辞典では三種類の音の後に韻が記される。例えば「明」では、「庚」という韻が記される。この韻はもちろん中国におけるものであるが、日本漢字音を考える上でも重要なものである。以後の考察では、この韻についても言及していく。

第一節　呉　音

漢字が日本に伝来した時期については諸説あるが、まとまった分量の漢字・漢文が体系的に伝来したのは、やはり五三八年（五五二年説もあり）の仏教伝来に伴う仏教経典の輸入であろう。（『四書五経』はそれ以前に伝来したとされているが。）その仏教経典の発音として伝えられたのが、最初期の漢字音である。例えば次のようなものである。

明　ミヤウ　　米　マイ
内　ナイ　　弟　ダイ
行　ギヤウ　　日　ニチ

これらの漢字音は、当初は恐らく特別な名称は与えられていなかったのであろう。後に遣唐使等によって新たな漢字音（漢音）が将来されると、それとの対比で「和音（倭音）」「対馬（つしま）音」などと呼ばれるようになった。それがやがて、中国において方言を意味する「呉音」という名称に置き換えられることになった。

この呉音はしばしば中国南方「呉」地方と混同されるが、名前は必ずしも実体を表すものではない。[*1] 三国志に出てくる「呉」国の発音が日本に伝来したものと説明されることもある

＊1　馬渕和夫（一九八四）一〇五四頁〜一〇七六頁参照。

が、三世紀ごろの漢字音がそのまま日本で伝承され続けたとは考えがたい。

この呉音の母胎音は、現在に至るまで明確にはなっていない。中国「呉」方言が朝鮮半島を経由して伝えられたと言われることもあるが、確たる証拠はない。（現代中国呉方言との関連性も証明されているわけではない。）いずれにしても、時期的には中国六朝期頃の漢字音が将来されたと考えるのが、妥当なところであろう。*2

日4 明 (8) 4432 660E 数2 メイ・ミョウ あ-かり・あか-るい・あか-るむ・あか-らむ・あき-らか・あ-ける・あ-く・あ-くる・あ-かす ㋠明日あす
筆順 丨 冂 日 日 旫 明 明 明
日4 明 (8) メイ漢 ミョウ(ミャウ)呉 ミン唐 庚 明庚平 ming
月7 【朙】(11) 2-1427 6719
語義 一《形》❶あき-らか。あか-るい・アカ-ルシ。㋐光がさして明るいさま。対暗。例在レ天者莫レ明ニ於日月一 訳天空にあって日月より明るいものはない（荀・天論）㋑はっきりしたさま。例是非之形不レ明 訳善悪の区別がはっきりしない（荀・正名）㋒物事によく通じているさま。例知明而行無レ過矣 訳知恵も広く行き届き、行いも過ちがなくなる（荀・勧学）㋓かしこいさま。名詞化▶賢人。すぐれた人材。例黜ニ陟幽明一 訳劣った者と賢明な者をそれぞれ位を上下させる（書・舜典）㋔澄みきったさま。㋕視力がすぐれ、ものがよく見えるさま。例聴聡而視明 訳耳が鋭く、目もよく利く（韓愈・釈言）❷次のあくる。「明日ミョウニチ」「明年」

図1　漢和辞典の「明」
『全訳漢辞海』第四版（三省堂、2019）p.671 より。

この呉音は、後で述べる中国語中古音との対照でも複雑怪奇なものとなっており、その体系についてすっきりと説明するのは困難である。そのため、近代に入ってからは仏教経典（法華経、大般若経等）の字音点や「音義」（音＝漢字の音、義＝漢字の意味、経典の漢字について注釈した書、『法華経音義』『金光明最勝王経音義』『大般若経字抄』等）、また古辞書（『類聚名義抄』等）といった呉音資料に見られる漢字音を、中国語中古音の「韻」の体系に合わせて整理（「分韻表」を作成）することによる分析が進んだ。そ

*2　藤堂明保（一九五九）、沼本克明（一九九七）一六五頁〜一九五頁、等。複数の時代や地方の音が母胎音となっている、また朝鮮漢字音が介入しているとする説もある。河野六郎（一九七六）、高松政雄（一九八一）（一九八二a）、等。

して呉音は一つの体系ではなく、複数の層に分かれることが指摘されるようになった。[*3]

なお、八世紀初頭までの出土資料等に見られる万葉仮名では、「止（ト）」「己（コ）」「宜（ガ）」「皮（ハ）」等、呉音とは異なる体系を持つと見られる発音も散見される。それらは「古音」と呼ばれ、中国上古（しょうこ）音との関係も指摘される。[*4] とはいえ、これらは漢字音が万葉仮名として和語に当てられたものであり、漢語の読みとしての漢字音がそのまま日本語音として定着したわけではないことに、注意する必要がある。

第二節　漢音

六〇〇年に遣隋使が、六三〇年に遣唐使が派遣され、中国との正式な交流が始まった。その後二〇〇年以上にわたって、日本は中国から法律、文学、そして仏教関係の書物等を大量に輸入した。それに付随して、新たに中国北方長安音（秦音）も将来することになる。この時伝えられた漢字音は、次のようなものである。

明　メイ　米　ベイ　内　ダイ　弟　テイ
行　コウ　日　ジツ

呉音と比べて、マ行がバ行になる、ナ行がダ行やザ行になる、濁音が清音になる、また拗音が直音になる、母音aiがeiになる等の違いがある。これは、鼻音子音の非鼻音化

＊3　小倉肇によれば、呉音には複数の層があり、韻母はa・b・cの3層（a層は中古音以前の字音を反映するもの、c層は「漢音系字音」に近いもの、b層はその間に位置するもの）、声調はα・βの2層（α層は中古音との間で平声と上去声が入れ違うもの＝古い層、β層は入れ違わないもの＝新しい層）に分けられるという。そしてα層におけるb層が、いわば狭義の呉音（和音）としている。小倉（二〇一四）第Ⅰ部研究篇五七七頁参照。

＊4　犬飼隆（二〇一一）参照。

（m-→b-、n-→d-、nz-→z-）、有声子音の無声音化（b-→p-、d-→t-、g-→k-）等の、中国唐代の音韻変化を反映したものである。ただし「明（メイ）」のように、必ずしもそれが反映されているとは限らないものも存在する。[*5]

これらは中国の正式な発音ということで、当初は「正音」と呼ばれ、後に「漢音」と呼ばれるようになる。（「漢」とは当時の中国のことであり、「漢」王朝を指すわけではない。）一方、それまでに日本に存在した漢字音は、「和音（倭音）」、後には「呉音」と呼ばれるようになる。漢音は朝廷や大学寮で使用され、当時正式な文学とされた漢詩・漢文学の読書音ともなった。また仏教界でも漢音は学習される。これら漢音については、『蒙求』等の漢籍字音直読資料、『群書治要』等の漢籍訓読資料、『大慈恩寺三蔵法師伝』等の仏書訓読資料、さらには『本朝文粋』等の和化漢文訓読資料といった漢音資料によって、こんにちまで研究が続けられている。[*6]

延暦一一年（七九二）には朝廷から大学寮に対して「漢音奨励」の勅が出され、翌年には仏教界にも及んでいる。しかし仏教経典の読誦音としては相変わらず呉音が使われ続け、結局延暦二三年（八〇四）には、仏教界については条件付きで漢音学習が免除される。これは仏教経典については発音より意味の解釈が重視された結果[*7]であると同時に、呉音読が仏教界におけるアイデンティティーの確認であった事実の反映でもある。[*8]

この漢音と呉音との違いは平安時代中期には意識されていたらしく、例えば平安中期に法

＊5　「明」の場合、中国原音で[-ŋ]という鼻音韻尾であったために、その影響で頭子音も非鼻音化しなかったようである。有坂秀世（一九四〇）参照。

＊6　佐々木勇（二〇〇九）研究篇五五頁参照。

＊7　平安時代における漢音奨励の実態については、湯沢質幸（一九九六）四一頁～一三八頁参照。

＊8　小松英雄（一九九五）参照。

對馬（ツシマ）　　　　　　都司馬音ニハ　　　　對馬音
　　＼　　　　　　　　　　　　　　上去字
　　　音　平聲ノ字ハ
　　／
都司馬　　　　　　渡上去音　　　　渡平聲

相宗の僧中算（九三五～九七六）によって編纂された『法華経釈文』には、次のような記述がある。

これは「平声字は対馬（都司馬）音では上・去声に、上・去声字は対馬音では平声になる」という意味であり、漢音と呉音（対馬音）との声調の対応関係が述べられたものと考えられている。[*9] また『大般若経字抄』（長元五年頃成、一〇三二）は藤原公任（九六六～一〇四一）の撰による大般若経の音義であるが、その後序においては「注以二漢呉二音相同之字一」、すなわち「漢音と呉音の両方が一致する字で注を付ける」という方針が示される。これも漢音と呉音とを区別する意識の現れである。

これらからは、「漢音＝中国の韻書の音」、「呉音＝仏教経典の読誦音（日本独自の音）」という意識が垣間見えるが、後でも述べるように、漢音は実際には『切韻』系韻書で示される中国語中古音よりも、慧琳『一切経音義』で示される唐代長安音（秦音）の方に近い関係にある。[*10]

漢音は、中国との国交があった時代には、コミュニケーションのための言語として機能していたと考えられるが、遣唐使廃止後も漢籍の読書音として生き続け、それが権威となって

＊9　実際に中国語中古音と日本呉音とを比べてみると、中古音の平声字の八一％が日本呉音では上・去声となる。また中古音の上声字の六四％、去声字の六八％が日本呉音では平声になるという。中算の言はある程度当たっているといえる。小倉（一九九五）研究篇八三八～八三九頁参照。
　なお、呉音漢語と漢音漢語との声調の違いは、日本側の和化漢文訓読資料でもおおむね維持され続けていたようである。加藤大鶴（二〇一八）参照。

＊10　沼本（一九九七）二七五頁～三七七頁参照。

いく。また漢語は日常語にも取り入れられていくが、その発音（いわゆる漢字の「音」）としても生き残ることになる。（これは漢音だけでなく呉音も含まれる。）当然その音は日本語音化*11する（日本語訛りとなる）わけだが、逆にこれが日本語の音節構造（もともとは「子音（consonant）＋母音（vowel）」のCV構造）そのものを変化させることにもつながった。

なお、九世紀には密教の将来に伴って、さらに新しい体系の漢字音が輸入される。これらは「新漢音」と呼ばれ、天台声明や真言声明の中に見ることができる。例えば、「明（ベイ）」「寧（デイ）」「仏（フ）」「十（シ）」「白（ハイ）」といった音である。（もともとの漢音では、それぞれ「明（メイ）」「寧（ネイ）」「仏（フツ）」「十（シフ）」「白（ハク）」。）これらは鼻音子音の非鼻音化のさらなる進行、入声韻尾（-k、-t、-p）の消失といった、中国側の音韻変化を反映したものである。

第三節　中国語中古音

ここまで日本の呉音、漢音について述べてきたが、これらの母胎音とされる中国語音が、中古期（六朝～隋唐代）の音、すなわち「中古音」である。この中古音は日本漢字音を分析する上で重要な枠組みとなるばかりでなく、朝鮮漢字音、ベトナム漢字音、そして現代中国語諸方言音を分析する上でも必要となるものである。

＊11　漢字音が仮名表記される時点で、それは相応の日本語音化を被っているのであるが、特にもともと日本語（和語）になかった音の受容には、資料群による差（位相差）が存在する。漢籍字音直読資料および漢籍訓読資料と比較して、仏書訓読資料、和化漢文訓読資料は、漢字音の日本語音化がより早く進行していたという。佐々木（二〇〇九）研究篇五〇七頁参照。

その中古音の枠組みは、『切韻』系韻書によって知ることができる。『切韻』は隋の陸法言によって編纂され、六〇一年に成立した。もともとは劉臻、顔之推ら八人と酒を飲みながら音韻について議論したものを、後年になってまとめたと言う。（序文による。[12]）

隋の中国統一（五八九）を機に、標準音を制定する機運が熟していたのであろう。以後『切韻』は「詩文押韻の規範」として広く世に行われる。またさまざまな増補改訂版が作られていくが、これらは「『切韻』系韻書」と呼ばれる。その最終版と言えるのが、北宋の一〇〇八年に陳彭年・丘雍らによって撰定された『大宋重修広韻』（『広韻』）である。『広韻』撰定後はそれ以前の『切韻』系韻書は散佚してしまったが、第二次世界大戦後に王仁昫『刊謬補缺切韻』（七〇六）が発見されている。[13]

『切韻』系韻書では、全体を平声・上声・去声・入声という四つの声調（「四声」）に分け（ただし平声のみ二巻の全五巻構成）、さらに「韻」に分ける。（『切韻』は一九三韻、『広韻』は二〇六韻。）各韻はさらに「声母」の同じグループ（「小韻」）に分けられる。

中国語の音節は「IMVF／T」で表される。Iは頭子音(Initial consonant)、Mは介音(Medial)、Vは主母音（Vowel）、Fは韻尾（末子音、Final consonant）、Tは声調（Tone）を指す。この中のIが「声母」、残りのMVFおよびTが「韻」（「韻母」）である。[14]

韻書では、各小韻で漢字の発音を別の二字の漢字で表す。上の字で声母を、下の字で韻母を表すのである。これを「反切」という。例えば「東」という字の反切は「徳紅反」（または「徳

＊12　『切韻』の序文の解釈については、清水史（一九九五）参照。

＊13　韻書については小倉（一九九一）、大島正二（一九九七）一四一頁〜二四三頁等を参照。

＊14　河野（一九六四）（『著作集2』三五〇頁〜三五一頁）参照。なお、平山久雄（一九六七）一一六頁では韻尾をE（Ending）としている。

紅切」）であるが、これは

徳 tʌk　＋　紅 ɣʌuŋ^{1}　＝　東 tʌuŋ^{1}

という音を表したものである。

この反切をもとに、一九世紀の中国では陳澧（れい）（一八一〇〜一八八二）の考案による「反切系聯法」によって、中古音の枠組みがあきらかにされた。すなわち、反切上字を相互に系聯させることで声母のグループが、反切下字を相互に系聯させることで韻母のグループが導き出されたのである。

ただし、これだけでは実際の中古音がどのような発音だったかはわからない。そこで現代中国の諸方言音、また日本漢字音・朝鮮漢字音・ベトナム漢字音といった外国借音をこの枠組みに当てはめ、比較言語学の方法を応用することで音価推定が行われていった。その草分けが、スウェーデンの言語学者であるカールグレン（Bernhard Karlgren、一八八九〜一九七八）である。その後も多くの研究者が、カールグレン説の批判・修正という形で推定音価を示している。図２・図３に三根谷徹による推定音価を示しておく。

中古音の体系を知る上では、『韻鏡』『七音略』といった「韻図」（「等韻図」）も有用である。『韻鏡』（図４）は作者、制作年代とも未詳であるが、南宋の一一六一年に張麟之の序を付して刊行されている。『七音略』とは、南宋・鄭樵撰の叢書『通志』（一一六二年頃刊）に収められる『七音略』の「内外転図」を指す。ともに四三枚の図表からなり、各図では縦に韻母、

半齒	半舌	喉音				齒音					牙音				舌音				脣音			
	來		匣	曉	影		心	從	清	精	疑		溪	見	泥	定	透	端	明	並	滂	幫
	來		匣	曉	影	禪	審	牀	穿	照	疑		溪	見	孃	澄	徹	知	明	並	滂	幫
日	來	喻		曉	影	禪	審	牀	穿	照	疑	羣	溪	見	孃	澄	徹	知	微/明	奉/並	敷/滂	非/幫
	來	喻	匣	曉	影	邪	心	從	清	精	疑	羣	溪	見	泥	定	透	端	明	並	滂	幫
	盧		胡	呼	烏		蘇	昨	倉	作	五		苦	古	奴	徒	他	都	莫	蒲	普	博
	盧		胡	呼	烏	俟	所	士	初	側	五		苦	古	女	直	丑	陟	莫	蒲	普	博
而	力	于		許	於	時	式	食	昌	之	魚	渠	去	居	女	直	丑	陟	武	符	芳	方
	盧	以	胡	許/呼	於/烏	徐	息	疾	七	子	魚/五	渠	去/苦	居/古	奴	徒	他	都	武/莫	符/蒲	芳/普	方/博
	l		ɣ	x	ʼ		s	dz	tsʻ	ts	ŋ		kʻ	k	n	d	tʻ	t	m	b	pʻ	p
	l		ɣ	x	ʼ	ẓ	ṣ	dẓ	tṣʻ	tṣ	ŋ		kʻ	k	n	ḍ	ṭʻ	ṭ	m	b	pʻ	p
ń	l	ɣ		x	ʼ	ź	ś	dź	tśʻ	tś	ŋ	ɡ	kʻ	k	n	ḍ	ṭʻ	ṭ	m	b	pʻ	p
	l	j	ɣ	xj/x	ʼj/ʼ	z	s	dz	tsʻ	ts	ŋj/ŋ	ɡj	kʻj/kʻ	kj/k	n	d	tʻ	t	mj/m	bj/b	pʻj/pʻ	pj/p

	-ʼ	-i	-u	-m(p)	-n(t)	-ŋ(k)	-uŋ(uk)
ʼa	歌哿箇	泰	豪晧号	談敢闞盍	寒旱翰曷	唐蕩宕鐸	冬(腫)宋沃
ua	戈果過	泰			桓緩換末	唐蕩宕鐸	
ia		廢		嚴儼釅業	元阮願月	陽養漾藥	鍾腫用燭
iua		廢			元阮願月	陽養漾藥	
ʼʌ		咍海代	侯厚候	覃感勘合	痕很恨(沒)	登等嶝德	東董送屋
uʌ	模姥暮	灰賄隊			魂混慁沒	登　德	
iʌ	魚語御	微尾未	尤有宥	凡范梵乏	欣(殷)隱焮迄		東　送屋
iuʌ	虞麌遇	微尾未			文吻問物		
ʼa	麻馬禡	夬	肴巧效	銜檻鑑狎	刪潸諫鎋	庚梗映(敬)陌	江講絳覺
ua	麻馬禡	夬			刪潸諫鎋	庚梗映陌	
ia	麻馬禡	(齊)(海)祭	宵小笑	鹽琰豔葉	仙獮線薛	庚梗映陌	
iua		祭			仙獮線薛	庚梗映	
ʼɐ	佳蟹卦	皆駭怪		咸豏陷洽	山產襇黠	耕耿諍麥	
uɐ	佳蟹卦	皆駭怪			山　襇黠	耕　諍	
iɐ		之止志			臻　櫛	蒸拯證職	
iuɐ						職	
ʼe		齊薺霽	蕭篠嘯	添忝㮇帖	先銑霰屑	青迥徑錫	
ue		齊　霽			先銑霰屑	青迥徑錫	
ie	支紙寘	脂旨至	幽黝幼	侵寑沁緝	真軫震質	清靜勁昔	
iue	支紙寘	脂旨至			諄準稕術	清靜勁昔	

上：図２　声母
三根谷（1993）p.29より。上段は韻図に見られる「七音」と「三十六字母」、中段は『広韻』反切の声類、下段は推定音価。

右：図３　韻母
三根谷（1993）p.24より。

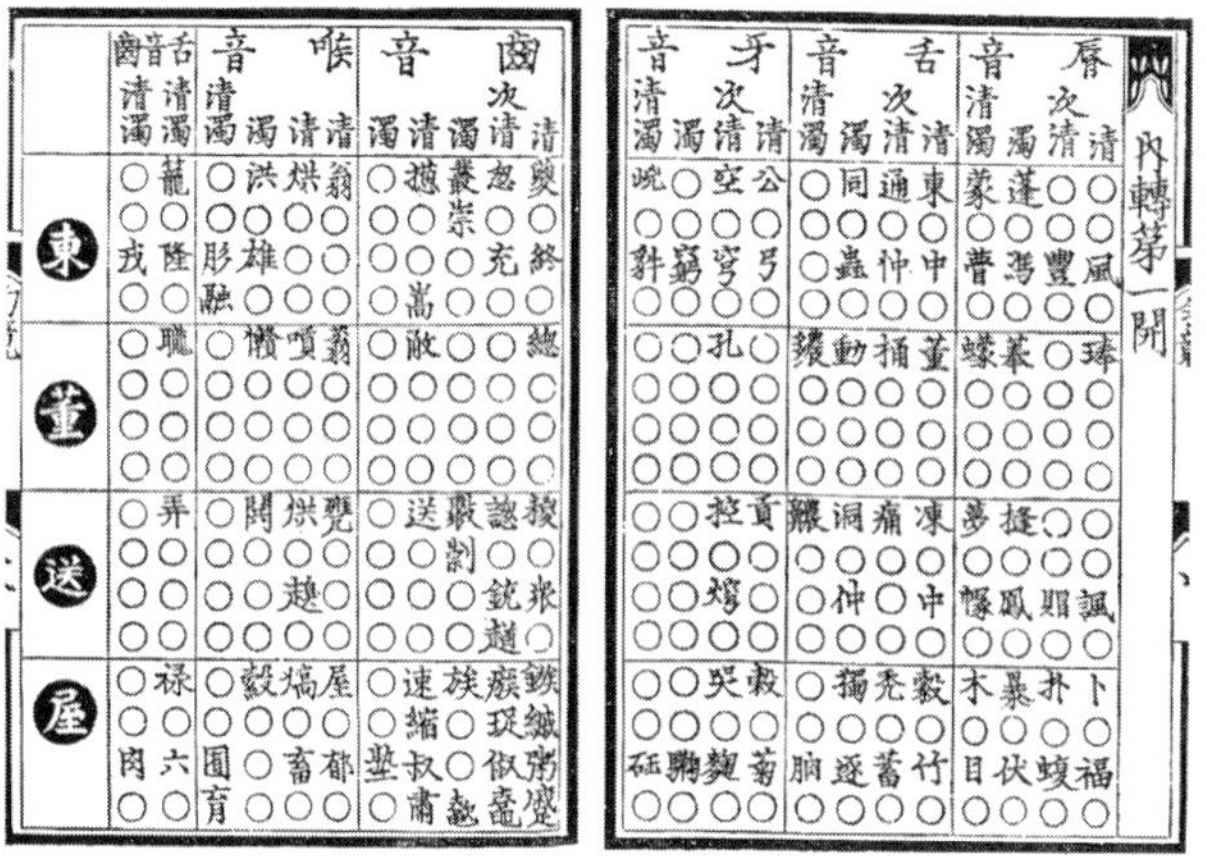

図４　永禄本『韻鏡』第１転　『等韻五種』（台北：藝文印書館）pp.18-19より。

横に声母が並べられる。声母は『韻鏡』では「七音」、『七音略』では「三十六字母」で示される。（図2参照。）

『韻鏡』は中国では散佚したが、日本には早く鎌倉時代には伝えられ、明了房信範（一二二三～一二八六または一二八七）によって書写されている。以後日本において伝えられ、江戸時代には多くの版本、また研究書が出版された。後に述べる「字音仮名遣い」研究も、この『韻鏡』研究が出自となっている。

『切韻』系韻書は詩文押韻の規範とされてきたが、一方で特定の時代の特定の方言に基づいて編まれたものなのか、それとも時代的にも方言的にも幅のある綜合的な性格を帯びるものなのか、議論が分かれている。[*15] そのため、特にそのルーツがあきらかになっている漢音の分析にあたっては、『切韻』系韻書に拠るよりも（前述のように）慧琳『一切経音義』（八〇七）で示される唐代長安音（秦音）に拠った方がよい。

なお、冒頭で述べた現代漢和辞典に記載され

＊15　大島（一九九七）一七六頁参照。なお大島は『切韻』は河南省地域の北方標準語に基づいたものではなく、また六朝旧韻を綜合したものでもなく、精緻な体系の復原を計って河南省地域の北方字音を下敷きに、六朝旧韻を参考としつつ南方字音の在り方によって検証し編まれたものと解されようか。と述べる。大島（一九八一）三四九頁。

る韻（「明」の場合は「庚」、図1）であるが、これは『広韻』の二〇六韻ではなく「平水韻」（「詩韻」）の一〇六韻[*16]に拠っていることが多い。この平水韻は宋・元・明・清に至るまで、詩文押韻の規範とされた。現代日本の漢和辞典でこの平水韻が記載されるのも、もっぱら漢詩制作のためである。

第四節　唐音

鎌倉時代に入ると、また中国から新たな事物・概念が輸入される。それに伴って、新たな漢語、そして漢字音も輸入される。例えば次のようなものである。

蒲団　フトン　　饅頭　マンヂユウ　　暖気　ノンキ　　椅子　イス
行燈　アンドン　　喫茶　キツサ　　和尚　ヲシヤウ　　豆腐　タウフ

これらはこんにちでも日常語として使われるものであるが、一見漢語なのかどうかよくわからない。それは私たちの中に、漢語といえば漢音か呉音（のような発音）で表されるという意識が強くあるからであろう。

これら鎌倉時代以降に新たに将来した漢字音を「唐音」（「宋音」）という。（「唐」とは当時の中国のことであり、「唐」王朝を指すわけではない。呉音・漢音と同様。）その担い手となったのが、中国（宋）に渡った禅宗の僧侶たちである。禅宗というのは、当時のいわば新興宗教であり、

＊16　南宋の一二五二年に、平水（山西省平陽県）の劉淵によって編纂された『壬子新刊礼部韻略』は、韻の併合を行って一〇七韻とした。ここからさらに一韻減じて一〇六としたのが平水韻（詩韻）である。ただし、一〇六韻の韻書としては金・王文郁『平水新刊韻略』（一二二九）が最初であり、金・張天錫『草書韻会』（一二三一）がそれに続く。いずれも『壬子新刊礼部韻略』より成立が早いことに留意する必要がある。小倉（一九九一）参照。

既存仏教との違いを明確にする必要があった。そこで唐音という、当時最新の中国語音を取り入れることによって、その目新しさを人々に訴えたと考えられる。つまり、かつて仏教界が呉音を使用し続けたこと、また天台宗や真言宗が「新漢音」を使用したことと同様、自分たちのアイデンティティーの確認として唐音を使用したのである。

鎌倉・室町時代、すなわち中世に伝来した唐音は、中国江南呉地方の方言音を母胎としていると考えられている。また江戸時代、すなわち近世に伝来した唐音は、おもに杭州音、南京官話を母胎としているが、その他中国南方各地の音、時には北方音を母胎としていることもあるという。[*17]

先に挙げた唐音語の例は、多くがこんにち日常語として浸透しているものである。これらは熟語として使われることがほとんどで、「頭（ヂユウ）」「行（アン）」といった漢字音が単独で使われることはまずない。わずかに中国の国号としての「明（ミン）」「清（シン）」が馴染み深い程度であろう。これは唐音将来時には、すでに日本漢字音としての呉音・漢音が定着していたために、新たな漢字音が体系としての広がりを持つ余地がなかったという事情による。そのために、おもに禅宗によってもたらされた、新たな事物・概念を表す、特定の語の発音として定着するにとどまったのである。

この唐音の資料であるが、中世唐音としては『聚分韻略』『略韻』等の禅宗による韻学資料が挙げられる。近世唐音としては『韻鏡易解』『磨光韻鏡』等の韻学（『韻鏡』研究）資料、

＊17　湯沢（一九八七）四頁参照。

また『唐話纂要』等の唐話辞書類が挙げられる。[*18]

第五節　字音仮名遣い

漢和辞典を見ると、例えば「明」の呉音として「ミョウ（ミャウ）」と記される（図1）。「ミョウ」は現代の発音を記したものであるが、その後の括弧書きの「ミャウ」が、いわゆる「字音仮名遣い」である。

これは漢語版「歴史的仮名遣い」とでも言うべきものである。ただし、和語を対象とした歴史的仮名遣いは、江戸時代の僧契沖（一六四〇～一七〇一）が『万葉集』の用字法をもとに定めたものであるのに対して、漢語を対象とした字音仮名遣いはその出自が異なる。

中国の韻図『韻鏡』（図4）が、鎌倉時代には日本に伝えられていたことは、前述の通りである。この韻図は日本の「五十音図」の原型ともなったもので、漢字音の体系を四三枚の図面でわかりやすく示している。そのため、鎌倉・室町時代にはおもに仏教教学において、そして江戸時代には特に「国学者」たちによって研究が行われた。

この『韻鏡』研究の中で、日本の漢字音（漢音・呉音・唐音）を整備するという発想が生まれてきた。その草分けと言えるのが文雄（一七〇〇～一七六三）の『磨光韻鏡』（延享元年刊、一七四四）である。『磨光韻鏡』では、『韻鏡』の四三枚の図面に出てくる漢字すべてに、漢音・

＊18　湯沢（一九八七）、岡島昭浩（一九九二）参照。

呉音・華音（当時の中国語音＝唐音）を片仮名で注している。これによって、理論的にはすべての漢字に日本漢字音を与えたことになったのである。

これを承けて、漢字の字音仮名遣いについて説いたのが、本居宣長（一七三〇～一八〇一）の『字音仮字用格』（安永五年刊、一七七六）である。宣長はまず字音仮名遣いを平仮名で示し、その後に対応する「韻」、そして漢字の一覧を示す。これによって日本漢字音をわかりやすく整理して示したのである。さらに後継の書として、太田全斎『漢呉音図』（文化一二年序、一八一五）、白井寛蔭『音韻仮字用例』（万延元年刊、一八六〇）等がある。

これら字音仮名遣いは、中国の韻書・韻図を下敷きにして、日本漢字音の漢音・呉音を演繹的・人為的に定めたところに特徴があった。それまでにも、江戸時代初期の法華経字音学等で韻書の反切に基づく読誦音改変は行われていたものの、それは個別的なもので必ずしも首尾一貫したものではなかった。文雄・宣長によって、漢音・呉音は体系的・人為的に区別されたのである。*19

この字音仮名遣いは、歴史的仮名遣いとともに江戸時代の国学において受け継がれ、明治時代には学校教育にも取り入れられ、一般社会にも普及する。それとともに、その「人為性」に厳しい批判が向けられるようになった。例えば歴史的には「水（スイ）」「追（ツイ）」となっていたものが、字音仮名遣いでは「スヰ」「ツヰ」になっていること、*20 歴史的には「帽子（ボウシ）」となっていたものが、字音仮名遣いでは「バウシ」となっていること、*21 また歴史的

---

*19　中澤（二〇〇九）参照。なお、中近世日本における韻書受容と漢字音改変については、中澤（二〇一三）参照。

*20　満田新造（一九二〇）参照。

*21　豪韻は一般に「aウ」で現れるが、唇音字だけは（唇の円みが加わることにより）「oウ」で現れることについては、有坂（一九四二）参照。

なお、宣長は豪韻字の万葉仮名における用例をもとに、一度は呉音は「oウ」となる可能性に言及している。全斎、寛蔭ではこれを承けて、「呉音oウ」「漢音aウ」という図式となった。現代の漢和辞典でもこの図式を受け継いでいるものがある。石山裕慈（二〇一六）参照。

な漢音資料では「明（メイ）」「寧（ネイ）」となっていたものが、字音仮名遣いでは「ベイ」「デイ」となっていること等が[*22]、批判の対象となった。

「明」は冒頭でも述べたように、こんにちの漢和辞典では「メイ―漢音」「ミョウ（ミャウ）―呉音」「ミン―唐音」となっている。ところが、諸橋轍次『大漢和辞典』の初版（昭和三〇～三五年刊、一九五五～一九六〇、大修館書店）では、「ベイ―漢音」「ミヤウ―呉音」「メイ・ミン―慣用音」となっていた。すなわち、伝統的な漢音資料に見られる「メイ」が漢音とは認定されず、「慣用音」となっていたのである。

現代漢和辞典の漢字音の決め方であるが、多くは韻書の韻や反切に基づく等、基本的に字音仮名遣いの方法を踏襲していると言える。一方、明治時代以降、すなわち近代に入ってからの批判を取り入れ、適宜修正を加えているところもある。先ほどの「明」の場合は、現在は多くの漢和辞典が「漢音メイ」としている。（『大漢和辞典』も修訂版以降は「メイ」となっている。）ただいずれにしても、漢和辞典の字音決定の方法は、辞書ごとに揺れ動いているのが現実である[*23]。

前述のように、字音仮名遣いの方法では、すべての漢字に字音を与えることができた。その一方で演繹的人為的な漢字音に批判が向けられたわけだが、歴史的な呉音資料・漢音資料に基づくだけでは、数万字におよぶ漢字すべてに字音を与えることは、とても無理である。そこで最近では、漢音については、慧琳『一切経音義』で示される唐代長安音（秦音）に基

＊22　有坂（一九四〇）参照。ただし「新漢音」では「ベイ」「デイ」となっていることは前述の通り。

＊23　最近では『全訳漢辞海』（三省堂）、『五十音引き漢和辞典』（三省堂）といった、日本の古文献から実証的に漢字音を蒐集した漢和辞典も出ている。

づいて演繹的に決定する（修正演繹法）、呉音については、母胎音が措定できないために古文献に実例のあるもののみを示す、という提案もなされている。[24]

第六節　慣用音

先ほど見た『大漢和辞典』初版の「明」では、「メイ」という字音は「慣用音」となっていた。この慣用音は明治時代に登場し、[25]現代に至るまで漢和辞典で使われているものであるが、実は確固たる定義があるわけではない。あえて定義するとすれば、

日常使われている漢字音で、漢音・呉音・唐音のいずれにも当てはまらないもの

ということになるであろう。

江戸時代に始まった字音仮名遣いでは、「明」は人為的に「漢音ベイ」「呉音ミヤウ」とされ、伝統的な漢音資料で見られる「メイ」は居場所を失った。とはいえ、この音は「明確」「究明」等、日常語でよく使う音でもあったため、漢和辞典に載せないわけにはいかなかった。そこで苦肉の策として、慣用音という枠組みが登場したのである。

したがって、人為的な字音仮名遣いをやめて、伝統的な漢音資料・呉音資料に基づいて字音を定めるのであれば、慣用音という枠組みはもはや必要なくなるのである。実際に、慣用音を極力なくそうとしている漢和辞典も存在する。[26]ただし、例えば「立」の場合、本来は「リュ

＊24　沼本（二〇一四）二九一頁〜二九三頁参照。

＊25　筆者が確認した限りでは、「慣用音」を記載した最初の漢和辞典は、『新訳漢和大辞典』（三島毅・大槻文彦監修、濱野知三郎輯著、明治四五年刊、一九一二、六合館）である。

＊26　例えば『全訳漢辞海』第四版（三省堂、二〇一九）では、冒頭で次のように述べる。

日本漢字音は、漢音・呉音・唐音・慣用音を表示し、その字音仮名遣いをカッコに入れて示した。漢音・呉音については、江戸期以後の推定や演繹による読みを退け、鎌倉・室町以前の古辞書などにのこる字音資料にもとづくことにした。それによって、これまで慣用音とされてきたものの多く

ウ（リフ）」だったものが、一般社会では（促音化を反映して）「リッ」と読まれるようになっているが、これは慣用音としてしか捉えられないものとも言える。

こんにちの漢和辞典間で字音決定の方法に揺れがある以上、この慣用音のあり方にも揺れがあるのはやむを得ないことである。また、慣用音登場以前には「俗音」という枠組みも存在しており、それとのつながりも考慮する必要があろう。[*27] いずれにしても、慣用音は単なる「その他大勢」ではないことに留意する必要がある。[*28]

おわりに

漢字音は日常の生活で用いる日本語の一部であり、必ずしも特殊なものではない。とはいえ、その成り立ちや経緯はかなり特殊で難解なものであり、これが漢字音研究が避けられる一因ともなっている。しかしながら、その漢字音について学ぶことは、日本語の音韻の歴史、また中国語との関係を知ることにもつながるし、さらには中国語母語話者に対する日本語教育にも役立つのである。今後は中国語や東アジア（旧・漢字文化圏）諸言語との対照研究にも資することが期待される。

が、正当な漢音・呉音として位置づけられた。（七頁）

＊27　中澤（二〇一九）参照。

＊28　慣用音については、高松（一九八二b）六六七頁～七三三頁、湯沢（一九九六）二六九頁～三〇二頁、鳩野恵介（二〇〇八）等を参照。

【引用文献】

有坂秀世（一九四〇）「メイ（明）ネイ（寧）の類は果して漢音ならざるか」、『音声学協会会報』六四、『国語音韻史の研究　増補新版』所収、三六九頁～三七四頁、東京：三省堂、一九五七。

有坂秀世（一九四二）「「帽子」等の仮名遣について」、『文学』昭和一七年七月、『国語音韻史の研究　増補新版』所収、二六三頁～二八二頁、東京：三省堂、一九五七。

石山裕慈（二〇一六）「豪韻字の字音仮名遣いをめぐって」、『鈴屋学会報』三三、一五頁～二九頁。

犬飼隆（二〇一一）「日本漢字音のなかの古層」、『日本語学』三〇—三、三八頁～四六頁、東京：明治書院。

大島正二（一九八一）『唐代字音の研究』、東京：汲古書院。

大島正二（一九九七）『中国言語学史』、東京：汲古書院。

岡島昭浩（一九九二）「近世唐音の清濁」、『訓点語と訓点資料』八八、九五頁～一〇四頁。

小倉肇（一九九一）「韻書について(1)」、『弘前大学教育学部紀要』六六、一頁～一一頁。

小倉肇（一九九五）『日本呉音の研究』、東京：新典社。

小倉肇（二〇一四）『続・日本呉音の研究』、大阪：和泉書院。

加藤大鶴（二〇一八）『漢語アクセント形成史論』、東京：笠間書院。

河野六郎（一九六四）「朝鮮漢字音の研究Ⅰ」、『朝鮮学報』三一、『河野六郎著作集2』所収、二九七頁～五一二頁、東京：平凡社、一九七九。

河野六郎（一九七六）「「日本呉音」について」、『言語学論叢』最終号、『河野六郎著作集2』所収、五三五頁～五五三頁、東京：平凡社、一九七九。

小松英雄（一九九五）「日本字音の諸体系　—読誦音整備の目的を中心に—」、『日本漢字音史論輯』、一三頁～三七頁、東京：汲古書院。

佐々木勇（二〇〇九）『平安鎌倉時代における日本漢音の研究』、東京：汲古書院。

清水史（一九九五）「『切韻』の性格　—陸法言序と切韻音系—」、『表現研究』六一、一八頁～二九頁。

高松政雄（一九八一）「「村　ジュン」—呉音の一問題—」、『訓点語と訓点資料』六六、『日本漢字音論考』所収、四五四頁～四七七頁、東京：風間書房、一九九三。

高松政雄（一九八二a）「「惑　ワク」「軟　ナン」に就いて」、『国語国文』五一―五、『日本漢字音論考』所収、四七七頁〜五〇一頁、東京：風間書房、一九九三。

高松政雄（一九八二b）『日本漢字音の研究』、東京：風間書房。

藤堂明保（一九五九）「呉音と漢音」、『日本中国学会報』一一、『中国語学論集』所収、七〇頁〜九九頁、東京：汲古書院、一九八七。

中澤信幸（二〇〇九）「斉韻字に対する字音注の変遷について」、『國文學攷』二〇二、一頁〜一四頁、広島大学国語国文学会。

中澤信幸（二〇一三）『中近世日本における韻書受容の研究』、東京：おうふう。

中澤信幸（二〇一九）「「俗音」考」、『山形大学大学院社会文化システム研究科紀要』一六、七〇頁〜五九頁（右一頁〜一二頁）。

沼本克明（一九九七）『日本漢字音の歴史的研究』、東京：汲古書院。

沼本克明（二〇一四）『帰納と演繹とのはざまに揺れ動く字音仮名遣いを論ず　―字音仮名遣い入門―』、東京：汲古書院。

鳩野恵介（二〇〇八）「漢和辞典における慣用音の規範」、『語文』九一、三五頁〜四六頁、大阪大学国語国文学会。

平山久雄（一九六七）「中古漢語の音韻」、牛島徳次・香坂順一・藤堂明保編『中国文化叢書1　言語』、一一二頁〜一六六頁、東京：大修館書店。

馬渕和夫（一九八四）『増訂　日本韻学史の研究』、京都：臨川書店。

満田新造（一九二〇）「「スヰ」「ツヰ」「ユヰ」「ルヰ」の字音仮字遣は正しからず」、『國學院雑誌』二六―七、『中国音韻史論考』所収、二八三頁〜二八九頁、東京：武蔵野書院、一九六四。

三根谷徹（一九九三）『中古漢語と越南漢字音』、東京：汲古書院。

湯沢質幸（一九八七）『唐音の研究』、東京：勉誠出版。

湯沢質幸（一九九六）『日本漢字音史論考』、東京：勉誠出版。

第三章　旧字と新字

藤田拓海

第一節　字体と異体字

現在の日本において、漢字を用いる際の目安となっているのが常用漢字である。ただし、人名や地名などの固有名詞には常用漢字でないものもしばしば現れる。例えば「國・澤・廣」などである。これらは、常用漢字に置き換えると「国・沢・広」となる。一般に、前者を「旧字」と呼び、後者を「新字」と呼ぶ。[*1]

漢字には「形」「音」「義（意味）」があるが、ここで異なるのは形のみである。音・義が同じで形のみ異なる字は一方の字にとっての「異体字」となる。[*2]また異体字の関係にある字は、同一の「字種」と見なされる。なお、「高・崎・野」の異体字として「髙・﨑・埜」があるが、こちらは新字・旧字の関係とは見なされない異体字である。[*3]

新字とは、一九四九年に制定された「当用漢字字体表」の中で新たに用いられるようになった字体[*4]を指す。それに伴い、旧来使われていた字体は旧字と呼ばれることとなった。ただし、

＊1　旧字は「旧字体・旧字形・旧漢字」、新字は「新字体・新字形・新漢字」などとも呼ばれる。なお、旧字は「正字」「正字体」「正漢字」なども呼ばれるが、「正字」体は時代や資料による相違がある。

＊2　規範的な字に対するほかの字体を「異体字」とする場合もある。異体字の認定についても、基づく資料により相違が生じる。

＊3　漢字・漢和辞典では、「髙・﨑」は「俗字」、「埜」は「古字」などとされることがある。

＊4　「字形」と同義に扱う場合もあるが、区別することが多い。「常用漢字表の字体・字形

ここでいう新・旧とは、近代以降における新旧の違いに過ぎない。例えば、部首の一つであるしんにょうは、一点の「辶」が新字に、二点の「辶」が旧字に用いられるが、日本古来の楷書字体は一点の「辶」である。それは、日本に漢字文化が大量にもたらされるようになった奈良時代前後にあたる中国（隋・唐時代）の楷書字体が、一点の「辶」だったからである。

古代中国では、篆書[*5]・隷書・楷書などが生まれたが、隋・唐時代に用いられていたのが楷書である。唐代には異体字の整理が行なわれるとともに標準字体すなわち正字が模索された。その拠り所となったのが『説文解字』[*6]（一〇〇年）である。唐代における楷書字体整理の成果は、唐代末期に結実し、宋代以降に主流となる版本の字体に受け継がれた。

写本は毛筆で紙に書かれたものである。それに対し、版本（整版本）は版木を彫った整版によって印刷されたものである。紙に書かれていた楷書は、版本においては主に明朝体[*7]として表されることになるが、両者には必然的に相違が生まれる。

一七世紀の清朝になると文字学を始めとする学術が盛んとなり、大規模な字書『康熙字典』[*8]（一七一六年）が作られた。そこでは『説文解字』の小篆を楷書体化した字体が随所に採用された。したがって、『康熙字典』の字体（康熙字典体）は、筆記の楷書はもとより、それ以前によく用いられていた明朝体の字体とも異なることとなったのである。

中国では早くから版本が主流となっていたが、日本では近世に入るまで写本が主流であった。また、唐代初期の楷書字体が長く用いられてきた。それが一変するのが近代である。近

に関する指針」（文化審議会国語分科会報告、平成二八年二月二九日）では、字体を「文字の骨組み」、字形を「具体的に出現した個々の文字の形状」とする。

＊5　現在でも印鑑に用いられている。時代的に古いものを大篆、新しいものを小篆という。

＊6　後漢の許慎撰。見出し字は小篆で示され、約一万字を五四〇部首に分けて収録。漢字の造字法が「象形・指事・形声・会意」などで説明され、なかでも意符（義符）と声符（諧声符・音符）から成る形声字が大半を占める。

＊7　中国では「宋体」と呼ぶ。

＊8　康熙帝の勅撰。明代末の『字彙』『正字通』の二一四部首を受け継ぎ、五万字近くを収録。部首や字体は今日における基準となっている。

代に入ると活字印刷が一般化したが、その字体が『康熙字典』に基づいていたからである。そのため、筆記字体と印刷字体とに大きな差が生まれることともなった。したがって、現在「新字」と呼ばれるものの中にも、古くから用いられていた字体が数多く存在するのである。

第二節　当用漢字と常用漢字

常用漢字の前身は当用漢字である。その当用漢字において略字を中心とする新字が採用された。当用漢字・常用漢字の字体に関わる表としては次の四つがある。

①「当用漢字表」　一九四六年（昭和二一）十一月内閣告示　一八五〇字（字種を示す）
②「当用漢字字体表」　一九四九年（昭和二四）　四月内閣告示　一八五〇字（字体を示す）
③「常用漢字表」　一九八一年（昭和五六）　十月内閣告示　一九四五字
④「常用漢字表」　二〇一〇年（平成二二）十一月内閣告示　二一三六字

戦後まもなく制定されたのが「当用漢字表」である。[*9] そのまえがきには「簡易字体については、現在慣用されているものの中から採用し、これを本体として、参考のため原字をその下に掲げた。」と記されている。続いて掲示される表では、一八五〇字種が『康熙字典』の部首に基づき配列されている。そのうちの「囗部」を次に示す。

囚四回因困固圈國囲（圍）園円（圓）図（圖）團

＊9　漢字を制限し、略字を公的に採用しようとする試みは戦前から行われていた。「当用漢字表」は、それに先行する「標準漢字表」（一九四二年国語審議会答申）を土台としている。

傍線を付した字は、今日旧字とされているものである。[*10] 旧字がカッコに示されている三字はその前に新字が置かれているが、そのほかの三字は旧字のままである。[*11] これは、まえがきに「字体と音訓との整理については、調査中である。」としているためである。[*12]「当用漢字表」はあくまで字種を示したものに過ぎない。

当用漢字の字体基準を示したのが、三年後に制定された「当用漢字字体表」である。字体は、等線体と呼ばれる書き文字で示されている。[*13] そのまえがきを次に引用する。[*14]

一、この表は、当用漢字表の漢字について、字体の標準を示したものである。

一、この表の字体は、漢字の読み書きを平易にし正確にすることをめやすとして選定したものである。

一、この表の字体の選定については、異体の統合、略体の採用、点画の整理などをはかるとともに、筆写の習慣、学習の難易をも考慮した。なお、印刷字体と筆写字体とをできるだけ一致させることをたてまえとした。

〔備考〕

一、この表は、当用漢字表の配列に従い、字体は、活字字体のもとになる形で示した。

二、この表の字体には、（一）活字に従来用いられた形をそのまま用いたもの、（二）活字として従来二種類以上の形のあった中から一を採ったもの、（三）従来活字としては普通に用いられていなかったものがある。この表では、（三）のうち著しく異なっ

＊10 「円」の例からわかるように所属部首は旧字によっている。

＊11 新字は「圏・国・団」。なお、カッコの有無は標準漢字表の影響を受けているが、この区別はまた、後の人名用漢字にも影響を与えている。このカッコ無しの旧字は一九四八年以降人名に使用可能となったが、カッコありの字は不可であった。「圓」については、人名用漢字が大幅に追加された二〇〇四年に使用可能となったが、「圍」「圖」は現在でも使用できない。

＊12 カッコのある字は計一三一字存在する。

＊13 ゴシック体に近い。字体表は文化庁HPなどで見ることができる。

＊14 例字は等線体で示されているが、引用部では明朝体に置き換えて示す。

たものには、従来の普通の形を下に注した。

（二）の例　効效　叙敍敘　姉姊　略畧　島嶋　冊册　商啇　編編　船舩　満滿

（三）の例

(1) 点画の方向の変った例　半半　兼兼　妥妥　羽羽

(2) 画の長さの変った例　告吿　契契　急急

(3) 同じ系統の字で、又は類似の形で、小異の統一された例　拝招拜招

全今全今　抜友拔友　月期朝青胃月期朝靑胃　起記起記

(4) 一点一画が増減し、又は画が併合したり分離したりした例　者者

黄黃　郎郞　歩步　成成　黒黑　免免

(5) 全体として書きやすくなった例　亜亞　倹儉　児兒　昼晝

(6) 組立の変った例　黙默　勲勳

(7) 部分的に省略された例　応應　芸藝　県縣　畳疊

(8) 部分的に別の形に変った例　広廣　転轉

現在用いられている字体が大きめに記されたものである[*15]。こうして新字は正式な字体（正字）として使用されることとなり、旧来の字体は旧字として認識されるようになった[*16]。一九八一年には「常用漢字表」が制定された[*17]。当用漢字表に九五字を追加して一九四五字となった。字体は明朝体で示され、追加字種は当用漢字同様に略字体を主体とする[*18]。二〇一〇年に「常用漢字表」は改定された。一九六字が追加、五字が削除され二一三六字

＊15　小さめに記されたものが、従来用いられていた字体である。それは主に旧字であるが、（二）には旧字とされないものも多い。

＊16　（三）の中にも、いわゆる俗字として手書き文字で使用されていたものは存在する。

＊17　当用漢字表は漢字を制限する性格をもつが、常用漢字表は使用する漢字の目安を示す。

＊18　なお、当用漢字表にあった「燈」の字体は「灯」に改められた。

となった。ただし、追加字体には新字型・旧字型[*19]の両方が見られる。例えば、追加字「嘲」は、前掲のまえがき（三）(3)で統一されたはずの「月」とはしていない。これはコンピュータ普及の影響によるのだが、結果として現在の常用漢字では大きな不統一が生じているのである。[*20]

第三節　旧字の実態（一九八一年版「常用漢字表」による）

　本節では、旧字と新字の対応関係を具体的に示してみたい。ただしその前に、旧字と新字について、注意すべきことについて触れておく。

旧字の注意点　旧字は、明治から戦前にかけて用いられていた明朝体の活字字体に基づくもので、その字体は『康熙字典』を参考にしている。しかし、前節の（二）の例が示すように、実際には多くの活字字体が存在し、そのなかには常用漢字の字体（新字）も含まれる。[*21]また、新字と異なり旧字は公的に規定されたものではない。旧字を調べるためには漢字・漢和辞典（以下、辞典と呼ぶ）が用いられるが、認定される旧字は辞典ごとに大きく異なるのである。[*22]

　そもそも『康熙字典』の字体要素には不統一が少なくない。例えば「並」「普」「譜」三字に共通する「並」は『説文解字』の小篆では同じ字体である。しかし、『康熙字典』では、「竝」「普」「譜」となっており全て異なる。辞典では「竝」「譜」を旧字とするものが多いが、これらの

＊19　以下、「新字」「旧字」の特徴を持つ字体を「新字型」「旧字型」と呼ぶ。

＊20　これについては第四節で述べる。

＊21　特に明治前半期においては必ずしも『康熙字典』に拠っているというわけではない。また『康熙字典』といっても版による細かな差異は存在する。そして活字を作るにしても、再現率は一様ではない。

＊22　本節における旧字の範囲は次の辞典にあるものに限る。『角川新字源』角川書店、改訂版：一九九四、（KADOKAWA）改訂新版：二〇一七。『全訳漢辞海』三省堂、第二版：二〇〇六、第三版：二〇一一、第四版：二〇一七。『新潮日本語漢字辞典』新潮社、二〇〇七。『新漢語林』大修館書店、第二版：二〇一一。『漢字源』学研教育出版、改訂第五版：二〇一一。

旧字を認めないものも存在するのである。そのほかにも、例えば「即」「節」について、『康熙字典』は「卽」（および「即」）「節」を見出し字としている。そのため、「皀」を含む字（「既」「郷」など）について、辞典内で部分要素の統一がされている場合もある。

画数についても、新字で「艹」を含む字は『康熙字典』で三画に数えられるため、旧字では左下部分を一画のようにデザインする傾向がある。*23

したがって、『康熙字典』への依拠度合いによっても旧字の認定は変わり得る。現在の常用漢字表には「いわゆる康熙字典体」が参考として添えられているが、「闘」に添えられた「鬭」は辞典においては旧字とされず、「鬪」が旧字とされているような例も存在する（『康熙字典』の見出し字には「鬭」「鬪」ともに存在する）*24。また、字源解釈が旧字に反映されている例も見られる。こうした複合的な要因により、辞典の旧字はそれぞれ大きく異なっているのである。

新字の注意点　新字は、旧字の画数を減らし、部分要素を統一する目的で生まれた。その両者の違いは、極めて微細なものから、全体が大きく変わるものまで様々である。対応が規則的なものもあれば、そうでないものもある。例えば、新字側から見ると「学」と「営」の上部は同じであるが、旧字はそれぞれ「學」「營」と異なる。*25 また、旧字側から見ると、「弗」を共有していた「佛」「拂」「沸」「費」のうち、「佛」「拂」は「仏」「払」となったが、あとの二つは変わらないままであった。したがって、対応は必ずしも一様ではない。

また、ここで挙げた「𦥯」「𤇾」「弗」は漢字の音を示す声符である。したがって、漢字音

なおこの範囲では、版が異なるものを含め旧字の認定が完全に同じものは存在しない。

*23　しかし一方で、「離」の左部は『康熙字典』に従い十一画とされる。

*24　同表には「塀」にも「いわゆる康熙字典体」が添えられているが、この字は日本製の漢字（国字）ともされ、そもそも『康熙字典』には収録されていない。

*25　辞典によっては『康熙字典』に無い「ツ部（ツ冠）」を設ける。

を体系的に理解するための目安が失われることともなった。

そのほかに注意すべきこととして、旧字と新字の関係にあるものの中には、元来別字であったものが含まれるということがある。次にその例を示す。[*26]

醫医　罐缶　藝芸　缺欠　絲糸　證証　臺台　蟲虫　燈灯　濱浜　餘余　辨辯瓣弁

例えば、ムシを指すのは「蟲（チュウ）」であって、「虫」はマムシを指し「キ」を音とする別字である。[*27]「芸亭」は「ウンテイ」と読み、「藝（ゲイ）」に置き換えることはできないし、「天台宗」には「臺」ではなく「台」を用いなければならない。三つの旧字をもつ「弁」は「辨償」「雄辯」「花瓣」のように使い分ける必要がある。[*28] したがって、新字主体の文章を旧字主体の文章に変換する場合などには注意を要する。

なお、新字は規定されたものであるとはいえ、「帰／帰」や「八／八」などの差異は存在し、[*29]辞典が採用する字体も一様ではない。場合によっては、明朝体と筆写体における差異が、旧字と新字ほどの違いに相当すると見ることも可能であろう（「令／令」「外／外」など）。

旧字・新字の対応関係　本項では、一九八一年版「常用漢字表」[*30]のうち、旧字のあるものを採り上げ、相違を示す。[*31]全体を「A部首」「B部首外」「Cその他」に三分したうえで（「B部首外」はさらに四分）、①～㉘ごとに相違のおおまかな内容を記す。なお、次の記号を用いる。

⬇　「旧字（の一部）⬇新字（の一部）」を示す。なお、辞典によって旧字の字体が異なる場合は、それらの旧字を並べた上で「⬇」の先に新字を置く。

＊26　辞典によって扱いは異なる。同様の例としては「万」「予」「担」「党」「豊」「蚕」「岳」「鉄」などがある。

＊27　ただし、唐代では「蟲」の俗字として「虫」を用いることは一般的であった。ほかの字についても、時代により、異体字として扱われる場合がある。

＊28　かんむりの意味には「弁」を用いる。

＊29　常用漢字表では、これらをデザイン差とする。

＊30　二〇一〇年版は旧字要素の強い字が含まれるため（第四節参照）、一九八一年版を用いる。なお、ここで採り上げない人名用漢字にも旧字が存在する。人名用漢字は（特に早くから認められたものは）新字型である。

＊31　はね・はらいのような微

｛　「⬇」の対応に該当するものについて、新字を掲げる（例の多いものは省略）。

◆　「｛」の方法によらずに、旧字と新字を並べて掲げる。

≠　新字側から見て、当該項目の変化がないもの。参考として示す。

↓　参照先の項目番号を示す。

傍線字　当該番号以外にも変化のある字。[*32] Bに含まれる④〜㉖にのみ付す。

網掛け字　当該番号の内容について、辞典によっては旧字を認めない場合がある字種。

A　部首（「ネ・辶・飠・月・艹」を含むもの）

構成要素としても多くの字に見られる「ネ・辶・飠・月・艹」を含む字。

①「ネ」「辶」「飠」を構成要素にもつもの。これらは全て旧字があり、対応関係は次の通り。

示⬇ネ[*33]　辶⬇辶　飠⬇飠　（例は省略）

②「月」を構成要素にもつもの。「月」を部首とする字は大きく三つに分かれる。天体の月、舟に基づくもの、肉に基づくものである。

舟に基づくものについては、旧字では「月」となる。該当字は次の通り。

月⬇月（前　朝潮　勝朕謄騰　服　棚崩　愉諭輸癒）

また、天体の月は「月」を旧字とすることがある（認めない辞典もある）。該当字は次の通り。

月⬇月（月期塑覇望明有朗[*34]（≠盟賄））

なお、肉に基づくものは変わらない。ほか、「青」は「青」を旧字とする（↓⑩）。

小な差異については採り上げないことがある。

*32　変化部分が二つの番号で同一の場合は点線とする。

*33　旧字「祕」は、示偏をもつ字のうち、唯一禾偏に変わり「秘」となる（↓㉓）。

*34　「間簡」の旧字も該当する（↓㉓）。「覇」↓㉕。「望」↓⑤⑨。

③「艹」を構成要素にもつもの。[*35]「艹」をもつ字には、植物に関連するものと、そうでないものとがある。植物に関連するものは[*36]、四画の「艹」を旧字とすることがある。なお、次の字に含まれる「艹」も四画の「艹」を旧字とすることがある（「艹」が上部でないもの）。

艹↓艹〔異翼　噴墳憤奔　華〕（≠暁焼→㉔、勤謹漢嘆難→㉓）

また、植物に関連しない字は「艹」となる場合がある。該当字は次の通り。

艹↓艹〔驚敬警　獲穫護　寛夢　繭[*37]〕

Ba　構成要素における点画の向き・長さに相違があるもの

④縦画の長さが変わるもの　告↓告〔酷造〕　舎↓舎〔捨舗〕　周↓周〔彫調〕　唐↓唐〔糖　契〕　↓契〔喫[*38]〕　巳↓己〔包港選起[*39]〕　田↓田〔博敷勇〕　◆具具　鼻鼻　叀叀[*40]　繭繭

⑤横画の長さが変わるもの[*41]　ヨ↓ヨ〔寝隠雪〕　冉↓冉〔構講〕（≠再）　覀↓覀〔覆要腰〕（≠票[*42]）　曼↓曼〔冒慢漫〕　巨↓巨〔拒距〕　亡↓亡〔荒望網〕　◆虐虐　寧寧　衰衰　日日

⑥既出以外のもので、画の長さが変わるもの　化↓化〔化花靴〕　灰↓灰〔灰炭〕　幾[*43]↓幾〔幾機〕　非↓非〔俳悲扉〕（≠非罪[*44]）

⑦新字「ソ」が「八」「ハ」に由来するもの（「八」「ハ」に隣接する横画が短くなる場合がある）八[*45]↓ソ〔尊送遂鋭僧益〕　ハ↓ソ〔鎖尚肖半判平券幣巻〕（≠首従併賞、関→㉕、兼→⑫）

⑧新字「⺤」が「爫」に由来するもの　爫↓⺤[*46]〔彩援乳鶏隠妥稲爵受〕（≠愛瞬）

⑨新字「王」「壬」が「王」に由来するもの[*47]　壬↓王〔聖程望〕　壬↓壬〔廷庭艇〕　壬壬↓王〔呈

---

*35　JIS漢字（第四節参照）では、全て一律に三画である。

*36　「万」の旧字「萬」は植物に関連しないが、ここに属する。また、「滋・慈・磁」の旧字に「艹」（三画）もしくは「艹」（四画）を含むことがある（→㉓）。

*37　「繭」は植物に関連する草冠とする場合もある。

*38　「潔」→⑫。

*39　「遷」→㉓。「巻圏」→⑦。

*40　この字（新字）は総画数を九あるいは一〇とする。

*41　「廷」→⑧。

*42　「煙」→⑪、「価」→⑮、「遷」→㉓、「覇」→㉕。

*43　「人」の上部が突き出る。

*44　「非」字そのものは「当用漢字字体表」の字体で左下が交差するが、ほかの字は交差しない。なお、常用漢字表ではこの違いをデザイン差とする。

*45　筆抑え（→㉗）を認めない場合もある。

*46　「揺・謡・奨・将」→㉓。

*47　字源的に「王」に由来す

壬壬⬇王〔徵徵

⑩一画の向きおよび長さが変わるもの　青⬇青〔情静　刃⬇刃〔忍認　耒⬇耒〔耕耗籍　二
⬇亠〔食養（≠良）　冫⬇冫〔冬終寒　入⬇入〔全栓　勹⬇勺〔釣的約　凡⬇凡〔帆　主⬇主〔往
住　乚[*48]⬇乚〔遠還環（≠園[*49]）　◆歳歳　添添　均均

⑪二画の向きおよび長さが変わるもの　戶⬇戸〔所扉戻　內⬇内〔納　丙⬇丙〔病柄　次
⬇次〔姿諮　吳⬇呉〔虞誤　朮⬇朮〔述術　文⬇立〔顔産　頁⬇頁〔頼瀬　丰⬇丰〔害憲
𠂢⬇𠂢〔派脈旅　巩[*50]⬇巩〔恐築　空⬇空〔空控（≠究突）　匚[*51]⬇匚〔区匿匹　◆卒卒　煙
煙　敎教（≠孝）　隔隔（≠融）　沒没　臣臣　賊賊⬇賊　邦邦⬇邦

⑫三画以上の向きおよび長さが変わるもの　羽⬇羽〔習扇弱　羽⬇ヨ〔濯曜　兪⬇俞〔諭癒
麻⬇麻〔摩磨　秉⬇兼〔嫌廉　◆勳勲　默黙　巢巣　潔潔⬇潔　秉⬇兼　判判⬇判

Bb　構成要素を部分的に省略・分割するもの

⑬一画分を省略したもの　犬⬇大〔器突類（≠契奨）　者⬇者〔著都　缶⬇缶〔揺謡　◆郎郎
・朗朗・廊廊　殼殻・穀穀　徵徴・懲懲　隆隆　德徳　盜盗　逸逸（≠免晩）　殺殺　寛寛
塚塚（≠家逐豚）　奧奥

⑭二〜五画分を省略したもの　秝⬇林〔曆歴　左⬇ナ〔随髄堕（≠賄）　疒⬇广〔蔵臓　㥯
⬇㥯〔隠穏　叀⬇由〔恵専　◆擊撃　穗穂[*52]　騷騒　聽聴　覽覧

⑮六画以上を省略したもの　蜀⬇虫〔触独　◆壓圧　醫医　應応　價価　罐缶　藝芸　縣県　號号　絲

る「任」「妊」「賃」は変わらない。

＊48　デザイン上は二画のかたち。

＊49　「猿」は常用漢字表の字体としてはねている（この字は当用漢字表未収）。

＊50　右部「凡」の「ノ」の上部接触位置にはゆれがある。

＊51　縦画の上部が突き出る。

＊52　「穂」は「恵」とは異なり旧字にゆれがない。

糸 處処 疊畳（≠雷累）聲声 蟲虫 點点 貳弐 豫予 餘余

⑯一画分を分割・増加したもの[*53]　少⬇少（歩賓頻（≠少砂劣）　免[*54]⬇免（逸晩勉　卑⬇卑（碑

市⬇市（肺（≠市姉）　止⬇止（延誕政　牙⬇牙（芽雅邪　牛[*55]⬇牛（偉[*56]傑舞　旡⬇旡（既概

𠫓⬇𠫓（育充流（≠徹撤）　丩⬇丩（糾叫[*57]　瓜[*58]⬇瓜（孤弧　夂⬇夂（致

Bc　特定の構成要素に変換されるもの

⑰新字「⺍」が別形に由来するもの　𤇾⬇⺍（労営　𦥯⬇⺍（覚学　與⬇兴（挙誉　吅⬇⺍（単

厳獣　◆巣巣　櫻桜

⑱新字「⺈」が別形に由来するもの　爫⬇⺈（争浄静　刀⬇⺈（絶免（≠晩勉喚換）　⺈⬇⺈（陥

負危

⑲新字「田」が別形に由来するもの　田⬇田（黒僧薫練（≠里重）　◆縄縄　虜虜（≠慮）

捜捜⬇捜　插挿⬇挿　屆届⬇届

⑳新字「米」が別形に由来するもの　◆繼継・斷断　肅粛　數数・樓楼　齒歯・齡齢　奧奥

㉑新字「夫」が別形に由来するもの　◆贊賛　潛潜　溪渓・鷄鶏（≠替）

㉒新字「业」が別形に由来するもの　◆戲戯　虛虚　譜譜（≠普[*59]）　顯顕・濕湿　靈霊（↓㉔）

纖繊（↓㉔）

Bd　そのほか変化のあるもの

㉓小変化があるもの（部分的）　每⬇毎（海繁　从⬇⺍（狭従来　彑⬇ヨ（縁録　犮⬇友（髪

＊53　新字で画数が増える。

＊54　「免」↓⑱。「免」字そのものの旧字は上部も異なる。

＊55　左部にはバリエーションがある。

＊56　「衛」↓㉔◆。

＊57　収の旧字「收」の左部にもバリエーションがある。

＊58　旧字は「ム」のように角度がつく場合もある。「弁」の旧字「瓣」（↓㉖）も同様。

＊59　「並」↓㉔◆。

＊60　「広拡鉱」の「ム」部分は旧字では「黃」（↓㉕）。

＊61　「丁」を声符とするため、

抜 夕⬇⺍〔揺将 爿⬇丬〔将寝壮 菫⬇堇〔勤謹 莫⬇莫〔漢難 黄*60⬇黄〔黄横 㔾⬇己〔巻圏 亾⬇匕〔喝掲 帶⬇帯〔滞 及⬇及〔扱級 丁*61⬇丁〔成城 幷⬇并〔瓶塀 夊⬇夂〔変 夊⬇夂〔夏 月⬇日〔間簡 皀⬇艮〔既郷即 玆*62兹⬇兹〔慈滋磁 ◆祕秘 溫温 爵爵 硏研（≠開刑形） 倂併⬇併 遷遷遷遷⬇遷 微微⬇微 姬姫⬇姫

㉔中変化があるもの（部分的） 僉⬇㑒〔検剣 戔⬇㦮〔残浅 巠⬇圣〔経茎（≠怪） 臼⬇旧*63〔陥児稲 齊⬇斉〔済剤斎*64 从⬇九〔砕雑 眞⬇真〔慎鎮 襄⬇襄〔壌譲 堯⬇尭〔暁 焼 褱⬇褱〔壊懐 雚⬇隺〔勧権 𡿺⬇凶〔悩脳 亞⬇亜〔悪 爲⬇為〔偽 乘⬇乗〔剰 樂⬇楽〔薬 參⬇参〔惨 屬⬇属〔嘱 發⬇発〔廃 區⬇区*65〔欧駆 攵⬇力〔効勅 ◆氣気 犧犠 恆恒（≠垣宣） 敍叙 收収 纖繊 鬪闘 拜拝 麥麦 滿満 樣様 兩両 靈霊 澁渋 壘塁 强強 册冊 竝並 褒褒 隸隷 衞衛⬇衛 總總⬇総（≠窓） 攝攝⬇摂

㉕大変化があるもの（部分的） 睪⬇尺〔択訳（≠尺） 䜌⬇亦〔変恋湾 𠮷⬇舌〔辞乱 會⬇会〔絵 專⬇云〔転伝 黄⬇厶〔広拡 弗⬇厶〔払仏 詹⬇旦〔担胆（≠旦） 賣⬇売*66〔続読 ◆圍囲 壹壱 假仮 關関 歸帰 據拠 國国 實実 稱称 證証 圖図 竊窃 對対 團団 遲遅 晝昼 廳庁 遞逓 燈灯 當当 黨党 賣売 濱浜 寶宝 豐豊 獵猟 禮礼 爐炉 壻婿 癡痴 覇覇⬇覇 邊邊*67⬇辺 鐵鐵*68⬇鉄

㉖全体が変化しているもの 龍⬇竜〔竜滝 萬⬇万〔万励 壽⬇寿〔寿鋳 ◆圓円 鹽塩 畫画 嶽岳 舊旧 缺欠 寫写 條条 盡尽 雙双 體体 臺台 辨瓣*69辯弁 與与 蠶蠶*70⬇蚕

これに近い形をとり二画となる。

＊62　四画の草冠になる場合もある。

＊63　「旧」→㉖。「潟」は一九八一年追加字。

＊64　「斎」は、新字のように「示」を設ける場合と、その横画二本を左右に付ける場合とがある（辞典により相違がある）。常用漢字表では、新字のこの部分をデザイン差とする。

＊65　「区」→⑪。

＊66　「売」そのものは◆の後に示した。「売」（の旧字）の声符は「買」であり、「続読」（の旧字）の声符とは微妙に異なる（中国の新字形の繁体字では区別しない）。

＊67　「八」部分（→⑪「空」欄）に相違がある。

＊68　「王」部分（→⑨）に相違がある。

＊69　「瓜」（→⑯）と同様の相違がある。

＊70　上部にある二つの「先」に、画数を意識した相違がある。

C　その他（体系的なもの）

ここに示すものは、辞典によっては全く認めないものもある。一例を示す。

㉗筆抑えを認める場合があるもの　乂⬇乂（交更史支丈父文建延隻又）　八⬇八[*71]（八[*72]穴公分沿）

㉘「亠」が「二」となる場合があるもの[*73]　二⬇亠（劾商帝意音接章童境倍龍[*74]傍嫡識）（≠立）

第四節　コンピュータの影響と二〇一〇年版「常用漢字表」の字体

当用漢字に続き、一九八一年には常用漢字が制定されたが、書籍や新聞などには当然ながらこれに含まれない字（表外字）も用いられていた。その字体は、ごく例外を除けば旧字型であった。しかし、パソコンの普及とともに、表外字における新字型と旧字型の問題が表面化してきた。「鷗」がパソコンでは「鴎」としか表示できないといった「拡張新字体」の問題である。

「區／区」を構成要素に持つ表外字の熟語として、「おうと」「たいく」がある。これを近年の情報機器で入力・変換すると「嘔吐」「体躯」となることが多い。少なくとも「呕吐」「体軀」より変換・表示がされやすく、見慣れているかと思われる。

現在の常用漢字は二〇一〇年制定のものである。二〇一〇年版に追加された字には、旧字型の字体と新字型の字体の両方が含まれているが、旧字型の割合が多い。[*75]

---

*71　⑦の旧字「八」を含む字も該当。

*72　「八」については、筆抑えなしを新字、筆抑えありを旧字とする辞典もある。

*73　例に掲げたものの中で「龍」のみは旧字。

*74　常用漢字表に添えられた康熙字典体「龍」について、一九八一年版は「二」（人名用漢字別表も同様）、二〇一〇年版は「亠」となっている。「常用漢字表の字体・字形に関する指針」（前掲、八七頁）では「この違いはデザイン差であり、両者は同じ字体」としている。

*75　例えば、しんにょうをもつ字は全て二点しんにょうが採用された（「遡」「遜」「謎」）。

このように、旧字型と新字型が一定の枠の中で混在しているのが現状であるが、これにはコンピュータの影響がある。日本では、一九七八年にJIS（日本工業規格）によるJIS漢字コードが制定され、その後幾度か改正されてきた。本節では、その経緯について、例字を示しながら時系列に沿って採り上げてみたい。

JIS七八の制定[76]　一九七八年にJIS七八が制定された。ここでは、当用漢字・人名用漢字などよく用いられる字として二九六五字が第一水準漢字として、それに次いで用いられる字三三八四字が第二水準漢字として規定された[77]。以下に、「區／区」「發／発」を構成要素にもつ字種、および二〇一〇年版常用漢字に含まれる字などの若干の字種を示す。水準を㈠㈡で、当用漢字を二重線で、（当時の）人名用漢字を単線で示す。

㈠区枢欧殴駆鴎躯　発廃潑醱　竜龍斉藤　曽曾葛頻麵餅籠　遡剝

㈡區樞歐毆驅　嘔謳傴嫗嶇甌　發廢　撥癈　齊　翔　餅篭箋嘲

常用漢字の旧字は第二水準に置かれた（差異の少ない字には無いものがある）。

JIS八三への改正[78]　一九八一年に、常用漢字が制定され、人名用漢字も追加された。続いて、一九八三年にJIS七八はJIS八三へと改正されたが、ここで多くの字体が改変された。次の網掛け部分である。常用漢字（「竜」[79]「斉」が追加）を二重線で、人名用漢字（「翔」が追加）を単線で示す。

＊76　JIS C 6226。この規格番号は後にJIS X 0208へと変更された。

＊77　「漢検」（日本漢字能力検定協会実施）一級・準一級の目安となっている。

＊78　JIS C 6226-1983。一九八七年に名称が変更されJIS X 0208-1983となった。

＊79　人名用漢字としては、「龍」が一九五一年から使用可能であったのに対し、「竜」が認められたのは一九五六年である。

㈠区枢欧殴駆鴎躯　発廃溌醗　竜龍斉藤　曽曾葛頬麺餅篭　遡剥
㈡區樞歐毆驅　嘔謳傴嫗嶇甌　發廢　撥癈　齊　翔　餅籠箋嘲

第一水準にある表外字の字体が（そこに含まれる常用漢字と並行的な）新字型に変更されたのである。[*80] 表外字における「鴎」「溌」などの新字型の字体は「拡張新字体」と呼ばれる。また、それによって同じ字体となってしまう第二水準の字体も変更された（「籠」と「篭」では第一水準と第二水準の字体が入れ替わった）。

ここで大きな問題が生じた。異なる規格を搭載した機器の間で文字化けが起きてしまうこと、そして「鷗・軀・潑・醱」などの字体が扱えなくなってしまったことである。

その後、JIS漢字規格は、JIS九〇[*81]、JIS九七[*82]へと改正された。

JIS二〇〇〇[*83]の制定　二〇〇〇年一月に、JIS二〇〇〇が制定された。ここでは、第三水準漢字一二四九字、第四水準漢字二四三六字が加えられている（次に示す網掛け部分）。

㈠区枢欧殴駆鴎躯　発廃溌醗　竜龍斉藤　曽曾葛頬麺餅箆　遡剥
㈡區樞歐毆驅　嘔謳傴嫗嶇甌　發廢　撥癈　齊　翔　餅籠箋嘲
㈢鷗軀　漚　潑醱　頰麵
㈣呕𧦅　瓯　摳貙𨸶　笺

これにより「鷗・軀・潑・醱」や「頰・麵」などの字体の使用が可能となった。[*84]

JIS二〇〇四[*85]への改正　二〇〇〇年一二月、国語審議会から「表外漢字字体表」が答申さ

＊80　新字型の方がディスプレイに表示しやすいという利点がある。

＊81　JIS X 0208-1990。字体に若干の変更が加えられたほか、二字の追加がある。

＊82　JIS X 0208:1997。字体の変更は行われず、字体・字形の問題を明確化させた。

＊83　JIS X 0213:2000。JIS X 0213はJIS X 0208の拡張規格である。

＊84　第三・第四水準漢字はパソコンなどにおける環境依存文字。なお「𨸶」の旧字型や「撥」の新字型はユニコードに含まれている。

＊85　JIS X 0213:2004。

れた。これは、表外字のうち使用頻度が高い一〇二二字種についての「印刷標準字体」を示したものであるが、字体は旧字型のものであった（うち二二字種については、印刷標準字体と入れ替えて使用しても基本的には支障のないとする「簡易慣用字体」がある）。

ところが、印刷標準字体とされた旧字型の「葛・餅・嘲・遡・剝」などはJIS2000には無かった。そこで二〇〇四年に、JIS二〇〇〇はJIS二〇〇四に改正され、新字型は旧字型に変更された（「葛」は「葛」へ）。また、「剝」など一〇字が追加された*86。次に図示する（二重線は印刷標準字体、単線は簡易慣用字体、網掛けは変更・追加された字体）。

㈠区枢欧殴駆鴎躯　発廃溌醗　竜龍斉藤　曽曾葛頬麺餅箆　遡剥

㈡區樞歐毆驅　嘔謳傴嫗嶇甌　發廢　撥癈　齊　翔　餠籠箋嘲

㈢　鷗軀　漚　潑醱　頰麵　剝

㈣　呕讴　瓯　抠䝙𨸶　笺

JIS二〇〇四に改正された同年九月には、人名用漢字が大量に追加された。従来、人名用漢字は新字型が原則（一部の旧字は許容）であったが、ここでの追加はJIS二〇〇四によっていたため、旧字型が多く含まれることとなった。

二〇一〇年に常用漢字は改定されたが、追加された字はJIS二〇〇四にある字体である。人名用漢字はその字体が採用され（「藤」など）、ほかに新旧のある字については、簡易慣用字体のある「曽・痩・麺」の三字はそれが、そのほかは印刷標準字体が採用された。

＊86　従来ユニコードで別の符号が与えられていたもので、第三水準に追加された。

もし追加する字を全て新字型とするならば、情報機器で「葛・嘲」などが扱えないため、ＪＩＳ二〇〇四について字体変更を伴う改正が必要となり、大きな混乱をもたらす。それを避けるため、追加字には、新字型・旧字型が混在することとなったのである。[87]

第五節　現代中国の字体「簡体字」

現代中国では、「簡体字」を中心とした「規範字」[88]が用いられている。「簡体字」は、旧来使用されていた「繁体字」[89]を簡略化（簡化）したもので、正式には「簡化字」という。[90]

歴史　簡体字は、一九五六年の「漢字簡化方案」によって公布された。そこに示された簡体字および簡化された偏旁は、一九六四年発行の『簡化字総表』（二二三五字）にまとめられた。一九七七年には「第二次漢字簡化方案（草案）」が発表されたが、簡化し過ぎたため社会的混乱をもたらし、一九八六年に廃止された。同年『簡化字総表』の改訂版が出た。

印刷用の字体[91]を示したものとしては、一九六五年の『印刷通用漢字字形表』（六一九六字）、さらにこれを受け継いだ一九八八年の「現代漢語通用字表」（七〇〇〇字）がある。

二〇一三年には前記の表などを統合・改訂した「通用規範漢字表」が出され、八一〇五の規範字が示された。[92]

新字形　規範字における字体は、簡体字・繁体字に関わらず「新字形」を用いる。[93]これは、

＊87　ＪＩＳ漢字コードでは、基本的に旧字（型）・新字（型）における微細な違い（「ネ・辶・食・月・艹」や画数の変わらないもの）については別のコードが与えられない。ただし、ユニコードでは異体字セレクタを用いることで、パソコンで区別・表示が可能な場合がある。

＊88　本節において、組として並べた最後の字が規範字である。

＊89　台湾や香港などで公的に用いられているが、以下本節で採り上げる「繁体字」は中国大陸のものを指す。

＊90　概して中国の簡体字の方が日本の新字よりも簡化が進んでいるが、日本の旧字そのままのものも存在する（「巣」「徳」「壌」など）。

＊91　中国では一般に「字形」と呼ぶ（「字体」はフォントを

筆記体に近づけたものであり、画数の削減がなされたものもある。全体として日本の新字に近い。例えば「辶」「羽」などが繁体字においても用いられる（日本の旧字「辶」「羽」のようにはならない）。日本の新字と異なるものとしては、「骨」が「骨」となるような例がある。[*94]

実例　簡体字の実例について、『簡化字総表』に基づき示す。『簡化字総表』は全三表からなり、簡体字とそれに対応する繁体字が並べられる。

まず、第一表では、偏旁に使用できない簡体字三五〇字が示される。その一部を掲げる。

體体　聲声　點点　樣样　認认　戰战　漢汉　遠远　億亿　飛飞　開开　習习　電电　書书　兒儿　腦脑

これらの字は、ほかの字の偏旁に使用できない（「褶」字の旁は「习」とはならない）。

次に、第二表では、偏旁に使用できるものが示される。一部を掲げる。[*95]

見见　車车　門门　馬马　龍龙　國国　單单　録录　無无　寫写　言讠　食饣　金钅　糸纟　戠只　巠圣

以上に基づき、「單」は「单」となるが、「戰」は（「单」を使わずに）「战」となる。

第三表には、第二表を適用した一七五三字が収められる（「語语」「簡简」「覺觉」など）。

簡化の方法　簡体字には、古く用いられていた字や、俗字として通行していた字などが採用されている。簡化の方法として特に多いものを四つ挙げておく。

①草書体・行書体を楷書体化したもの（「書书」「見见」「言讠」など）。

②記号的な字に一律に替えたもの。特に「又」を用いるものが多い（「漢汉」「對对」など）。

③一部を省略したもの（「聲声」「飛飞」「録录」など）。

指す）。

＊92　この表には、「規範字」「繁体字」「異体字」の対照表が添付されている。

＊93　『印刷通用漢字字形表』（一九六五年）によって規定された。なお、中国語に関する字典類では「新旧字形対照表」を設けてこの区別を示すことが多い。

＊94　細かなことではあるが、全体的な特徴として、「言」「字」「立」「育」にあるような上部の点は「主」のように斜めとなる。

＊95　偏旁に使用できる簡体字一三二字と、単独で用いられない簡化偏旁（「言」以下）一四個。

④一部を同音の字に替えたもの（声符の変換。「認认」「様样」「遠远」「億亿」など[*96]）。

別字の統合　繁体字と簡体字の関係にあるもののなかには、日本で別に扱われるものも存在する。次に示す組は、前者が繁体字、後者が簡体字（規範字）である。

機机　穀谷　醜丑　鬱郁　葉叶　緻致　製制　築筑　準准　捨舎　後后　裏里　麵面

また、次のように複数の繁体字が別の字体（簡体字）に変わるものも存在する。

髪發发　獲穫获　歴曆历　復複复　乾[*97]幹干　繫係系

選用字　一九五五年の「第一批異体字整理表」による異体字整理によって選ばれた字は「選用字」と呼ばれる。次の組は、日本ではそれぞれが常用漢字であるが、中国では後者を選用字とする異体字関係にあり、繁体字と簡体字の関係ではない（前者は単なる異体字[*98]）。

誌志　昇升　週周　咲笑　碁棋　菓果　嬢娘　働動　阪坂　脇脅（胁）　箇個（个）

選用字には、日本の字体と異なるものも存在する。次に例を示す[*99]。

韻韵　棄弃　異异　喫吃　氷冰　決决　遊游　跡迹　煙烟　詠咏　災灾　癒愈　効效　強强　併並并

選用字はおもに画数の少ない字が選ばれているが、これらは厳密には簡体字ではない。

【参考文献】

林大（一九六三）（文部省）『当用漢字字体表の問題点』（国語シリーズ五三）、光風出版。
石塚晴通（一九九九）「漢字字体の日本的標準」『国語と国文学』七六（五）、八八頁―九六頁。
葉籟士（二〇〇五）・神田千冬（訳編）『簡化漢字一夕談　中国の漢字簡略化』白帝社。

＊96　中国音によっているため、例示した「遠」「億」のようには日本語の音読みで異なるものもある。なかには、「構」の旁を「勾」、「講」の旁を「井」とするようなものもある。

＊97　「乾坤」の「ケン」の意味で読む場合は簡化されない。

＊98　最後の例は、「个」が簡体字（規範字）、「個」が繁体字、「箇」が異体字。

＊99　最後の「併」「並」はともに日本では常用漢字である（これらは繁体字ではない）。なお、かつて「於／于」もここに属したが、「現代漢語通用字表」（一九八八年）によって別字扱いとなった。

文字研究会（二〇〇九）（編）『新常用漢字表の文字論』勉誠出版。
財前謙（二〇一〇）『字体のはなし　超「漢字論」』明治書院。
阿辻哲次（二〇一〇）『戦後日本漢字史』新潮社。

第四章　国語国字問題

林　謙太郎

第一節　国語国字問題と現在

ここで言う「国語」とは「日本語」を指している。日本が「国家」を意識し、この国の言語・文字をどのように統一し、改良してゆくべきかという問題意識に直面したときにこの問題が発生するものと思われる。その嚆矢となるものが、前島来輔（まえじまらいすけ）、後の密（ひそか）が一八六六年（慶応二）に十五代将軍徳川慶喜に建白した『漢字御廃止之議』（かんじごはいしのぎ）であろう。[*1]

国家の大本は国民の教育にして其教育は士民を論せす（ぜず）国民に普（あまね）からしめ之を普からしめんには成る可く簡易なる文字文章を用ひさ（ざ）る可（べか）らず……果して然らは（ば）御国に於ても西洋諸国の如く音符字（仮名字）を用ひて教育を布（し）かれ漢字は用ひられす（ず）終には日常公私の文に漢字の用を御廃止相成候様

＊1　国語教育研究会編・発行『国語国字教育史料総覧』、一九六九年、一七頁〜二〇頁。以後、本書からの引用は〈総覧〉と略記することとする。

にと奉存候（ぞんじたてまつりそうろう）……。

と当時の社会背景を踏まえ、国家発展の基礎は教育にあるとして、その普及のためには難解な漢字を廃止し、仮名文字を用いて公私の文章に及ぼすべきこと、さらには言文一致の創唱などを力説した。

こうして改良の営みが始まるのではあるが、ここで一挙に現在に目を転じて、現行の表記が拠り所としている言語施策は何か、それらを見てみようと思う。

・「常用漢字表」二一三六字。内閣告示第二号、二〇一〇年（平成二二）一一月三〇日。
・人名用漢字　八六三字。法務省令第三二号、二〇一七年（平成二九）九月二五日。
・「ひらがな」「カタカナ」字体の一定。　勅令第三四四号、「小学校令施行規則」、一九〇〇年（明治三三）八月二〇日。
・「送り仮名の付け方」　内閣告示第三号改正、一九八一年（昭和五六）一〇月一日。（これは、「送り仮名の付け方」内閣告示第二号、一九七三年〔昭和四八〕六月一八日の「本文通則1の例外（3）に「関わる」を追加、本文通則3の例外（1）に「全て」を追加、付表の語の1の「五月晴れ（五月晴）」を削除」という一部改正したもの）。
・「現代仮名遣い」　内閣告示第一号、一九八六年（昭和六一）七月一日。
・「ローマ字のつづり方」　内閣告示第一号、一九五四年（昭和二九）一二月九日。

・「外来語の表記」内閣告示第二号、一九九一年（平成三）六月二八日。

以上、日本語の表記、文字に関するものを挙げたが、以後もこの視点から、主として「国字」と「正書法」をめぐる議論の歴史を概観してみたい。

第二節　国字をめぐる問題

二‐一　漢字

前島密の建白書に見られるように、最初にやり玉に挙げられたのが漢字である。今までに漢字のどういった点が短所として指摘され、それに対してどのように対処してきたかを見てみよう。

①難解であること。②字数が多すぎること。[*2]　③国際性が少ないこと。[*3]

④画数の多い字は目に悪いこと。[*4]

①の難解なことは、ひらがな・カタカナ・ローマ字に比べてのこと。②の字数が多いことに対しては長年にわたって議論が続けられてきた。

一八七二年（明治五）、文部卿大木喬任が漢字制限の目的で田中義廉他三名に『新撰字書』を編集させる。採録漢字三一六七字。

一八八七年（明治二〇）、編輯局編『高等小学読本』刊。（小学校、高等小学の課程を通じて

＊2　『康熙字典』に掲げる漢字数は、四七二一六字である。坪内逍遥「新文壇の二大問題」（『早稲田文学』、一八九五年四月。〈総覧〉六一頁。

＊3　東條操『国語学新講』（筑摩書房、一九六五年、八八頁）。

＊4　大西克知『学生近視の一予防策』、一八九七年一二月。〈総覧〉八三頁～九一頁。

一九〇〇年（明治三三）、小学校令施行規則で漢字一二〇〇字制限を発表。（明治三八年発布、約二〇〇〇字の漢字を教えることにした）

一九二三年（大正一二）、臨時国語調査会「常用漢字表」を発表。（総数一九六二字、内、略字一五四字）

一九三一年（昭和六）、臨時国語調査会「常用漢字表」の修正を発表。（一八五八字）

一九四二年（昭和一七）、文部省「標準漢字表」（二六六九字）を修正発表。

一九四六年（昭和二一）、「当用漢字表」の公布。（一八五〇字）

一九五四年（昭和二九）、国語審議会、「当用漢字表」の補正。（二八字の入れ替え）

一九八一年（昭和五六）「常用漢字表」の公布。（一九四五字）

二〇一〇年（平成二二）、「常用漢字表」の公布。（二一三六字）

人名用漢字は、当初は制限がなかったが、「当用漢字表」が公布されたときには、その範囲内に制限されたため、あまりにも不自由であるとの批判が起こり、現在では先述したように、「常用漢字表」表外字では八六三字になっている。

こうした漢字節減への志向は、別に山本有三によるルビの廃止という提言ともなって表れた。山本はその意図を、難解な漢字や文章の抑制、時間的・視覚的・経済的利益にあるとした。[*5] このルビ廃止の原則は現在でも続いており、その効果は確かに認められるが、一方で、

＊5　山本有三「国語に対する一つの意見」『戦争と二人の婦人』の「あとがき」、一九三八年五月。〈総覧〉二四〇頁～二五三頁。

漢字が読めないことから起こる読書離れや日本語学習者や外国人にとっての困難性も危惧されるところである。

第二次世界大戦後、現代表記の出発点ともなったのが「当用漢字表」と「現代かなづかい」（一九四六年）であるが、前者は一八五〇字から成る漢字表で、これを表内字、これ以外を表外字といい、表内字は「漢字の制限があまり無理がなく行なわれることをめやすとして」選ばれ、「使用上の注意事項」が示されている。これによって、表外字を含む語が、

①書き換え（聯合→連合、蒙る→被る）　②交ぜ書き（改竄→改ざん、宛名→あて名）
③仮名書き（挨拶→あいさつ、燐→りん）　④言い換え（捺印→押印、漏洩する→漏らす）

などによって処理されたが、[*6] これなどもルビを使用すれば必要性はなくなろう。

続いて短所の④に示した「画数の多い字は目に悪いこと」については、この「当用漢字表」で示された新字体で対処したということになる。

さて、これまで漢字の欠点について書き連ねてきたが、一転して漢字の長所についても触れる必要があろう。

①共通語的文字になりうること。　②経済性。　③歴史性。　④造語力。
⑤同音語の判別に役立つこと。

①は、漢字が表語文字で表音文字でないことから、どんなに方言が違っていても理解することができる。[*7] ②は仮に漢字をやめてすべて仮名で書くことを考えてみればおのずとわかる

---

*6　武部良明「戦後の具体的な国語施策の概要」、金田一春彦他編『日本語百科大事典』（大修館書店、一九八八年、一二三九頁）。

*7　東條操『国語学新講』（筑摩書房、一九六五年、八八頁〜八九頁）。

ことである。[*8] ③は漢字をやめてしまったベトナムでは、どんどん漢字を忘れてしまって古い資料が読めなくなってしまったり、また、④にも関係することであるが、西欧文化を漢語によって翻訳した明治の先覚者たちを称揚してやまない黎文紐レーヴァンヌーというベトナム人の言説があったりする。[*9] ⑤は、例えば、「有料道路」を表音化してしまったら「優良道路」との区別がつかなくなってしまうという指摘。[*10]

二・二　ひらがな

「ひらがな」の基になったものは、九世紀末から一〇世紀初頭の頃に、漢字の草書体をさらに崩して、漢字の面影をほとんど留めないまでに崩した「女手」と呼ばれる仮名である。[*11]

前島密に続き、ひらがなで表記すべきという運動が広まり、一八八二年（明治一五）に「かなのとも」（大槻文彦ら）・「いろはくわい」（普通教育に関係する人々）・「いろはぶんくわい」（慶応義塾出身で実業界に関係ある人々）という団体が創立され、翌一八八三年、これらが大同団結して「かなのくわい」を結成した。しかし、会全体として統一的な仮名遣いを決定することができず、

①つきのぶ：旧「かなのとも」系、歴史的仮名遣い使用。
②ゆきのぶ：旧「いろはくわい」「いろはぶんくわい」系、表音的仮名遣い使用。
③はなのぶ：①②に対する中立と調停をし、また仮名文字を増やすことを目的とした。

＊8　深澤豊太郎委員の発言、「衆議院予算委員会第二分科会」（一九二二年五月一四日）。〈総覧〉二三〇頁。

＊9　村松嘉津「国字ローマ字化の一先例—安南語の場合—」『国語国字』一九六二年三月。〈総覧〉六三一頁〜六三二頁。

＊10　太田青丘「国語表音化への疑問」『読売新聞』一九五九年一二月一日。〈総覧〉五三八頁。

＊11　今西祐一郎「5『かな』を読む—平安時代女流の文字—」、池田紘一・今西祐一郎編『文字（もじ）をよむ』（九州大学出版会、二〇〇二年、六五頁）。

の三団体に分かれた。[*12] その後、一九〇〇年（明治三三）に「小学校令施行規則」で「カタカナ」とともに、変体仮名を廃止、字体が一種に定められ、一九二〇年代後半から振り仮名文や仮名文の少年書類が続々と発行された。[*13]

しかし、ひらがな専用論は、成蹊学園教諭中村春二の主宰した「かながきひろめかい」（一九二〇年［大正九］設立）の運動を最後として、現今の仮名論は「カタカナ」論者のみが勢力がある。[*14]

なお、小学校におけるひらがな先習は、一九四七年（昭和二二）発行の小学校用国語教科書『こくご』巻一以来となる。[*15]

二-三　カタカナ

「カタカナ」は、漢字の書き始め（「阿」→「ア」など）や書き終わり（「江」→「エ」など）の部分に着目して作られた文字で、平安初期に仏典や漢籍に音や訓を書き込む記号として、ヲコト点と並び用いられ、のちに辞書・音義書にも用いられた。その後は、漢文訓読体の文章や、僧侶・学者の書く漢字かな交じり文に用いられてきた。「カタカナ」の異字体は比較的早くに自然に整理されていたが、現行の字体に統一されたのは、「ひらがな」と同じく一九〇〇年（明治三三）の「小学校令施行規則」以来である。

カタカナ専用論は、大正時代になると出てくる。山下芳太郎が一九二〇年（大正九）に「仮

＊12　日下部重太郎「国語問題　国字問題」『国語科学講座』Ⅻ（明治書院、一九三三年、一三頁）。

＊13　日下部重太郎『現代の国語 第四版』（大日本図書、一九二一年、一六六頁）。

＊14　東條操『国語学新講』（筑摩書房、一九六五年、九一頁）。

＊15　野村敏夫『国語政策の戦後史』（大修館書店、二〇〇六年、一〇四頁）。

＊16　天沼寧「国語問題の歴史」、金田一春彦他編『日本語百科大事典』（大修館書店、一九八八年、一二三三頁）。

名文学協会」を設立。この会は、二年後の一九二二年に「カナモジカイ」となり、機関誌『カナノヒカリ』を発行し、現在に至るまで存続している。この会では、山下芳太郎の創意工夫による独特の書体のカタカナにより、横書き・分かち書きを採用している。[*16]

なお、カタカナ先習の教科書は、一八八六年（明治一九）文部省発行の『読書入門（よみかきにゅうもん）』、一九〇四年（明治三七）の第一期国定国語教科書以来となる。[*17]

二‐四　ローマ字

ローマ字の起源は紀元前二〇〇〇年の前半にシリア、パレスティナのセム人の間にあったらしい。[*18] ローマ字は語が子音で終わる音節の多い閉音節構造の言語に適した子音優位の単音文字であり、日本語のような母音で終わる語の多い開音節構造の言語にかなった音節文字「かな」とは大きく異なっている。このローマ字が日本にもたらされたのは室町時代末期、キリシタン宣教師らによってである。ローマ字が国字として検討された最初は、一八六九年（明治二）五月、南部義籌（なんぶよしかず）が大学頭山内豊信（やまのうちとよしげ）（容堂）に「脩（しゅう）国語論」を建白し、洋字を採用して国字とし、国語の独立と発達とを図るべきことを説いたものである。[*19] これを皮切りにローマ字国字論が続々と発表された。[*20] これらの趣旨はローマ字は国際性を持ち、文字が少なく容易に習得できるというものである。

ローマ字運動は、外山正一が一八八五年（明治一八）一月七日に「羅馬字会」を発足させ

＊17　野村敏夫『国語政策の戦後史』（大修館書店、二〇〇六年、一〇四頁）。

＊18　河野六郎『文字論』（三省堂、一九九四年、一二四頁。初出は『世界の文化史蹟2』講談社、一九六八年）。

＊19　日下部重太郎「国語問題国字問題」『国語科学講座』Ⅻ（明治書院、一九三三年、一八頁）。

＊20　南部義籌「文字ヲ改換スル議」（文部省に提出した建白書。一八七二年四月。）〈総覧〉二〇〜二一頁。

西周「洋字ヲ以テ国語ヲ書スルノ論」『明六雑誌』一九七四年三月。〈総覧〉二三頁〜二八頁。

矢田部良吉「羅馬字ヲ以テ日本語ヲ綴ルノ説」『東洋学芸雑誌』一八八二年四、五月。〈総覧〉三〇頁〜三二頁。

る。その最盛期は一八八七年（明治二〇）前後で、一八九二年（明治二五）一二月までで機関誌も廃刊した。一八九四、五年（明治二七、八）頃、ローマ字説がまた興り、一九〇五年（明治三八）に「ローマ字ひろめ会」が結成された。[*21] その後「ローマ字ひろめ会」の一部は分かれ、一九一二年（明治四五）に「日本ローマ字社」を、さらに一九二一年（大正一〇）に「日本ローマ字会」を設立、今日この二団体が対立している。この両会は綴り方において相違した主張を持っている。「ローマ字ひろめ会」は「羅馬字会」式を、「日本ローマ字会」は日本式を主張して譲らない。[*22]

第二次大戦後の一九四六年（昭和二一）三月五日、占領軍司令部の招きで来日したアメリカ教育使節団（第一次）は、同三月三一日司令部に報告書を提出、その中に、国字にローマ字を採用すべしという勧告があり、国民に大きな衝撃を与えた。[*23]

二‐五　新字

「新字」とは、漢字・ひらがな・カタカナ・ローマ字でもなく、新たに理想的な文字を創作して国字に供しようとした文字をいう。日下部重太郎は一八八五年（明治一八）の平岩愃保（けんぽ）の修正神代文字説一九字に始まって一九三〇年（昭和五）の安藤龍雄の「昭和文字」に至る一九種を掲げている。[*24]

それに補足すると、一九〇〇年（明治三三）のゲルストベルガー氏日本新国字、一九一九

＊21　日下部重太郎「国語問題　国字問題」『国語科学講座』Ⅻ（明治書院、一九三三年、一九頁～二一頁）。

＊22　東條操『国語学新講』（筑摩書房、一九六五年、九二頁）。

＊23　アメリカ教育使節団報告書、一九四六年三月三一日。（総覧）三四一頁～三四三頁。

＊24　日下部重太郎「国語問題　国字問題」『国語科学講座』Ⅻ（明治書院、一九三三年、二七頁～二九頁）。

年（大正八）の稲留正吉の作った性（gender）の区別を有する国字、一九三五年（昭和一〇）の中村壮太郎の「ひので字」、一九五五年（昭和三〇）の前田直平の前田式速記法と呼ばれる国字などがある。＊25

実例は、小島一騰の混合仮名を改作した新字（一八九八年）、小森徳之の「自由仮名」（一九〇二年）、増田乙四郎の「大日本改良文字」（一九〇三年）、前田默鳳の「東亜新字」（一九〇四年）小林法樹の速記符号を改良した新字（年次未詳＊26）小島一騰の「日本新字」（一八八六年）、岡崎直善の「日の文字」（一九二二年）、中村壮太郎の「ひので字」（『学士会月報』一九三〇年五月）、石原忍の「横がき仮名文字」（一九五三年＊27）を断片的ではあるが見ることができる。

このように明治から昭和にかけていろいろの案が出されたが、今日まで続いているものは一つもない。

第三節　正書法をめぐる問題

三‐一　漢字仮名交じり

現行表記の正書法は、漢字仮名交じり文を原則とするといってよいと思われる。この書き方の問題点として浮かび上がるのは、送り仮名の問題である。これを解決する方法について、岡倉由三郎は、名詞には漢字を用いてもよいが、形容詞、副詞、動詞などは仮名書きにする

＊25　柿木重宜『近代『国語』の成立における藤岡勝二の果した役割について』（ナカニシヤ出版、二〇一三年、七二、七六頁）。

＊26　日下部重太郎「国語問題」『国語科学講座』Ⅻ（明治書院、一九三三年、三五頁～三六頁）。

＊27　天沼寧「国語問題の歴史」、金田一春彦他編『日本語百科大事典』（大修館書店、一九八八年、一二三三頁～一二三五頁における「コラム欄」）。

という案を出しているが、[28]一般には送り仮名が行われてきた。中根淑『日本文典』（一八七六年［明治九］）以降、国定の送り仮名法ともいうべき国語調査委員会編『送仮名法』（一九〇七年［明治四〇］）までの関係書目ならびにその経緯については、山東功に論がある。[29]ここでは、現行の「送り仮名」に直接関係する最近のものについて見ていくこととする。

まず、「送りがなのつけ方」内閣告示第一号（一九五九年［昭和三四］七月一一日）。これには三つの方針がある。

①活用語およびこれを含む語は、その活用語の語尾を送る。

②なるべく誤読・難読のおそれのないようにする。「ただし、次の語は、活用語尾の前の音節から送る。」

表わす　著わす　行なう　脅かす　異なる　断わる　賜わる　群がる

和らぐ　浮かぶ（浮く）　移り変わる

③慣用が固定していると認められるものは、それに従う。

「卸　組　恋」「献立　植木　積立金」

これらは、全体として多く送る傾向にあり、改定された次の「送り仮名の付け方」（内閣告示第二号、一九七三年［昭和四八］六月一八日）では、前回「正則」であったものを「許容」に位置付け、全体に送り仮名を省く傾向が強くなった。その結果、「表す」（あらわす、ヒョウす）、「行った」（おこなった、いった）、「断った」（ことわった、たった）の読み分けを文脈

＊28　岡倉由三郎「国字改良に関する意見」『読売新聞』一九〇〇年一月一五・二二・二九日。〈総覧〉一〇四頁～一〇五頁。

＊29　山東功「明治期送り仮名法制定経緯について」『女子大文学、国文篇：大阪女子大学紀要』五三、二〇〇二年、六〇頁～七一頁）。なお、国語調査委員会編『送仮名法』の内容は、〈総覧〉一三四頁～一四〇頁参照。

に委ねることになり、表記システムとしての明晰性は後退したということができよう。[*30]

一方で、「2　活用のない語」の「通則4」の「例外」の〔注意〕の記述には、文字通り注意する必要がある。「花の組・赤の組」の「組」は送り仮名を付けないが、「活字の組みがゆるむ」の場合は、送り仮名を付けなければならない。なぜなら、後者の「組み」には動詞の意識が残っているからである。したがって、（×）「先生のお話しでは」、（×）「先生がお話になる」。（×）「話好き」のように、動詞の意識が残っていないものには仮名は送らず、残っているものには仮名を送るという配慮が必要となるのである。

三-二　仮名遣い

そもそも「仮名遣い」の問題は、表記した仮名と現実の発音との間にずれが生じたことにより、仮名表記が動揺することとなったため、その規準を求めようとするときに発生する。

明治初期の国語教育に当たったのは、国学者たちで古典の専門家だったので、まず古典仮名遣いを知らなければならず、それを国語教育に持ち込もうとしたため、「仮名遣い」はおのずと契沖（けいちゅう）の『和字正濫鈔（わじしょうらんしょう）』（一六九五年〔元禄八〕）、本居宣長の『字音仮字用格（じおんかなづかい）』（一七七六年〔安永五〕）以来の、いわゆる「歴史的仮名遣い」を採用することになった。契沖が藤原定家の「定家仮名遣い」の誤りを指摘できたのは、『古事記』『日本書紀』『万葉集』などの上代の文献をもとに調査した結果であ

＊30　野村敏夫『国語政策の戦後史』（大修館書店、二〇〇六年、一二七～一二九、一七〇頁～一七二頁）。

るので、「歴史的仮名遣い」は一面、日本語の語源に基づいた仮名遣いという性格をも有している。この仮名遣いは、現在の学校教育においては漢文・古文の仮名遣いに限って用いられている。

それでは、その実例を「現代仮名遣い」（上段）と対比させて見てみよう。

無花果（いちじく・いちじく）　味（あじ・あぢ）　葛（くず・くず）　屑（くず・くづ）

愛（あい・あい）　泡（あわ・あわ）　粟（あわ・あは）　相手（あいて・あひて）

藍（あい・あゐ）　得手（えて・えて）　家（いえ・いへ）　声（こえ・こゑ）

大人（おとな・おとな）　香る（かおる・かをる）　匂う（におう・にほふ）　葵（あおい・あふひ）　扇（おうぎ・あふぎ）

甲府（こうふ・かふふ）　十条（じゅうじょう・じふでう）

以上の例からもわかるように、全く変わらないものと大きく異なるものとがある。異なる仮名遣いとなった原因は、日本語の音韻が変化した結果にほかならない。それらは主として日本語音韻史上、①平安時代中期に語頭以外のハ行音がワ行と同じ発音になった「ハ行転呼」、②室町時代に連母音[au]→開音[ɔː]、[ou]・[eu]→合音[oː]・[joː]と推定される二通りの長音になり、江戸時代に合音[oː]に収束した「開合」、③室町時代に「ヂ」が[di]→[ʤi]、「ヅ」が[du]→[dzu]に変化し、江戸時代にはそれぞれ「ジ」「ズ」と同じ発音になってしまった「四つがな」と呼ばれる現象で説明できる場合が多い。

とはいえ、現実の発音とは異なる仮名遣いの難解さを解消しようとする動きというものが「現代かなづかい」（一九四六年）以前になかったわけではない。

一九〇〇年（明治三三）、小学校令施行規則第一六条の第二号表において、字音仮名遣いに限り、ゐ→い、ゑ→え、を→お、くわ→か、ぢ・づ→じ・ず、あう・あふ・おう・おふ・わう→おー、きやう・きよう→きょーのように発音式（いわゆる棒引き仮名遣い）に改めた。[31]

この字音に限っての仮名遣いの変更は、教育現場に混乱を生じさせたので、一九〇五年（明治三八）に文部省から改定案が出され、漢語や和語に関係なく適用されることとなった。しかしながら、これが激しい世論の反対にあって実行不可能になると、新たに改定案を作成し、一九〇八年（明治四一）五月臨時仮名調査委員会を設けて案の賛否を諮問したが、これまた各方面から激しい反対を受け、改定案の撤回のみならず、一九〇〇年の小学校令施行規則第一六条をも同年九月削除した。[32]

一九二四年（大正一三）、臨時国語調査会「仮名遣改定案」を発表。「ぢ・づ」→「じ・ず」、「いふ→ゆう」、「おほ→おう」、「きう→きゅう（字音も同じ）」とするなど、「現代かなづかい」よりも一層表音的であった。[33]

一九三一年（昭和六）、臨時国語調査会「仮名遣改定案」の修正を発表。[34]

和語の仮名遣いでは、（1）二語の連合によって生じた「ぢ」「づ」はもとのまま。例、はなぢ（鼻血）など。（2）同音の連呼によって生じた「ぢ」「づ」はもとのまま。例、

＊31　「小学校令施行規則」第一六条、第二号表。〈総覧〉一二三頁～一二四頁。

＊32　「仮名遣改定諮問案」。〈総覧〉一四一頁～一四三頁。

＊33　「仮名遣改定案」。〈総覧〉一七四頁～一八二頁。

＊34　「仮名遣改定案」の修正。〈総覧〉二一三頁。

ちぢみ（縮）など。

字音仮名遣いでは、（1）連濁によって濁る「智」「茶」「中」「通」等はもとのまま。例、「さるぢえ」など。（2）呉音によって濁る「地」「治」はもとのまま。例、ぢぬし（地主）、ぢろう（治郎）など。

これらも反対論が起こり、結局実現には至らなかった。それが第二次世界大戦後、国語の民主化が叫ばれ、仮名遣い改正の声が再燃してきた。

一九四六年（昭和二一）、「現代かなづかい」の公布。内閣告示第三三号。[35]

助詞の「は」「へ」については、「は」「へ」と書くことを本則とし、「わ」「え」と表音的に書く余地も残す不徹底があった。また、「クヮ・カ」「グヮ・ガ」「ヂ・ジ」「ヅ・ズ」を言い分けている地方では、これを書き分けて差し支えないとする方言の音韻の表記が混じり込んでいた。[36]

一九五六年（昭和三一）、国語審議会報告「正書法について[37]」

これは語意識という考え方を導入することにより、「現代かなづかい」の矛盾を克服しようとしたものである。助詞の「は」「へ」「を」は従来の書記慣習を尊重、長音の「おお」表記は歴史的仮名遣いで「ほ」「を」であったもの、「言う」を「いう」と書くのはその語幹が動かないという意識、「じ・ぢ・ず・づ」の書き分けは、二語の連合や同音の連呼などの語意識により決定する、という考え方による。

＊35　「現代かなづかい」。〈総覧〉三四八頁～三五九頁。

＊36　野村敏夫『国語政策の戦後史』（大修館書店、二〇〇六年、一九八頁）。

＊37　「正書法について」。〈総覧〉五一〇～五一二頁。

これらを承けて、現代共通語の音韻体系に立脚し、特例を明示する形で、「改定現代かなづかい」として、一九八六年（昭和六一）七月一日に公布されたものが「現代仮名遣い」である。

三・三　ローマ字綴り

現在、日本語をローマ字で表記する綴り方としては、いわゆる「ヘボン式」「日本式」「訓令式」と呼ばれる三つの方式が存在する。

<ヘボン式>

一八八五年（明治一八）に「羅馬字会」は、ローマ字による日本語の綴り方を定めて発表したが、その方針は、子音を英語より採り、母音をイタリー語の音（すなわちドイツ語又はラテン語の音）を採用することであった。この綴り方をヘボンが『和英語林集成第三版』（一八八六年）に取り入れたので、「ヘボン式」と呼ばれる。「クヮ」「グヮ」はkwa・gwaとし、ka・gaの綴りも許容する。「ン」はp、b、mの前ではm、その他の場合はnで表わす。助詞の「へ」「を」はye、woとする。

一九〇五年（明治三八）に「ローマ字ひろめ会」ができて、一九〇八年（明治四一）にこれに修正を加えて「標準式」と称した。修正点は、kwa・gwaを方言音としka・gaを標準音とする。助詞の「へ」「を」はe、oで表わすとした。[*38]

「ヘボン式」（「標準式」）の特徴は、綴りは英語式で、実際の発音を重視しているので、「ぢ・

＊38　服部四郎『言語学の方法』（岩波書店、一九六〇年、六七四頁〜六七五頁）、築島裕『国語学』（東京大学出版会、一九六四年、九六頁）。

づ」は「じ・ず」と同じく、ji・zuと綴る。現在、「ヘボン式」（「標準式」）は駅名・地名表記に幅広く採用されている。

〈日本式〉

一八八五年（明治一八）八月に田中館愛橘が『理学協会雑誌』にローマ字の綴り方を発表した。[*39] たとえば、タ行はTa・Ti・Tu・Te・To、ヤ行はYa・Yi・Yu・Ye・Yo、ワ行はWa・Wi・Wu・We・Wo、「じ・ぢ・ず・づ」はZi・Di・Zu・Du、「ぢゃ」はDya、「くゎ」はKwaと表記する。一九三五年（昭和一〇）一月、「日本のローマ字社」出版の『音韻学的ローマ字綴方論』などの表を見ると、ヤ行はya・(i)・yu・(e)・yo、ワ行はwa・wi・(u)・we・woとなっている。このような綴り方を「日本式」（命名は、田丸卓郎）と言っている。「日本式」の特徴は、日本語の仮名遣いの文字に一対一で対応しているので、今日では電子辞書やパソコンなどのローマ字入力の際に役立っている。

〈訓令式〉

一九三七年（昭和一二）九月、臨時ローマ字調査会の審議に基づき、内閣訓令第三号を以て「国語ノローマ字綴方ニ関スル件」が出された。[*40] これはのちに「訓令式」と呼ばれている。この綴り方は大体「日本式」を採用したもので、「日本式」と相違するのはダ行の「ヂ・ヅ・ヂャ・ヂュ・ヂョ」をzi・zu・zya・zyu・zyoとザ行と同じ綴り方にした点と助詞の「を」をoとした点である。この綴り方は、今ではあまり存在意義がなくなっている。

＊39　田中館愛橘「本会雑誌ヲ羅馬字ニテ発兌スルノ発議及ヒ羅馬字用法意見」『理学協会雑誌』一八八五年八月。〈総覧〉三七頁～四三頁。

＊40　「国語ノローマ字綴方ニ関スル件」。〈総覧〉二四〇頁。

〈ローマ字のつづり方〉

一九五四年（昭和二九）一二月、内閣告示第一号として「ローマ字のつづり方」が公布された。[*41] 第一表を従来の「訓令式」としながらも、「ヘボン式」と「日本式」の綴り方のうち、それに漏れた「shi・chi・fu・ji」（ヘボン式）や「di・dya・wo」（日本式）などを第二表とした。一般には第一表によるものとし、「国際的関係その他従来の慣例をにわかに改めがたい事情にある場合」に第二表を用いても差し支えないとしてある。

三 - 四　外来語表記

西洋との接触が始まった室町末期以降、外来語の表記については、漢字を用いた音訳（歌留多、珈琲など）、意訳（煙草・麦酒など）によるもののほか、ひらがなやカタカナによる表記も行われた。特に明治以後は外来語をカタカナで書く習慣が確立し、その表記法の統一が求められるようになった。

一九二六年（大正一五）、臨時国語調査会「当字（あてじ）の廃棄と外国語の写し方」。

「ウヰ・ウィ→ウィ」：例、「ショーウィンドー」など七項目が簡潔に示されていた。

一九五四年（昭和二九）、国語審議会第二〇回総会に外来語表記の基準案が出されるが、議論百出。

一九九一年（平成三）、「外来語の表記」内閣告示第二号。

＊41　「ローマ字のつづり方」。〈総覧〉四三六頁〜四三七頁。

一語に複数の表記形を認める、緩やかなよりどころになっている。[42]

ところで、この外来語表記に対して、ピーター・バラカンが外国人の立場から警鐘を鳴らしている。[43] 今や国際語となった英語であるが、その英語話者に外来語の発音が全く通じない場合が多いというのである。外来語は日本語である、と開き直っている場合か！という忠告である。例えば、イメージ Image は「イミジュ」、ヒロイン heroine は「ヘロウィン」、アトリウム atrium は「エイトリアム」、サッカー soccer は「ソカ」、メディア media は「ミーディア」と発音しなければ通じない。このような例は枚挙にいとまがない。日本人は無駄な努力をしているのではないか。再考すべきであろう。

＊42　野村敏夫『国語政策の戦後史』（大修館書店、二〇〇六年、八二頁～八六頁）。
＊43　ピーター・バラカン『猿はマンキ　お金はマニ～日本人のための英語発音ルール』（日本放送出版協会、二〇〇九年）。

第Ⅲ部　漢学と訓読

第一章　漢文訓読（奈良時代から室町時代まで）

佐藤道生

はじめに

訓読とは、平安時代の日本人が編み出した漢文翻訳の一方法である。その特徴は、原文の漢字をそのまま生かして日本語に置き換えるというものである。この翻訳作業に従事したのは、儒者と呼ばれる専門の漢学者であった。儒者は原文に「訓点」を施して訓読できるようにし、それを子孫（次世代の儒者）や門弟に伝授した。訓点の「訓」とは、本文の左右に片仮名で付される傍訓のことで、漢語に対応する日本語を表記したものである。送り仮名・振り仮名の類いと言ってよい。「点」とは、漢語の語法を日本語の語法に置き換えるために漢字（の内部・周囲・文字間）に付した各種符号の総称で、これによって句読点、返点、助詞・助動詞などを表示した。読者はこの「訓」と「点」とに従って訓読し、書籍の内容を理解したのである。この訓点を、漢字の右端上部に付される「ヲ」と「コト」との点に因んで「ヲコト点」と呼んだ。ヲコト点には、四部分類の経部の書（儒教経典）に施される明経点と、史部・子部・集部の書に施される紀伝点とがあった。[*1] 尚、仏教書籍の訓読には儒者ではなく、学問に携わる僧侶がこれに当たった。その中で奈良時代末期に早くも返点が使用され、訓読の始まったことを想定することができるが、本稿では仏教書籍の訓読については触れないこととする。

平安中期から後期にかけての時期に、儒者は特定の家系の出身者に限られるようになる。その家系を博士家（はかせけ）と呼んだ。明経道（大学寮で経学を専門とする部署）では清原と中原、紀伝道（史学・文学を専門とする部署）では菅原、大江、藤原氏の北家日野流、南家、式家といったところが主要な博士家である。これらの家々には自家の訓説を書き入れた写本があり、それを証本（正本）と呼んでいた。訓説とは、訓点とその根拠を示した説明（学説）のことであり、家説、秘説とも呼ばれた。博士家の証本は子弟や門弟に対する訓説の伝授に用いると同時に、自家の学問的権威を保証するものでもあった。したがって日本の漢学の実態を観察するには、この証本を用いるに如くはないが、証本で現存するものは極めて少ない。証本とその他の写本との違いは、例えば、証本には訓説に関する書入れが行間・欄上・紙背に豊富に見られること、誤写が全く無いことなどが挙げられる。

それでは、訓点に従って訓読するとは一体どのようなことなのか、その実際を見ることにしよう。

＊1　ヲコト点に用いられる符号を一覧表にしたのが「点図」である。書籍を読むに当たって、読者はこれを手元に置いて使用した。点図は紙製のものと木製のものとが現存している。紙製の〔江戸中期〕写本の書影を末尾に掲げる。右が紀伝点、左が明経点である。

第一節　平安時代の訓読――清原頼業の定めた『毛詩』の訓点を例として

訓読の本質を知る上で、恰好な資料と目されるのが大東急記念文庫蔵『毛詩』である。中国最古の詩集『詩経』には、始めその解釈を伝える学派のテクストとして『魯詩』『韓詩』『斉詩』の三家詩があったが、漢代になると毛亨・毛萇による註（これを毛伝と言う）の付された『毛詩』がそれに取って代わった。その後、後漢の鄭玄は毛伝の解釈の不足を補い、また時に異を立てて鄭箋を著した。毛伝・鄭箋は『詩経』古註の代表格で、通常『毛詩』にはその両者が備わっている。

大東急記念文庫蔵『毛詩』は清原宣賢（一四七五―一五五〇）の書写によるもので、明経道の博士家である清原家の証本である。そこに見られる訓点は明経点であり、奥書に拠れば、遡って平安末期の清原頼業（一一二二―一一八九）が定めたものである。室町時代の写本ではあるが、本稿では平安時代の実態を伝える資料としてこれを用いることにする。[*2] 詳密に施されたその訓点の中で最も注目すべきは、毛伝と鄭箋との間に解釈の相違がある場合、本文の右に「イ」（伝字の偏）と注記して毛伝の解釈に従った訓を付し、左に「ケ」（箋字の冠）と注記して鄭箋に従った訓を付していることである。『毛詩』周南の冒頭に置かれる有名な「関雎」を例として説明しよう。この詩はその大序[*3]に、

*2　大東急記念文庫蔵本巻一の本奥書に「□（承）安四年九月十九日朝間、詰老眼加仮字反音等了。毛鄭之説、既以分別、好事之徒、何不悦目乎。大外記清〈御判〉」とあることから、訓点を毛伝・鄭箋それぞれに分けて示す書式は頼業に始まるものであったことが分かる。尚、このような『毛詩』の訓点を毛伝・鄭箋に分けて行なう書式は、宮内庁書陵部蔵（金澤文庫旧蔵）『群書治要』巻三（毛詩）にも見られる。これは頼業の孫に当たる清原教隆所持本を書写したものである。『群書治要』の書影は慶應義塾大学附属研究所斯道文庫の「宮内庁書陵部収蔵漢籍集覧」のサイト（http://db.sido.keio.ac.jp/kanseki/T_bib_search.php）で見ることができる。

*3　『毛詩』の各詩の初めにはその趣旨を説明した小序と呼ばれる短い文章が置かれている。「関雎」の場合は、その序

関雎楽得淑女以配君子。憂在進賢。不淫其色、哀窈窕、思賢才而無傷善之心焉。是関雎之義也。（関雎は、淑女を得て以って君子に配するを楽しむ。憂へは賢を進むるに在り。其の色に淫せず、窈窕を哀れみ、賢才を思ひて善を傷るの心無し。是れ関雎の義なり。）

関雎は、后妃が淑女を得て君子に配偶することを楽しむという内容の詩である。后妃の悩みは淑女を君子に進めることにあって、自分が色情におぼれることはしない。窈窕たる淑女が得られないことを哀しみ、賢才の女を求めることを思い、人の善意を傷つける意図など無い。これが関雎の意味である。

とあるように、后妃（大姒〔タイジ〕）が君子（夫である周の文王）のために配偶者の淑女を求めるという有徳の行為を謡った詩である。全五章から成るが、その第一章を次に掲げよう。

書影は大東急記念文庫蔵本である。その訓点に従った訓読文を漢字平仮名交じりに改めて示した（濁音を適宜補った。以下同じ）。全四句中、第四句の訓読が毛伝と鄭箋とでは異なっている。

関関雎鳩　関関たる雎鳩
在河之洲　河の洲に在り

文が『毛詩』全体の序をも兼ねて長文なので、大序と呼ぶ。

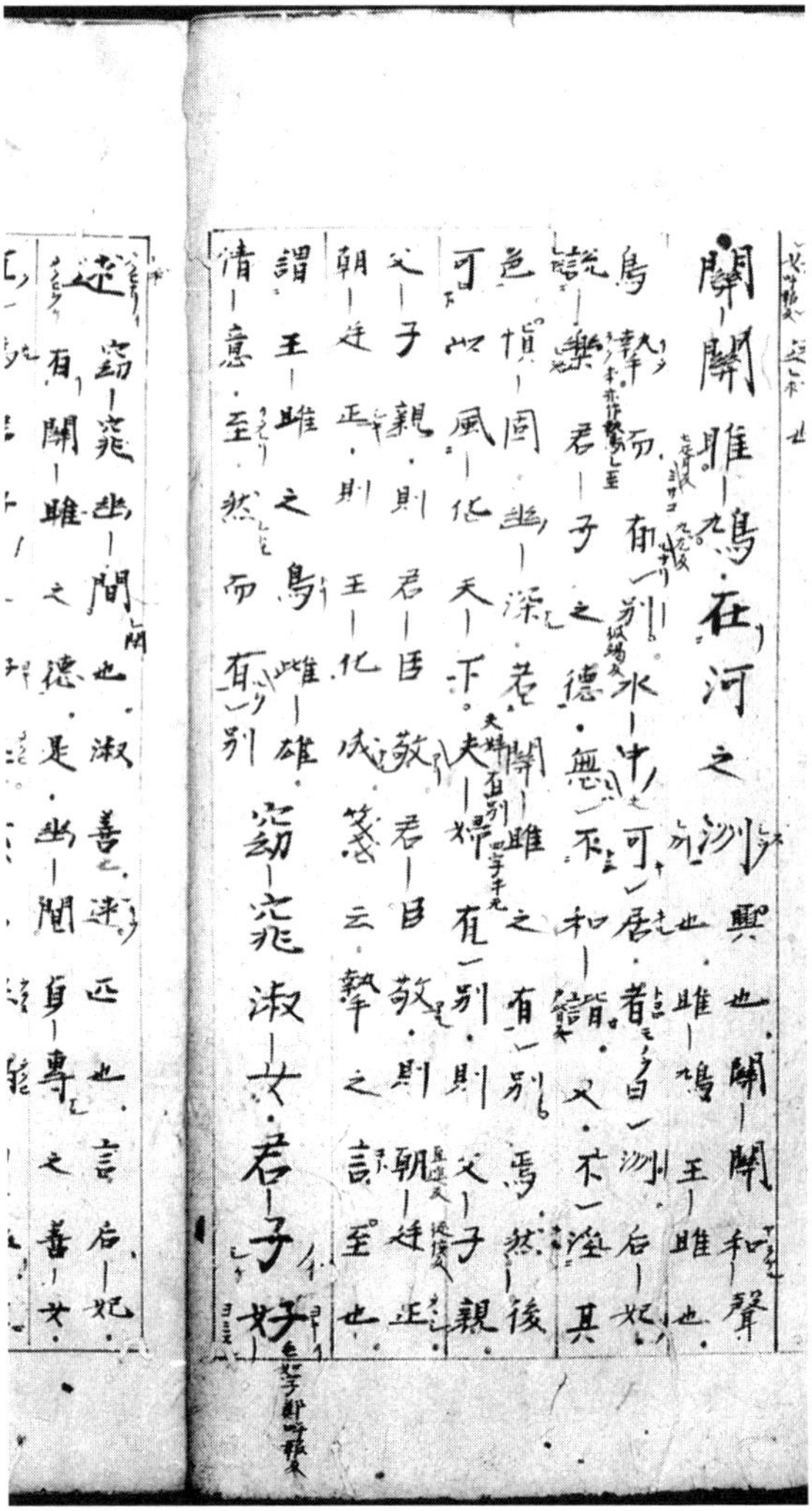

窈窕淑女　　窈窕の淑女
君子好逑　　君子の好き逑なり（毛伝に従った訓読）
　　　　　　君子 逑を好みす（鄭箋に従った訓読）

毛詩・大東急記念文庫蔵本

前半二句に毛伝は、

興也。関関和声也。睢鳩王睢也。鳥摯而有別。水中可居者曰洲。后妃説楽君子之徳、無不和諧、又不淫其色。慎固幽深若関睢之有別焉。然後可以風化天下夫婦有別。夫婦有別則父子親。父子親則君臣敬。君臣敬則朝廷正。朝廷正則王化成。

（興なり。関関は和げる声なり。睢鳩は王睢なり。鳥の摯にして別有るなり。水中の居る可き者を洲と曰ふ。后妃、君子の徳を説楽すること、和諧せずといふこと無ければ、又た其の色に淫せず。慎固 幽深なること関睢の別有るが若し。然る後に以つて天下を風化し、夫婦別有る可し。夫婦別有れば、父子親す。父子親するときは君臣敬あり。君臣敬あるときは朝廷正し。朝廷正しきときは王化成る。）

と註する。興とは、主題を歌うに先立って、その主題に似た現象を自然の中に見出し、それによって歌い起こす修辞法である。后妃の徳を言うのに、仲睦まじいけれども雌雄の別を弁えた鳥である睢鳩をまず登場させたことを、毛伝は「興」であると指摘したのである。「関関」「睢鳩」「洲」を語釈した上で、后妃と君子との間に「関睢」の別があれば、それは天下の夫婦・父子・君臣・朝廷にも教化を及ぼし、王化が成就すると説いている。これに対して、鄭箋は、

摯之言至也。謂王睢之鳥、雄雌情意至、然而有別。

（摯の言は至なり。王雎の鳥、雄雌情意至れり、然れども別有るを謂ふ。）

と註する。これは毛伝の解釈を補足する内容である。毛伝に「鳥の摯にして別有るなり」とある「摯」が実は同音の「至」の意であるとして、「雎鳩は情愛が至って深いけれども雌雄のけじめがある」と毛伝を敷衍したのである。毛伝が「摯」を「至」の意に用いたかは明らかではないが、鄭箋は毛伝の解釈に異を立ててはおらず、したがって、訓読文も同じである。

問題は後半二句の解釈である。毛伝は、

窈窕幽間也。淑善。逑匹也。言后妃有関雎之徳、是幽間貞専之善女、宜為君子之好匹。

（窈窕は幽間なり。淑は善。逑は匹なり。言ふこころは、后妃に関雎の徳有れば、是れ幽間にして貞専なるの善女、君子の好き匹為るに宜し。）

と、まず「窈窕」「淑」「逑」の訓詁（字義）を明らかにし、その上で「言ふこころは」以下に詩句の大意を示している。それは、「窈窕淑女」が「君子」にとって「好逑」であると言うのであるが、それを「宜し」と判断した主体は、関雎の徳を備えた后妃である。したがって「窈窕淑女」は后妃その人ではない。それでは一体誰なのか。ここで『毛詩正義』を参照することにしよう。『毛詩正義』とは、唐の太宗の勅命を承けて孔頴達らが著した『五経正義』

の一つで、毛伝・鄭箋を詳しく再註釈（これを疏という）した書である。清原頼業も『毛詩』に訓点を施すに当たって、これを大いに活用した。『毛詩正義』は毛伝の解釈を「毛以為らく」として次のように説明している。

毛以為関関然声音和美者、是雎鳩也。此雎鳩之鳥、雖雌雄情至、猶能自別、退在河中之洲、不乗匹而相随也。以興情至性行和諧者、是后妃也。后妃雖説楽君子、猶能不淫其色、退在深宮之中、不褻瀆而相慢也。后妃既有是徳、又不妬忌、思得淑女以配君子。故窈窕然処幽間貞専之善女、宜為君子之好匹也。以后妃不妬忌、可共以事夫。故言宜也。

（毛以為らく、関関然として声音和美なる者、是れ雎鳩なり。此の雎鳩の鳥、雌雄情至ると雖も、猶ほ能く自ら別れ、退きて河中の洲に在り、匹に乗ぜずして相ひ随ふなり。興情の至るを以つて性行和諧なる者は、是れ后妃なり。后妃、君子を説楽すと雖も、猶ほ能く其の色に淫せず、退きて深宮の中に在り、褻瀆して相ひ慢らざるなり。后妃、既に是の徳有り、又た妬忌せず、淑女を得て以つて君子に配することを思ふ。故に窈窕然として幽間に処る貞専の善女、君子の好匹為るに宜しきなり。后妃の妬忌せざるを以つて、共に以つて夫に事ふ可し。故に宜しと言ふなり。）

長々と引用したが、解釈の要点は傍線部である。「后妃は夫（君子）を楽しませることに余念無く、かといって色欲に耽ることもない。また後宮の他の女に嫉妬することもなく、ひたすら夫に淑女をあてがいたいと願っている。だから、（后妃の目にとまった）窈窕たる淑女を夫の配偶者とするに相応しいと考えた」ほどの意味であろう。二句の意を「（関雎の徳を備えた后妃が思うに）あの窈窕然とした淑女は、夫にとって良き妾妻である」とする毛伝の解釈に従って、頼業は訓読文を「窈窕の淑女、君子の好（よ）き逑（たぐひ）なり」と定めたのである。

　これに対して、鄭箋は毛伝と異なる解釈を提示する。

怨耦曰仇。言后妃之徳、無不和諧、則幽間処深宮、貞専之善女、能為君子、和好衆妾之怨者。言皆化后妃之徳不嫉妬。謂三夫人以下。
（怨（あだ）の耦（たぐひ）を仇と曰ふ。言ふこころは、后妃の徳、和諧せずといふこと無ければ、則ち幽間にして深宮に処る、貞専の善女は、能く君子の為めに、衆妾の怨みある者を和好す。皆な后妃の徳に化せられて嫉妬せざるを言ふ。三夫人以下を謂ふ。）

　毛伝に登場する女性は「后妃」と「窈窕淑女」の二人だったが、鄭箋では「后妃」「窈窕淑女（＝幽間にして深宮に処る、貞専の善女）」「逑（＝衆妾の怨みある者）」の三者としている点が大きな相違である。后妃（正妻）を除いた後宮の女性を、后妃の徳に感化されて同様の徳を身に付けることのできた「窈窕淑女」と、后妃に未だ感化されることなく嫉妬心を抱いている「逑」との二グループに分け、「窈窕淑女」は、君子のために「逑」を「和好」する、というのが鄭箋の解釈である。[*4] 頼業はこれに従って訓読文を「窈窕の淑女、君子逑(たぐひ)を好(よ)みす」と定めたのである。[*5]

以上の説明から明らかなように、訓読とは、それ以前に確固たる解釈が存在して始めて成立するものである。したがって、この例のように、二通りの解釈がある場合には、当然のことながら、それぞれの解釈に従った訓読文が形成されなければならないのである。以上、解釈あっての訓読という、その本質を理解してもらえたかと思う。訓読は単に符号を利用した小手先の技術ではないのである。

ここで確認しておきたいのは、訓点によって形成される訓読文は、平安時代の文語文法に従っていることである。これは訓読という行為が平安時代に始まるものであったからに過ぎないが、時代が降って日本語の文法に変化が生じても（例えば二段活用が一段活用になっても）、その原則は保持された。何故、平安時代の原則が保持されたのか。それは博士家が平安時代以来、近代に至るまで綿々と家系を維持し、伝統を継承し続けたからであろう。

第二節　仮名点の出現——北条時頼筆『白氏文集』巻三断簡を例として

平安時代には、それまでに中国から伝来し、知識人の読むべきものと定められた漢籍の大半に、ヲコト点による訓点が施された。貴族社会ではヲコト点にしたがって漢籍を読むこと

＊4　『毛詩正義』は鄭箋を「鄭唯下二句為異。言幽間之善女、謂三夫人九嬪。既化后妃、亦不妬忌。故為君子文王、和好衆妾之怨耦者、使皆説楽也。（鄭は唯だ下二句のみを異と為す。言ふこころは、幽間の善女は三夫人九嬪を謂ふ。既に后妃に化せられ、亦た妬忌せず。故に君子文王の為めに、衆妾の怨耦の者を和好し、皆なをして説楽せしむるなり）」と説明する。「和好」とは、相手をなごませて良い方向に導く意である。

＊5　訓読文は「君子のために逑を好す」とあるべきところだが、頼業は「のために」を補ってはいない。

が当然の慣わしとなっていた。ところが、鎌倉時代に入り、武家の上級層の一部が本格的な読書を始めると、訓点の在り方に大きな変化が現れた。ヲコト点を片仮名に開いて表記することが行なわれるようになったのである。これを「仮名点」と呼んでいる。*6 ヲコト点には、儒者に入門し読み方の伝授を受けなければ全く理解できないという、ある種の秘儀性が備わっていた。貴族社会では当然のこととして築かれていたこの障壁が、学問に対する価値観の異なる武家の要請によって、いともたやすく取り除かれたのである。儒者の立場からすれば、京都の貴族よりも学力は劣るけれども政治力のはるかに強大な関東の武家のために門戸を開くことによって、自家の勢力を拡張する狙いがあったのであろう。仮名点はそのための方策の一つであったと言ってよい。勿論、武家の中には金澤北条氏のように、平安時代以来のヲコト点による訓読法を継承した者もいたが、大方の流れとしては、武家の読書に対する積極的関与を契機として、ヲコト点から仮名点への移行が促進されたのである。但し、博士家の証本は依然としてヲコト点による訓点を維持し、仮名点に改められることはなかった。

仮名点の付された鎌倉時代中期写本として、鎌倉幕府第五代執権の北条時頼（一二二七—一二六三）筆『白氏文集』巻三が現存している。この写本は首尾完存せず、「光泉寺切」と呼ばれる古筆切（断簡）にその姿を垣間見ることができる。*7『白氏文集』巻三・巻四は政治・社会の現状を批判する内容の諷諭詩五十首を収める。白居易はこの詩群を「新楽府」と名づけ、自らの代表作と位置づけている。時頼がこれを自ら書写したことは政治に携わる武家と

*6　仏教書籍ではこれより早く平安末期に仮名点が現れている。例えば『往生要集』は、最明寺蔵（平安後期）写本にはヲコト点の一種である西墓点が施されているが、神宮徴古館旧蔵（平安後期）写本にはヲコト点は無く、仁平二年（一一五二）の仮名点しか施されていない。

*7　「光泉寺切」の中には『白氏文集』巻四の断簡も見られるが、こちらは時頼筆ではない。

して実に意味のある行為であった。次に掲げるのは巻三の「大行路」（0134）の書影である。

付された仮名点にしたがって冒頭の四句を訓読してみると、

大行の路能く車を摧く、若し人の心に比ぶれば是れ坦〔夷イ〕かなる途なり。巫峡の水能く舟を覆す、若し人の心に比ぶれば是れも安かなる流れなり。

となる。句読点は時頼筆本に施されていないので、私に補った。

『白氏文集』巻三・四は我が国では『白氏文集』全体の中で最も良く読まれた部分であり、ヲコト点の施された古写本も数多く現存している。中でも神田本は藤原茂明が嘉承二年（一一〇七）に書写し、天永四年（一一一三）に加点した式家の証本であり、現存する伝本中、最善本と位置づけられている。光泉寺切と同じ所を神田本にしたがって訓読してみよう。句読点は施されたヲコト点にしたがって付した。本文の左右に複数の訓みが示されている場合には〔　〕に括って示した。

大行の路、能く、車を摧く、若し、人の心に比ぶれば〔比ぶるものならば〕〔比（なら）ぶれば〕、是れは、夷（たひら）かなる途（みち）なり。巫峡の水、能く、舟を覆（くつがへ）す〔覆せども〕、若し、人の心に比ぶれば〔比ぶるものならば〕、是れは、安（しづ）かなる流（りう）なり。

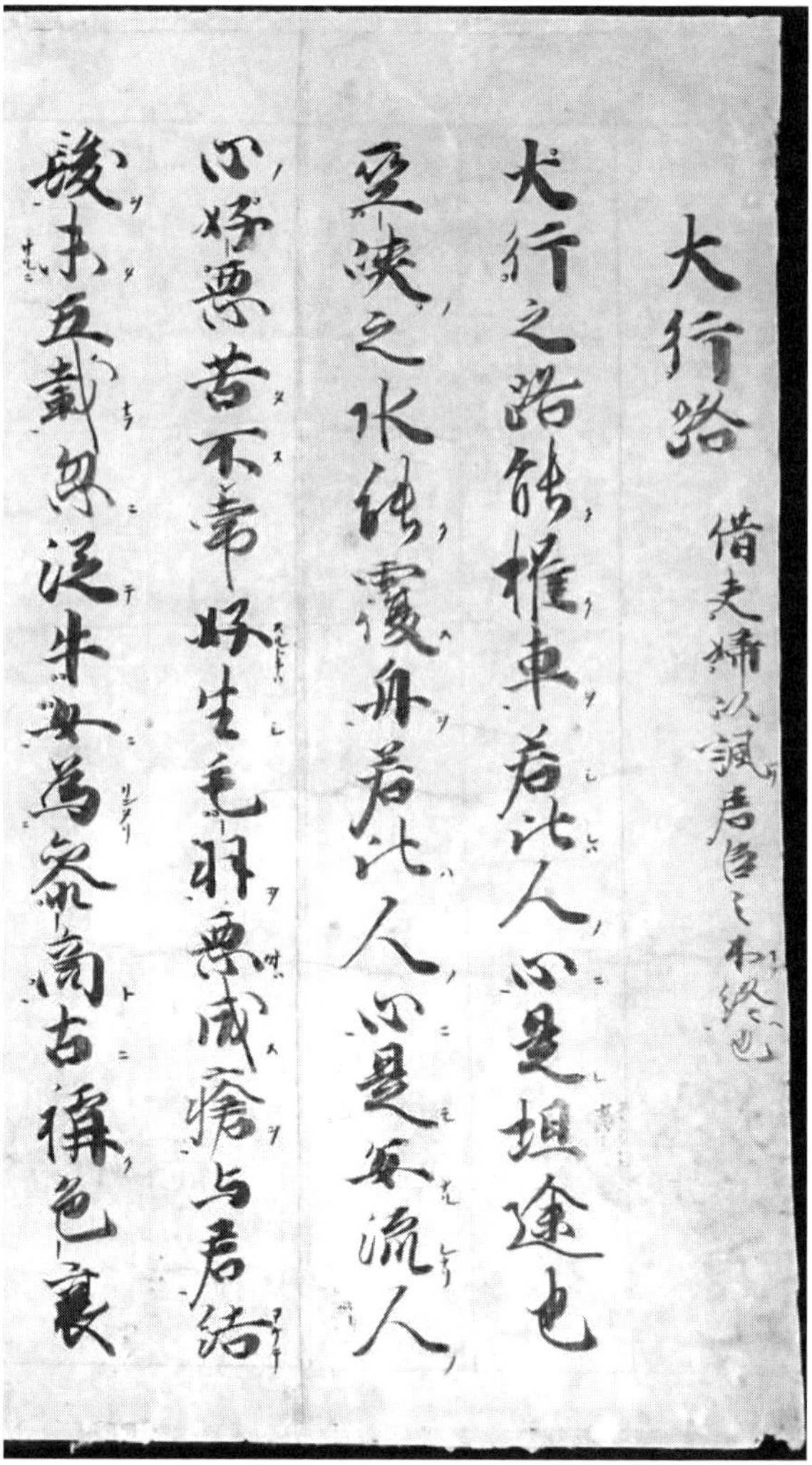

大行路

借夫婦以諷君臣之不終也

大行之路能摧車若比人心是坦途

巫峡之水能覆舟若比人心是安流

人心好悪苦不常好生毛羽悪生瘡与君結

髪未五載忽従牛女為参商古称色衰

光泉寺切・大行路

両者を比較すると、訓点の形式以外にも、大きな相違のあることに気づくであろう。それは、後者の藤原茂明写本では同じ文字に対して複数の傍訓が施され、二通り以上の訓読の成り立つ場合があるのに対して、前者の北条時頼写本では傍訓が一つに収斂し、それゆえ訓読もただ一つに固定していることである。ヲコト点資料では、右傍訓が最も優先して訓むべきものであり、左傍訓は二次的なものである。儒者は自家の主たる訓を右傍に置き、従たる訓を左傍に置いた。また、時として他家の訓を参考に資するために、それを左傍に示すことがあった。したがって、左傍訓には、二次的と言っても、右傍訓を助けて本文の理解をさらに深めるという効果を期待することができた。ヲコト点資料に顕著に見られる複数の傍訓は、儒者が何代にも亙って本文の解釈を綿密に行なった結果として書き入れられたものであり、内容を理解する上で一つとして蔑ろにしてはならない性質のものなのである。

勿論仮名点資料の中にも複数の傍訓を持つものがあり、ヲコト点資料の中にもただ一つの傍訓しか持たないものがある。しかし、全体としては、ヲコト点から仮名点に移行する中で、傍訓が減少し簡略化されるようになったことは否定できない。また、仮名点は飽くまでもヲコト点の省略形であり、改めて解釈し直した結果として傍訓が新たに付け加えられるなどということはなかった。仮名点への移行は、（ヲコト点を修得するという）やや煩瑣な手続が省かれた半面、傍訓の減少によって本文の理解度を低下させる状況を招き寄せたのである。

こうして見ると、ヲコト点資料に複数の傍訓が存する（時として複数の点も存する）ことは、訓読が翻訳の役割を果たすための重要な要素であったように思われる。逆に言えば、仮名点の出現は、訓読から翻訳の機能を失わせる第一歩であったということになる。

第三節　抄物の登場——清原宣賢筆『長恨歌並琵琶行秘抄』を例として

南北朝を経て室町時代に入ると、京都の貴族の間では依然としてヲコト点が優位ではあったけれども、仮名点はいよいよ社会全体に浸透した。当時、渡来文化受容の一翼を担っていた五山僧がヲコト点を使わなかったことも、仮名点の勢いに拍車を掛けた。前節で、仮名点による訓読には翻訳機能の低下が認められることを指摘した。仮名点への移行は漢籍の本文を正しく解釈する上で、大きな損失を伴う現象であったと捉えることができる。しかし室町時代にはその損失を補填するための方策が講じられた。それが「抄物」の援用である。抄物とは、漢籍などの講義録（講義内容を記録したノート）のことで、師匠にあたる儒者や学僧が門下生に対して講義する際に手控えとして所持したノートと、門下生が師匠の講義を聞き書きしたノートとに大別できる。[*8]

前者の実例を見ることにしよう。京都大学附属図書館の清家文庫に清原宣賢自筆の『〔長恨歌並琵琶行秘抄〕』が所蔵されている。[*9] この書は末尾に「天文十二年八月十五日十六日、於万里小路亭講之〈長恨歌／琵琶行〉。／環翠軒宗尤」とあるように、宣賢が天文十二年（一五四三）万里小路惟房（一五一三―一五七三）邸で白居易の「長恨歌」（『古文真宝前集』巻八）と「琵琶行」（同巻九）とを講義した時の抄物（手控えの自筆ノート）である。次に「長

＊8　抄物については、柳田征司『日本語の歴史4〈抄物、広大な沃野〉』（二〇一三年、武蔵野書院）を参照されたい。

＊9　『長恨歌並琵琶行秘抄』の書影は京都大学附属図書館の清家文庫のサイト（https://rmda.kulib.kyoto-u.ac.jp/collection/seike）で見ることができる。

恨歌」の最初の四句を注釈した部分を掲げよう。この抄物の書式は、詩の本文を一句づつ挙げ、その下に、句ごとに小字双行・漢字片仮名交じりで注釈を記すというもので、詩の本文にはヲコト点による訓点が施されている。便宜上、詩の本文は原文と訓読文（漢字平仮名交じり）とを示し、注釈の本文は一字下げで示した。返点・音訓合符などは省略し、私に濁点を付した。

漢皇重色思傾国（漢皇 色を重（おも）んじて傾国を思ふ）

　唐ノ玄宗ノ事ヲ云トテ、何ゾ、漢皇ト云ヤ。白楽天ハ、唐ノ代ノ者ナルホドニ、唐皇トハ、不云シテ、漢ヲ借テ、唐皇ノ事ヲ隠シテ、漢皇ト云。伊勢物語ニ、業平ヲ隠シテ、昔男ト云ガ如シ。重色トハ、女色ヲ愛スルヲ云。傾国トハ、一国傾テ、美人ト云モノ也。カヤウノ美人ヲ、得タク思ヘリ。

御宇多年求不得（御宇（あめがしたしろしめ）すこと多年 求むれども得たまはず）

　玄宗ノ天下ヲ治コト、多年ノ間也。此間ニ、美人ヲ求レドモ、不求得也。

楊家有女初長成（楊家に女（むすめ）有り 初めて長成（ひととな）れり）

　弘農ノ楊玄琰ガ女（ムスメ）アリ。漸十五六ニモ成給。此者ガ、天下無双ノ美人也。傾国ノ美女也。傾国ト云ハ、彼ハ、ヨキトイヘドモ、此ハ悪キナド云モノナルガ、此者ハ、揔国ノ者ガ、貴賤上下傾テ、美人ト云女房ヲ、傾国トハ云也。傾城ト云モ、此心也。但シ傾国ト云ハ、傾城ト云ヨリ、ナヲ勝（マサ）ラン歟。初長成トハ、長大成人スルヲ云。

養在深閨人未識（養はれて深閨に在れば人未だ識らず）

父ガ、聊爾ニ、人ニ見セテハ、サテト思テ、深閨ニ、ヲシ隠シテヲクホドニ、人ガ、面ヲミタル事モナキ也。ウタイニ、楊家ノ深窓ニ養ハレ、未ダ知人ナカリシニ、ト云リ。

右の注釈方法を分析してみると、訓点を施した原文を掲げた後に、口語体による語釈を置き、その語釈は、比較的平易な語については敷衍する（paraphrase）だけだが、難解な語については、かなり詳しい説明が加えられている。第一句を例に取れば、「漢皇」については、主人公の玄宗を「漢皇」と呼ぶ理由を「白楽天ハ、唐ノ代ノ者ナルホドニ、唐皇トハ、不云シテ、漢ヲ借テ、唐皇ノ事ヲ隠シテ、漢皇ト云。（作者の白居易は唐代の人であるから「唐皇」と直截言わずに、漢代を借りて婉曲に「漢皇」と言ったのだ）」と説明した上に、さらに「伊勢物語ニ、業平ヲ隠シテ、昔男ト云ガ如シ。（伊勢物語で主人公を「業平」と明かさずに「昔男」と言うのと同じだ）」と卑近な例を持ち出して「漢皇」の理解を助けている。これに対して「重色」のような平易な語は、「女色ヲ愛スルヲ云」とさらりと敷衍するに止めている。「傾国」の語は難解であるが故に、「一国傾テ、美人ト云モノ也。（一国を傾けて皆が美人と評価する者である）」と説明するだけでは足りず、第三句の注釈中にも「彼ハ、ヨキトイヘドモ、此ハ悪キナド云モノナルガ、此者ハ、揔国ノ者ガ、貴賤上下傾テ、美人ト云女房ヲ、傾国トハ云也。（ある人は良い（＝美人だ）と言うけれども別の人は良くない（＝美人でない）と言うように、「美人」と言ってもその評価はまちまちなものだが、「傾国」はそうではない。国中の者が、貴賤上下の別無くこぞって美人と評価する女性を「傾国」と言うのである）」と詳しい説明を加えている。その上で「思傾国」を「カヤウノ美人ヲ、得タク思ヘリ」と口語訳している。

さて、以上のように抄物の注釈方法を分析して気づくことは、それが現代の漢籍注釈書に総じて見られる原文・訓読・語釈・現代語訳の形式と殆ど変わらないという驚くべき事実である。注釈者の宣賢は、訓読するだけでは翻訳になり得ないと考え、学習者の理解しやすい口語体によって語釈を施し、時として口語訳を加えたのである。引用文に傍線を付した部分が口語訳に当たる。訓読は原文の文字をそのまま用いなければならず、原文に無い文字を付け足すことはできないが、口語訳はその束縛から全く自由である。例えば第四句の口語訳に「父ガ、聊爾ニ、人ニ見セテハ、サテト思テ」と令嬢が深閨に養われた理由をさり気なく補うことは、訓読では成し得ない技術なのである。

室町時代には訓読はすでに形骸化し、もはや嘗てのような翻訳の役割を果たすことができなくなっていた。そのことは抄物の普及という現象から明瞭に窺い知ることができる。すでに口語訳が、訓読を補完する役割を担うものとして盛んに用いられるようになっていたのである。抄物は、室町以前の写本が現存していないので、室町時代に始まるものと見なされているが、おそらくそうではなかろう。私見では、それよりかなり早い時期から用意されていたものと思われる。どうしてそのように考えられるのか。

訓読がそのまま翻訳の役割を果たしていたのは、せいぜい鎌倉初期までであった。日本語を歴史的に通覧すると、話し言葉と書き言葉との乖離現象が現れ始めるのは、凡そ平安末期から鎌倉初期にかけての時期であると言われている。[*10] ということは、平安時代の文語体による訓読文を読者（学習者）が話し言葉と同等のレベルで理解できたのは、実はその頃まであり、それ以後になると、訓読文は口語文法の変化に伴って次第に難解になって行き、肝腎の翻訳機能を果たせなくなったのである。言文の乖離し始める時期と仮名点の現れ始める時期とが同じく平安末から鎌倉初めであるのは、たんなる偶然の一致であろうが、言文乖離の漸進と仮名点への移行とが相俟って、本来訓読が担っていた翻訳という機能を低下させたと見ることができる。そして、その言文乖離現象の進行する過程で出現したのが、訓読に代わる翻訳の手段として口語訳を取り入れた抄物だったのである。したがって、抄物に特徴的に見られる口語訳が、遡って言文乖離現象の起き始めた鎌倉時代に訓読と並行して行なわれていたとしても、何等不思議ではない。抄物の原形が室町時代以前にすでに存在していたであろうと想定するのは、このような理由に拠る。

第四節　結語

漢籍の訓読は、平安時代には本文の解釈を踏まえて周到に行なわれた。その解釈は決して

*10　日本語の変遷については、野村剛史『話し言葉の日本史』（二〇一一年、吉川弘文館）を参照されたい。

*11　訓読の翻訳としての精度を上げるために、日本人はさまざまな工夫を凝らした。その一つに「文選読（もんぜんよみ）」がある。文選読

恣意的なものではなく、権威ある注釈書に従って訓点を施したのである。『白氏文集』のような中国撰述の注釈書が無い場合であっても、博士家が長年に亙って本文に検討を加えた結果を訓点に反映させた。その訓点は、解釈の秘密性を保つためにヲコト点が用いられた。訓読は、師匠である儒者からの伝授を俟って始めて可能となる、そのような性質のものであった。当時の訓読には訓読みが多用された。訓読みとは、漢語に対応する日本語（やまとことば）の謂いである。これを多用することによって、訓読はそのまま翻訳の機能を担うことが出来たのである。また、儒者は自らの解釈に従った訓点を本文の右傍に付すると同時に、自説とは異なる訓点も斥けずに左傍に付して解釈の助けとした。彼らは多種多様な訓点を本文に書き入れることによって、翻訳機能を高めることに務めたのである。*11

　鎌倉時代に入ると、主として武家からの要請を受けて、仮名点が用いられ始めた。仮名点には傍訓を減少・簡略化させる傾向のあることから明らかなように、その出現は、訓読から翻訳の機能を低下させる画期となった。しかし、訓読がそのまま翻訳となり得なくなったのは、仮名点の出現だけがその要因ではない。それよりも大きな原因として、口語文法の変化を挙げなければならない。訓読には平安時代の文語文法を用いるのが慣例だが、鎌倉時代以降、口語文法が大きく変化したことによって、訓読文が古典語として認識されるようになり、当初のようには理解できなくなったのである。この危機的な状況に対して、鎌倉から南北朝期の儒者がどのような対策を講じたのかは、必ずしも明らかではない。それが明らかになる

とは、漢語をまず音読み（中国音）で読み、次にまた訓読み（日本語）で読むという訓読方法で、難解な漢語が頻出する『文選』を訓読する際に良く用いられたことから、この呼称がある。例えば、名詞の「罘網」ならば「フマウノアミ」と読み、形容詞の「崔嵬」ならば「サイクワイトタカクサカシ」と読み、動詞の「周帀」ならば「シウサウトメグル」と読むような読み方である。これによって、当時の日本人は一見難解な漢語を容易に理解することができたのである。文選読については、築島裕『平安時代の漢文訓読語につきての研究』（東京大学出版会、一九六三年）第三章第二節「文選読」を参照されたい。ただ、その中で築島氏は「文選読に於ては、和語は従の位置に在る」と述べるが、字音語に重点があって、文選読が訓読（翻訳）の一方法である以上、和語（訓読み）が従の位置にあったとは思われない。

のは室町時代である。室町時代には儒者や五山の学僧による漢籍の講釈が盛んに行なわれ、その際の抄物（講義録）が多く現存している。そこでは、原文に訓点を付した（訓読できるようにした）上で、口語体による語釈を示し、また口語訳も添えるという注釈方法が取られた。室町時代には翻訳の機能は、訓読から口語訳へと完全に移行していたのである。ただ、ここで見落としてならないのは、漢籍の注釈の場に於いて、訓読は、時代の変遷に関わりなく（翻訳の機能を果たしていた平安時代でも、その機能を失って形式化した室町時代でも）、解釈の結果を示す形を取って必ず行なわれてきたという点である。訓読というものが日本の漢学に於いて、注釈に不可欠な手段として位置づけられていたことをあらためて認識することができよう。

以上、平安時代から室町時代に至る訓読の歴史について、翻訳機能という観点から考察を加えた。読者諸賢の御批判を俟ちたいと思う。

【参考文献】

築島裕『平安時代の漢文訓読語につきての研究』（東京大学出版会、一九六三年）
小林芳規『〈平安鎌倉時代に於ける〉漢籍訓読の国語学史的研究』（東京大学出版会、一九六七年）
柳田征司『〈室町時代語資料としての〉抄物の研究』（武蔵野書院、一九九八年）
吉田金彦・築島裕・石塚晴通・月本雅幸『訓点語辞典』（東京堂出版、二〇〇一年）

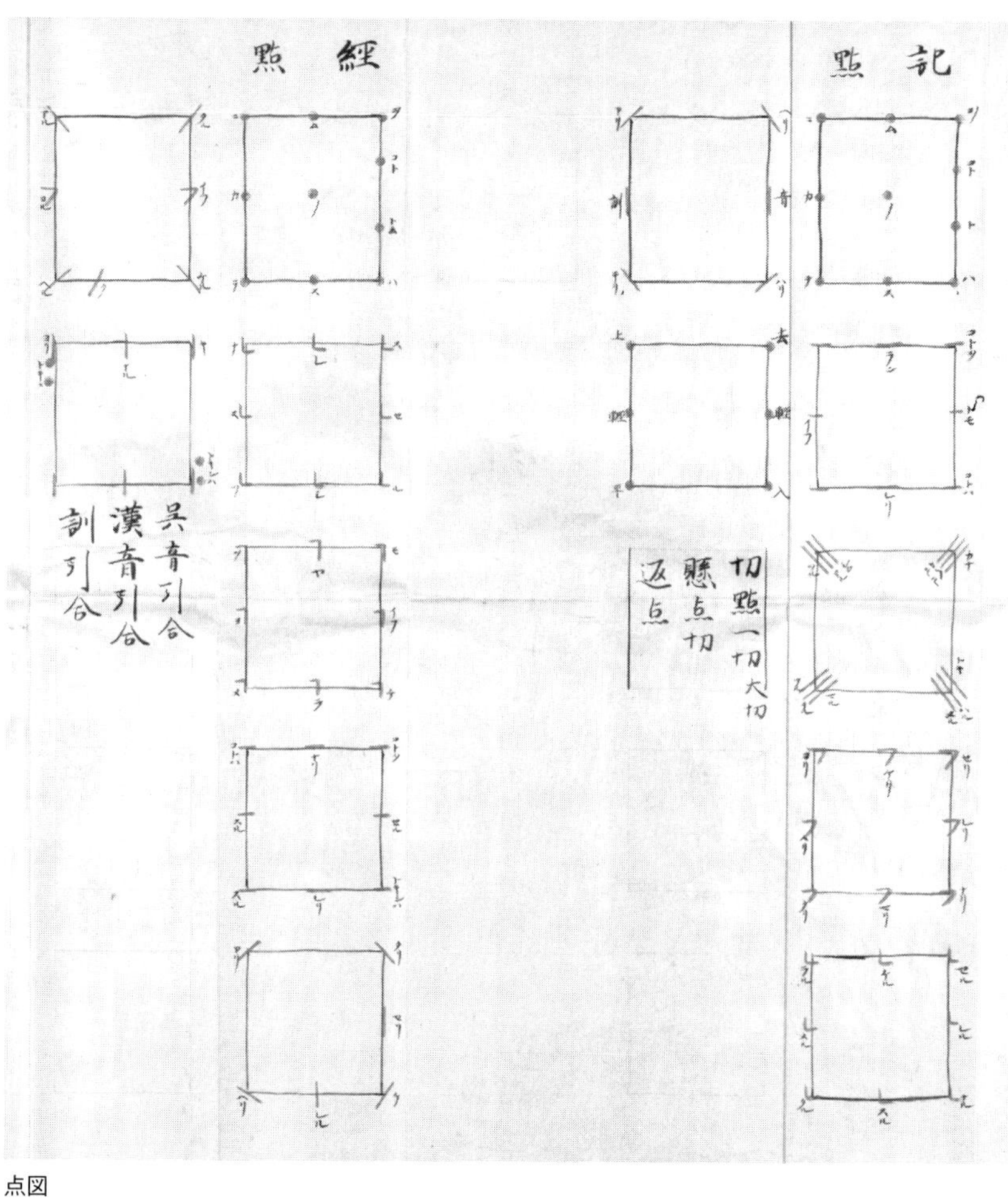

点図

第二章　漢文訓読（江戸時代から明治期まで）

佐藤　進

第一節　江戸時代前期の訓読

江戸時代の漢文訓読を通覧すると、江戸開府の前後から幕末までの主な加点法に、文之点（文之玄昌）・惺窩点（藤原惺窩）・道春点（林羅山）・嘉点（山崎闇斎）・後藤点（後藤芝山）・古義点（伊藤仁斎東涯）・一斎点（佐藤一斎）などがある。

徳川家康が征夷大将軍を拝領して江戸幕府を開いたのは一六〇三年である。徳川家康の信頼が厚く、しばしば進講を行った儒者は林羅山（一五八三年―一六五七年）であり、羅山は家康・秀忠・家光・家綱の四代にわたって江戸幕府のブレーンとなって、幕府が朱子学を官学とする基礎を打ち立てた。一六〇七年、家康の命によって剃髪し、道春の号を名乗ったところから、[*1]羅山のほどこした訓点を道春点とよぶ。

しかし、道春点は羅山に先立つ南浦文之[*2]（一五五五年―一六二〇年）の文之点や藤原惺窩（一五六一年―一六一九年）の惺窩点に影響を受けている。道春点を観察する前に、文之点と

＊1　『徳川実紀』慶長十二年三月一一日の条。

＊2　なんぽぶんし。文之玄昌とも称した。

惺窩点を見ておく必要がある。

一の一　文之点

文之玄昌は俗姓湯浅氏、名は玄昌、[*3] 文之は字、南浦は号である。[*4] 文之の事績についてはは足利衍述『鎌倉室町時代之儒教』に紹介されているので、ここでは述べないが、桂庵玄樹（一四二七年―一五〇八年）が切り開いた薩南学派の朱子学を後世に伝えた功績が特筆される。桂庵の『桂庵和尚家法倭点』は今に伝わるが、[*5] 訓点の打ち方や常用の助字の読み方を示した断片的なもので、実字を含む訓法については文之点にその具体例が見られるとされる。[*6] ちなみに、桂庵の訓法は弟子の月渚、その弟子の一翁、そしてその弟子の文之に伝えられた。

文之の加点本で今日に残されているのは、朱子の『四書集注』と『周易程伝本義』である。冒頭で示した文之点・惺窩点・道春点・嘉点・後藤点・古義点・一斎点がほどこされた同一のテキストでもって比較対象を行なうのが便利であるが、惺窩は四書を欠き、仁斎東涯は五経を欠く。そこで、ここでは古義点をあきらめて、『周易』の同じ部分の文之点・惺窩点・道春点・嘉点・後藤点・一斎点を見てみることにする。

『周易程伝本義』は国立国会図書館デジタルコレクションで公開され閲覧が可能である。[*7] 以下、他の加点本も可能な限り国立国会図書館デジタルコレクションを参照する。

『周易程伝本義』は文之の生前に刊行されたものではなく、文之の死後七年目（一六二七年）

＊3　出家し、剃髪して授けられた。

＊4　出生地の日向国飫肥の南郷外浦にちなむ。

＊5　国立国会図書館デジタルコレクションには一九六六年『禅宗』一六三号付録の活字版が公開されている。http://dl.ndl.go.jp/info:ndljp/pid/992023。

＊6　『訓点語辞典』「訓点語概説・江戸時代」の項参照。

＊7　http://dl.ndl.go.jp/info:ndljp/pid/2582950。

に弟子の泊如竹が刊行したものである。文之が『周易程伝本義』を入手して訓点をほどこした事情については、文之本人が慶長四年（一五九九年）二月に「記於周易大全書後」という文に書いている。寛永二年（一六二五年）刊『南浦文集』に収められた。[*8] それによると、たまたま出かけた一浦で朝鮮本『周易伝義大全』の零本を手に入れて、不足分は他国に手をまわして買い求めたり、それでも足りない分は書写して全三冊をそろえ、それから足掛け七年の月日をかけ、兀々と努力を重ねて句読を書き入れた、とある。なお、文之加点の『周易程伝本義』の文献学的考察は村上雅孝『近世初期漢字文化の世界』に詳しい。如竹刊『周易程伝本義』は村上氏の研究によると、本来、文之が加点しなかった巻一・巻二二・巻二三・巻二四については加点のないまま刊行したものであるという。そうすると、国立国会図書館デジタルコレクションの『周易程伝本義』はすべてに加点があるので、初版本ではなく、文之未加点の巻についても点を加えた後の版ということになる。ただし、刊記がないので確認するのは容易ではない。

さて、如竹の跋文には以下のように刊行の事情を説明する。[*9] したがって、『訓点語辞典』が述べるようにこの刊本には如竹の手が加わっている可能性がある。

周易程傳本義、未だ和点有らず、讀者往々之に苦しむ、故を以て、吾が文之翁、和點を傍に加へ、以て門弟子に示す、今や、我が家醜の外に顕るるを恐ると雖も、而ども幼學者の暁（さと）り易からんことを欲す、故に之を木に壽（きざ）み、以て其の傳を廣む

＊8　国立国会図書館デジタルコレクション http://dl.ndl.go.jp/info:ndljp/pid/2543961。

＊9　原文は返り点送り仮名つきの漢文。

ると云ふ

寛永第四丁卯仲冬吉旦散人如竹書

跋文に「吾が文之翁、和點を傍に加へ、以て門弟子に示す」というのが、文之の「記於周易大全書後」にある朝鮮本『周易伝義大全』に書き込んだ文之点であろう。

以下に示すのは『周易程伝本義』に載せる「文言伝」の坤文言伝である。乾文言伝のほうが多彩な文脈を含むが、乾文言伝は文之自身の加点ではない。

これも書き下しを示すが、原文にある漢字を訓読しない、いわゆる不読字を〔〕に入れて示す。たとえば「…の〔之〕」とあるのは、「之」字は不読字で、その文法的意味をとって（決して字訓ではない）、その前の漢字の右下に「の」を送ったものである。（）には文之がつけた和訓の読みを示したが、「者（の）」としたのは、末仮名のみの表記である。読みが左傍右傍に二種書かれている場合には〔左／右〕のように示した。〈〉で示したのは、原書には与えられていない読みであるが、文脈上あってしかるべき読みを筆者が補ったものである。また、漢字の右にある縦線は音読みを指示するものである。【】内には原書の返り点を示したり（前半のみ）、頭仮名だけではまぎらわしいものに仮名を補った。要するに【】は筆者の注である。

文言に曰く、坤は至柔にして而して動くことなり〔也〕。剛は至靜にして而して徳方なり、後（をく）るるとき【き＝丶】は得（う）、主として而して常（ね）有り、萬物を含んで【含レ萬-物】而して化光（をを）いなり。坤道其れ順なるか〔乎〕。天に承けて而して時に行なふ。

積善の〔之〕家には、必ず餘慶（キヤウ）有り【有レ餘慶】、積不善の〔之〕家には、必ず餘殃（あまんのわざわひ）有り【有レ餘-殃】。臣其の君を弑し【弑レ其-君】、子其の父を弑す【弑レ其-父】、一朝一夕の〔之〕故（こ【と】）に非ず、其の由て來る所〈の〉【所レ由-來】者（の）漸なり／漸（ひさ）し）〔矣〕、之を辯ふることの早く辯へざるに【不レ早-辯】由る〔也〕。易に曰く、霜を履んで、堅き冰（ひ）至る、蓋し順を言ふならん〔也〕。

直は、其れ正なり〔也〕、方は、其れ義なり〔也〕。君子は敬以て内を直〈ふ〉し、義以て外〈ほか〉を方（けた）にす、敬義立つて而して德孤ならず。直方大なり、習はざれども利〈りあ〉らずと云ふこと无し、〔則〕其の行なふ所を疑ず〔也〕。

陰は美有て之を含めりと雖へども、王事に従へるを以て、敢て成さず〔也〕。地の道なり〔也〕、妻の道なり〔也〕、臣の道なり〔也〕。地の道成すこと无くして、而して代つて終ること有り〔也〕。

天地變化して、草木蕃〔しげし／さかんなり〕、天地閉（ふさ）がつて、賢人隱（かく）る。易に曰く、括-嚢す、咎（が）无し譽れも无し、蓋し謹しむことを言ふならん〔也〕。

君子は黄中理に通ず、正位なれども體（テイ）に居（を）る。美其の中に在て、而して四支に〔於〕暢べて、事業に〔於〕發す、美の〔之〕至りなり〔也〕。

陰　陽に〔於〕疑（が）はる、必ず戦ふ、其の陽〔を无みすることを／无きに〕〔於〕嫌（うたが）はるる為（め）なり〔也〕、故に龍と稱す〔焉〕。猶未其の類を離れず〔也〕、故に血と稱す〔焉〕。夫れ玄黄は〔者〕、天地の〔之〕雑なり〔也〕、天は玄にして而して地は黄なり。

文之点の経書の刊行は、それ自体日本の漢学史の上で画期的な事件であった。そもそも平安時代から室町時代まで、日本の大学寮や明経家における訓釈訓法は閉鎖的な伝授を厳しく守ってきて、部外者の聴講すら許さないものであった。まして、出版刊行などはもってのほかであったのである。*10　そういう環境の中、（一）従来から刊行が功徳を広めるという信念から出版に親しんできた僧侶が、（二）新来の朱子学にもとづく四書を中心に、（三）学術の中心地京都から遠く離れた薩摩において行った事業であることが、四書五経の刊行を可能にした条件であった。

印刷物にして漢籍の読み方を公開することの影響は、たとえば江戸初期に刊行された『史記』を始めとする史籍や『三体詩』『古文真宝』などの文学書などに訓点を付して出版する書式の規範になったことでも、その意義は大きい。そこで代表的ないくつかの加点について、右の坤文言伝の書式を、『桂庵和尚家法倭点』に言うところの加点書式と較べてみることにする。

（一）領属性の「之」字について、桂庵は「ノと、讀時は、上の字の下にて点し添るなり、

＊10　大江文城『本邦四書訓點并に注解の史的研究』の「第二編、江戸前期。第一章、初期の四書研究。第一、四書の刊行」。

之の字に當て点するは鈍也」という。文之点坤文言伝は果たして「積善ノ之家」のように加点している（本稿の書き下しでは「積善の〔之〕家」とした）。

（二）代名詞の「之」字について、桂庵は「此の字、句に切る處あり、「斈デ（而）時ニ之ヲ習フ」の類」という。博士家などの古点では、このような「之」は不読扱いするのが普通であるが、以下の（四）にもあるように、桂庵はコレヲと読むべきだという。文之点坤文言伝では「之を辯ふる」「之を含めり」のようにコレヲと読んでいる。

（三）「也」字について、桂庵は「又ナリの点も、上の字にて、点し添る也」という。文之点坤文言伝も「直ハ者其レ正ナリ也」のように加点している。本稿では「直は、其れ正なり〔也〕」のように書き下した。

（四）「而」字について、桂庵は「「人知ラズ而シテ慍ズ」之類。新註に、此の而の字、而シテ、字毎（ごと）に、此くの如く点す、其の故は、古点に讀まずしてをく故なり。「學テ而シテ時ニ之ヲ習フ」、此の一句、論語首篇の篇首。五字皆肝要の字也。争（いかで）か讀まざる可けんや。古点に、マナンデ、トキニ、ナラフとばかり讀て、而之の兩字讀まざる、曲事也」という。文之点坤文言伝は「至靜にして而して德方なり」「主として而して常（ね）有り」のように、「而」字を読み落とさないですべて読む。

（五）「則」字について、桂庵は「古点に、上の字の下にて、トキンバと点する時は、スナハチと、よむ事まれなり。故に新註に、朱にて、則ス、字毎（ごと）に此の如く点するなり。

是れ古点の讀み落しを正す可きが為めなり。又墨点ならば、字の右の肩にさしあげて、字毎に、スの假名を点ず可し。点ぜば、必ず上の字の下にて、トキハと点す可し。トキハのキには、、、此の如く引く可し。キの假名をば用いず。但しトキハとよまれぬ処もあるべし。古点に、トキンバと点ずるは、かたことなり」。文之点坤文言伝には条件節（トキハがつく句）を受ける「則」字は無い。坤文言伝の「則」字の前の句はトキハをつけて読む句ではないと判断されている。桂庵が「但しトキハとよまれぬ処もあるべし」と指摘する例である。

ほかを探してみると、六十四卦のひとつ「大壯」の上六の爻辞に「艱則吉」という条件句がある。その文之点は「艱なるときは〔則〕吉なり」と加点して（「キ」は「、」で表記）、「則」字は不讀である。桂庵の「点ぜば、必ず上の字の下にて、トキハと点す可し」の書式を採用していながら、頭仮名「す」は付加しない。

（六）主語を示す「者」について、桂庵は「者字、云はと、「徳ト云ハ者」、此の如く点す」という。文之点はこの「者」字は必ずしも「と云は」を送らない。「ト云」を省いて「者」の右肩に「ハ」を添える。また、「者」字が無くても、彖辞・爻辞の引用など、文脈上必要な箇所には「と云は」を送る。

（七）一二点については桂庵は「一二字三字、乃至五六字までも、下より讀みのぼせば、、雁金を用ふ可し。一二の点を用ふ可からず」という。つまり「有レ餘慶」「弑レ其-君」のようにするべきで、「有二餘慶一」「弑二其-君一」のようにしてはならないということである。文之点はその指示を忠実に守っている。

（八）なお、『桂庵和尚家法倭点』の指摘とは関係ないことではあるが、「おり」の活用に注意しておきたい。ラ変動詞「あり」「おり」のうち、「おり」は室町時代にはすでに四段活用化していた。[*11] 文之点にあっても四段活用で、終止形「おる」を使っている。「體（テイ）に居（を）る」。漢文訓読は文語の文法、つまり平安仮名文学の中古語文法の知識だけではきちんと読むことが出来ない。文語文法とは異なる「訓読文法」が存在するのである。

以上見てきたように、文之点はごく少数の例外を除き、おおむね『桂庵和尚家法倭点』の加点法に従う。『鎌倉室町時代之儒教』には「文之の訓點は、桂庵に本づき之を補正せるものなり」とあるが、その補正の具体的なあり方は以上のようなものであって、控えめな補正にとどめたようである。ちなみに、ここで確認した文之点の特徴によって、国立国会図書館デジタルコレクションの版本についている『周易程伝本義』の程頤序を検証すると、文之点の特徴に反する例が多く、程頤序の加点者は文之ではないことが分かるのである。

一の二　惺窩点

文之玄昌の訓点を弟子の如竹が公刊した翌年、藤原惺窩の訓点が公刊された。寛永五年（一六二八年）、林羅山の序を付して安田安昌らが京都で『五経白文』の名で出版したものである。国立公文書館内閣文庫に所蔵される『五経白文』がそれであるが、国会図書館等から

＊11　湯沢幸吉郎『室町時代言語の研究』の「第七章、動詞。第一節、活用の種類。第一、四段動詞」。

は画像の提供はしていない。しかし、汲古書院「和刻本經書集成」正文之部1に収録されていて容易に見ることが出来る。歌道を伝承する冷泉家の家系に生まれた惺窩の惺窩らしい特色がよく出ているのは、ここで検討している『周易』よりは、詩語の豊富な『毛詩』のほうであり、それについては村上雅孝『近世初期漢字文化の世界』に詳しい考察がある。『周易』坤文言伝は以下のようになっている。

文言に曰く、坤は至柔にして〔而〕、動くこと〔也〕剛なり。至靜にして〔而〕徳｛方／さかん｝なり、後（をく）るるとき【とき＝寸】は得（う）、主として〔而〕常（ね）有り、萬物を含んで【含㆓萬‐物㆒】而して化　光（をほ）いなり。坤の道は其れ順なるか〔乎〕。天に承けて而して時に行ふ。

積善の〔之〕家には、必ず餘（あま）んの慶び有り【有㆓餘慶㆒】、積不善の〔之〕家には、必ず餘んの殃（わざはひ）有り【有㆓餘‐殃㆒】。臣として其の君を弑し【弑㆓其‐君㆒】、子として其の父を弑すは【弑㆓其‐父㆒】、一朝一夕の〔之〕故（こと／ゆえ）に非ず、其の由（よ）つて來れる所（ろ）の【所㆓由‐來㆒】者（の）｛漸なり／漸（ひさ）し｝〔矣〕、之を辯（わきま）ふることの｛早く／すみやかに｝辯へざるに【不㆓早‐辯㆒】由る〔也〕。易に曰く、霜を履んで、堅き氷（ひ）至ると云は、蓋し順を言ふならん〔也〕。

直は、其れ正なり〔也〕、方は、其れ義なり〔也〕。君子は敬以（こ【れをもつ】）て内を直〈ふ〉し、義以（こ【れをもつ】）て外を方（けた）にす、敬義立つて而して徳　孤ならず。直‐方大なり、習はざれども利あらずと云ふこと无しと云ときは、則ち其の行なふ所を疑はざればなり（?）〔也〕。

陰は美有て之を含めりと雖へども、王事に従へるを以て、敢て成さず〔也〕。地の道なり〔也〕、妻（め）の道なり〔也〕、臣の道なり〔也〕。地の道は成すこと无くして、而して代つて終ふること有り〔也〕。

天地變化して、草木蕃（しげ）し、天地閉（ふさ）がつて、賢人隱（かく）る。易に曰く、括‐嚢す、咎（が）も无し譽れも无しと云は、蓋し謹しむことを言ふならん〔也〕。

君子は黄中にして理に通ず、位を正ふして體（テイ）に居（を）る。美其の中（か）に在て、而して四支〔に／を〕〔於〕暢べ、事業〔に／を〕〔於〕發す、美の〔之〕至〔り／れる〕なり〔也〕。

陰　陽に〔於〕疑はるるとき【寸】は、必ず戰ふ、其の陽无きに〔於〕嫌（うたが）はるるが為（め）なり〔也〕、故に龍と稱す〔焉〕。猶（を）未だ其の類を離れざるがごとし〔也〕、故に血と稱す〔焉〕。夫れ玄黄は〔者〕、天地の〔之〕雜なり〔也〕、天は玄にして而して地は黄なり。

惺窩点が文之点と異なる主な点を整理してみると以下のようになる。

（一）文之点が音読みにするところを、惺窩点は訓読みにする。文之点「方なり」を、惺窩点左傍では「さかんなり」と読む。文之点「餘慶」を、惺窩点では「餘（あま）んの慶び」

と読む。坤文言伝に限っては、その逆は無い。

（二）文之点に比べて、惺窩点は係助詞「は」を多用し、引用には「と云は」をつける。文之点「坤道・其の父を弑す・堅き冰（ひ）至る・地の道・咎（が）无し譽れも无し」を、惺窩点では「坤の道は・其の父を弑すは・堅き冰（ひ）至ると云は・地の道は・咎（が）も无し譽れも无しと云は」と読む。

（三）頭仮名・末仮名は文之点同様に多いが、「以」字を「これをもつて」と読むのは古点の読み方を伝承するものである。

（四）「而」字の読み方は、文之点は全て読んだが、惺窩点は読むところと読まないところがある。

（五）「則」字は、『桂庵和尚家法倭点』が「ときは則（すなは）ち」とするのに批判的であったが、惺窩点は寧ろ古点ならってそのように読む。文之点が「習はざれども利〈りあ〉らずと云ふこと无し、〔則〕其の行なふ所を疑ず」と読むところを、惺窩点は「則」字の前を積極的に条件句と解して「習はざれども利あらずと云ふこと无しと云ときは、則ち其の行なふ所を疑はざればなり」と読み、「則」字の下に末仮名「ち」を送る。ちなみに「大壯」卦の上六爻辞「艱則吉」は「艱なるときは則（す）吉なり」と読み、「則」字の右上に頭仮名「す」を添える。いずれにしても、桂庵の指摘に従うよりは、従来からの古点に従った。

（六）文之点が『桂庵和尚家法倭点』の加点法を守って一二点を使わずにレ点（雁金点）を

使うところを、惺窩点では一二点を使う。文之点「有レ餘慶」「弑レ其-君」とするところを、惺窩点は「有二餘慶一」「弑二其-君一」のようにする。惺窩点以後はほとんどが一二点を使うようになる。

以上、総じてみると、㈣「而」字の読み方と、㈤「則」字の読み方と、㈥一二点の使い方は、文之点よりは惺窩点の方が後世に影響を及ぼし、後々まで引き継がれた加点書式になったと言ってよい。ただ、実字の訓読語における音読みと訓読みのバランスという点では、古雅な和語を多用する惺窩点の訓法よりは、音読みのままに残す文之点の訓法の方が後世の訓読に近い。実字の訓読は文之点、訓点書式は惺窩点がそれぞれ後世に影響が大きかったのである。

一の三　道春点

さて、『周易程伝本義』は明代の『周易大全』に吸収されて、『官板　五經大全』となって承応二年（一六五三年）に刊行された。これが林羅山道春点の、『周易程伝本義』である。[*12]

道春点は江戸時代の長い期間にわたって伝承された。以下のような読み方である。

文言に曰く、坤は至柔にして〔而〕、動くこと〔也〕剛なり。至静にして〔而〕徳方（けた）なり、後るるとき【とき＝寸】は得て、主として〔而〕常有り、萬物を含みて〔而〕化光（て）れり。坤道は其れ順なるか〔乎〕。天に承けて〔而〕時に行ふ。

＊12　国立国会図書館デジタルコレクション http://dl.ndl.go.jp/info:ndljp/pid/2578996。

善を積むの〔之〕家には、必ず餘（あま）んの慶（よろこび）有り、不善を積むの〔之〕家には、必ず餘んの殃（わざはい）有り。臣其の君を弑し、子其の父を弑す、一朝一夕の〔之〕故（ゆえ）に非ず、其の由（よ）りて來れる所の者（の）漸（やふやく）なり〔矣〕、辯することの〔之〕早く辯せざるに由る〔也〕。易に曰、霜を履んで、堅き冰至ると云は、蓋し順を言ならん〔也〕。

直は、其れ正（ただ）し〔也〕、方は、其れ義なり〔也〕。君子は敬以て内を直〈なを〉くし、義以て外を方（けた）にす、敬義立ちて〔而〕徳　孤（コ）ならず。直‐方大にして、習はずして利せずと云ふこと无し、則（す）其の行なふ所を疑はず〔也〕。

陰　美（よ）いこと有と雖へども之を含む、以て王事に從て、敢て成さず〔也〕。地の道なり〔也〕、妻の道なり〔也〕、臣の道なり〔也〕。地の道は成すこと无くして〔而〕代りて終ること有り〔也〕。

天地變化して、草木蕃（しげ）し、天地閉（と）ぢて、賢人隱（かく）る。易に曰く、囊を括（くく）る、咎无し譽れ无しとは、蓋し謹しむことを言ふならん〔也〕。

君子黄中にして理に通ず、正位にして體に居り。美其の中（うち）に在て〔而〕四支に〔於〕暢び、事業に〔於〕發（あらは）る、美の〔之〕至なり〔也〕。

陰　陽に〔於〕疑いあり、必ず戰ふ、其の陽无きことを〔於〕嫌（うたが）うが為なり〔也〕、故に龍〈と〉稱す〔焉〕。猶（を）未其の類（ひ）を離れず〔也〕、故に血〈と〉

稱す〔焉〕。夫れ玄黄は〔者〕、天地の〔之〕雜（まぢは）れるなり〔也〕、天は玄（くろ）
　くして〔而〕地は黄（き）なり。

道春点と文之点ないし惺窩点との間には、以下にあげるような異同がある。書式の上では惺窩点とあまり変わらない。

（一）「而」字は博士家古点のように不読とする。「而」字の下に「して」を送る例はない。

（二）「則」字は頭仮名の「す」を送り、スナハチと読む。「大壮」卦の上六爻辞「艱則吉」は「艱（なや）めるときは則（す）吉（よし）」とする。

（三）文之点の音読みを訓読みに改めた箇所が少なくない。文之点が「夫れ玄黄は〔者〕、天地の〔之〕雜なり〔也〕、天は玄にして而して地は黄なり」を、道春点は「天地の〔之〕雜（まぢは）れるなり〔也〕、天は玄（くろ）くして〔而〕地は黄（き）なり。」と読む。

（四）接続助詞「て」の使用は文之点よりは多い。

（五）惺窩点に比べると古雅な和訓は無くもないが、惺窩点よりは控えめにした。

（六）ラ変動詞「居り」は四段活用「居る」にしない。

その後、道春点は昌平坂学問所における権威となって、官板以外にも江戸時代を通じて十五回前後の道春点五経が刊行された。*13 ただし、鈴木直治『中国語と漢文』によると、時代が下るにつれて、もとの訓点が変化しているという。*14

「《道春点・四書集注》は（中略）江戸中期、享保の頃までは、その訓点は、だいたい、

---

*13　長澤規矩也『和刻本漢籍分類目録』参照。

*14　第二章、室町江戸時代における訓読の発達。二、漢学の復興と江戸初期の訓点。2、林羅山の《四書集注》の訓点。

同一の祖点によっていたのであるが、その後には、かなり大幅に訓点を改めたものが、やはり「道春点」という名目で、幾種も版行されるようになっている。羅山の訓点が、江戸中期以後における訓読の大勢に合わないものになって来たことを示しているものということができる」

実際、筆者の手元の享保一八年（一七三三年）の道春点五経、さらには文化九年（一八一二年）の道春点五経は、道春らしさのただよう古雅な和訓を多少は残しつつも、もはや同じ訓点とは思えないほど、それぞれ大胆な改変を含んだものになっている。

第二節　江戸時代後期の訓読

江戸の文化が熟成してくるにつれて、漢学の世界には、単に古注新注によるものだけではなく、色々と独自の解釈をしたうえで訓点をほどこすものが現れ（伊藤仁斎東涯らは朱子の新注を排した）、基本的には簡潔に読む方向に進んできた。

訓読が次第に簡潔になるについては、江戸中期以降に盛んに出された訓法書の出版の影響があった。貝原益軒（一六三〇年―一七一四年）が一七〇三年に出した『点例』、太宰春台（一六八〇年―一七四七年）が一七二七年に出した『倭読要領』、江村北海（一七一三年―一七八八年）が一七八三年に出した『授業編』、三浦梅園（一七二三年―一七八九年）が一七八〇年に出した『梅園読法』、日尾荊山（一七八九年―一八五九年）が一八三五年に出した『訓点復古』などである。それぞれに主張の違いがあり、訓読史における意義があるが、大島晃『日本漢学研究試論』「江戸時代の訓法と現代の訓法」に詳しいのでそれを参照してほしい。

ここからは、嘉点・後藤点・一斎点を見てみたい。嘉点の山崎闇斎（一六一六年―一七一四年）は、江戸時代初期に活躍したのではあるが、訓点史の上では後期の加点法の先がけと言ってよい。

二の一　嘉点

山崎闇斎については、近藤啓吾『山崎闇斎の研究』に、四書の訓法の詳細な分析がある。闇斎は朱子学者として著名であり弟子も多かったが、儒教（特に『易經』）と神道を融合させた「垂加神道」の提唱・創始者としても知られる。嘉点『周易』も国立国会図書館デジタルコレクションに公開されている。[*15]

坤は至柔にして〔而〕動くや〔也〕、剛く。至靜にして〔而〕德方たなり、後に得、主て〔而〕常有、萬物を含て〔而〕化　光あり。坤道其れ順へる乎。天に承けて〔而〕時に行へり。

善を積む〔之〕家には、必餘んの慶び有り、不善を積む〔之〕家には、必餘の殃ひ有。臣其の君を弑し、子其の父を弑すこと、一朝一夕之故に非、其の由て來る所の者漸なり

＊15　http://dl.ndl.go.jp/info:ndljp/pid/2582799。

〔矣〕、辯ること之早く辯へざるに由る〔也〕。易に曰く、霜を履めば、堅き氷至らんとすと、蓋順を言へり〔也〕。

直きは、其れ正しき也、方たなるは、其れ義也。君子は敬以て内を直くし、義以て外を方たにす、敬義立て〔而〕徳　孤ならず。直く方たにして大なり、習はずして利しからざること无は、則其の行ふ所を疑はざれば也。

陰は美しきこと有と雖へども之を含て、以て王事に従ひ、敢て成さず〔也〕。地の道也、妻の道也、臣の道也。地の道は成すこと无して、〔而〕代て（?）終ること有〔也〕。

天地變化して、草木蕃り、天地閉て、賢人隱る。易に曰、囊を括る、咎も无く譽れも无しと、蓋し謹しみを言へり〔也〕。

君子黄中にして理に通じ、正位なれども體に居る。美しきこと其中に在て、而して四支に〔於〕暢び、事業に〔於〕發せり、美しき〔之〕至り也。

陰　陽に〔於〕疑はしければ、必戰ふ、其の陽无に〔於〕嫌はしきが為（め）也、故に龍と稱せり〔焉〕。猶（を）未だ其の類を離れず〔也〕、故に血と稱せり〔焉〕。夫れ玄く黄なる者（は）、天地之雜れる也、天は玄くして〔而〕地は黄なり。

嘉点の特徴は以下のようなものである。

（一）「而」字は下に「して」を送ることがなく、不読にする。

（二）「也」字は文之・惺窩・道春の各点が不読にしてその上に「なり」をつけたのとは異

なり、「也」字に「なり」の字訓を与える。「正しき也」と読んでいるが、助動詞「なり」は体言と、用言の連体形に接続する。「正し」の連体形「正しき」が使われている以上、「也」を「なり」という訓で読んだと考えざるを得ない。また、「地の道也、妻の道也、臣の道也」の「道」の下に「なり」の仮名点は無い。

しかし、すべてがそうではなく、「順を言へり〔也〕」の例では、「也」を字訓「なり」で読むには、完了の助動詞「り」の連体形「る」を使って「順を言へる也」でなくてはならない。嘉点では「也」字は、不読と字訓とが混在している。

(三) 助字の類を不読にしないで、字訓を与えて読む訓法は、助字「乎」にも及んでいる。「坤道其れ順へる乎」。助詞「か」は連体形に接続するので、「順へる」に直接「乎」がついている以上、「乎」を「か」と読まざるを得ない。

(四)「則」字は、「ときはすなはち」と読んだり、前に「ときは」をつけて不読にするという読み方ではなく、「すなはち」と読んだと考えられる。「利しからざること无は、則…」や、「大壮」卦の上六爻辞「漢則吉」を「艱まば則吉ならん」と読んでいる。ただし「則」字に頭仮名「す」や末仮名「ち」などは用いない。「艱まば則吉ならん」の例は、後世俗に「れば則」という決まり文句で、「則」字の前を条件句として読む教育法の先がけになった。

(五) 領属性の「之」字については、従来は上に「の」をつけて、「之」そのものは不読にしていたが、嘉点では二通りの読み方をする。その一つは「之」に「の」の字訓を与えることである。「一朝一夕之故」「辯ること之早く辯へざる」「天地之雑れる」などの「之」は「の」と読まなければ日本語にはならないのである。一方、用言の連体形に続く「之」は不読にして、連体形が「之」の下の語を直接に修飾するように読ませる。「善を積む〔之〕家」の「積む」、「美しき〔之〕至り」の「美しき」などは連体形で、それぞれその下の「家」「至り」を修飾する。

㈥「者」字を「もの」読んだり、或いは不読にしてその前に「は」を添える訓法ではなく、「者」字自体に係助詞「は」の字訓を与えて読む。「夫れ玄く黄なる者（は）」。

右の嘉点の特徴をみると、後世漢文を簡潔に読む先がけは、正に山崎闇斎によってなされたということが出来る。

二の二　後藤点

江戸時代中期以後、もっとも影響が大きかった訓法は後藤芝山、名は世鈞（一七二一年―一七八二年）の後藤点である。高松藩の藩命に従って江戸に遊学し、約十六年間、昌平黌にあって林家の朱子学を学んだ。その結果、林家の朱子学の正統な後継者と目されるようになったのである。

後藤点の普及にとって重要な契機としては、時の老中・松平定信の寛政異学の禁があった。江戸幕府は、天明の大飢饉や田沼意次の失政を回復するために、寛政の改革を実施したが、寛政二年（一七九〇年）、その頃はやっていた古文辞学派や折衷学派などの漢学が人心を惑わす元凶になっているので、官学としては朱子学のみに限るという改革を行った。昌平黌を拠点としていた林家の権威が衰えていた朱子学派にとっては、寛政異学の禁が再浮上のスプリングボードになったのである。

その寛政二年に、天明七年（一七八七年）に刊行された後藤点『改正音訓　五経』が再刊された。[*16] それに国子祭酒・林信敬（林家第七代当主）が序を書いている。「（前略）繋を去り簡に従い、以て誦讀に便なり、余の為す所と大いに相同じきなり（中略）元茂　一言を冠せんことを請ふ、蓋し亦我が家學に乖（たが）はざることを證せんと欲すればなり、是に於て乎、序す」。また、封面欄外には「林家正本再刻」との文字も見える。[*17]

寛政異学の禁にともなって、寛政五年（一七九三年）に、林家管轄の昌平黌が幕府直轄の昌平坂学問所にかわり、その学問所で行われるようになった幕臣臣下への試験「素読吟味」に際しては、後藤点四書五経が用いられた由である。[*18] その後藤点坤文言伝は以下のようなものである。

坤は至柔にして〔而〕動くこと〔也〕剛。至靜にして〔而〕徳方（た）なり、後れば得て主として〔而〕常有、萬物を含んで〔而〕化して光あり。坤道は其れ順なるか〔乎〕。天を承けて〔而〕時に行なふ。

善を積の〔之〕家は、必餘慶有、不善を積の〔之〕家は、必餘殃有。臣其君を弑し、子其父を弑す、一朝一夕の〔之〕故に非、其由て來る所の者漸なり〔矣〕、之を辯する

＊16　芝山の長子・師周、字は元茂が校正した。

＊17　国立国会図書館デジタルコレクション http://dl.ndl.go.jp/info:ndljp/pid/2599250。

＊18　鈴木直治『中国語と漢文』の「第二章、室町江戸時代における訓読の発達。四、江戸後期における訓読。1、後藤芝山の訓点。

こと早く辯せ不に由る〔也〕。易に曰、霜を履で、堅-冰至る、蓋し順（つつし）みを言ふなり〔也〕。

直は、其の正なり〔也〕、方は、其の義なり〔也〕。君子敬以内を直くし、義以外を方にす、敬義立て〔而〕徳孤ならず。直方大、習ずして利不こと无し、則其行ふ所を疑不〔也〕。

陰美有と雖ども、之を含む、以王事に従ひ、敢成さず〔也〕。地道なり〔也〕、妻道なり〔也〕、臣道なり〔也〕。地道は成すこと无して、〔而〕代つて終ふること有〔也〕。

天地變化して、草木蕃げし、天地閉て、賢人隱くる。易に曰、嚢を括る、咎无く譽れ无しと、蓋謹みを言ふなり〔也〕。

君子黄中にして理に通ず、位を正ふして體に居る。美其中（ち）に在て〔而〕、四支に〔於〕暢び、事業に〔於〕發す、美の〔之〕至なり〔也〕。

陰　陽に〔於〕疑がへば、必戰ふ、其陽无を〔於〕嫌ふが為めなり〔也〕。故に龍と稱す〔焉〕。猶未其類を離れず〔也〕。故に血と稱す〔焉〕。夫玄黄は〔者〕、天地の〔之〕雜るなり〔也〕、天は玄〈に〉して〔而〕地は黄なり。

後藤点の特徴をあげると、「之」字の不読、文末の「也・乎・矣」字の不読である。反対に「其」字に「の」「れ」をつけない箇所がある。その場合、「其」そのものを「その」という字訓で読ませたようである。「則」字は道春点をうけて「すなはち」と読んだはずで、「大壯」卦の上六爻辞は「艱めば則吉」のように、嘉点と同じ読み方である。

特筆べきは、「易に曰、霜を履で、堅‐氷至る、蓋し順（つつし）みを言ふなり〔也〕」の「順」字に和訓「つつしみ」を加えている読み方である。この「順」字には、鄭頤の「伝」には訓詁がなく、朱子の「本義」には「順慎也」という訓詁がある。寛政異学の禁によって朱子学を徹底する趣旨を踏まえて、朱子の訓詁を尊重したのである。

そのほか、全体に和訓が少なく、送り仮名も非常に控えめである。音読みを多用して、簡潔性がこのように尊重されるのは、嘉点の影響もあるが、よくいわれるように（『訓点語辞典』）、荻生徂徠蘐園学派の漢文直読論の影響もあった。[*19]

二の三　一斎点

後藤点を継承して、更に簡潔の度を極めた訓点が佐藤一斎、名は坦（一七七二年―一八五九年）の一斎点である。美濃の国に生れた一斎は、昌平坂学問所の塾長として、幕末に活躍した数多くの門弟を育てた。

一斎点の『校正音訓　五経』は、文化十年（一八一三年）に一斎の序文を冠して刊行された。国立国会図書館デジタルコレクションにはその三刻本（一八七〇年刊）が公開されている。[*20]その坤文言伝は以下のようなものである。

坤至柔にして〔而〕動く也剛。至靜にして〔而〕德方、後るる得、主として〔而〕常有、萬物を含て〔而〕化光。坤道其順乎。天に承けて〔而〕時に行く。

＊19　具体的には太宰春台の『倭読要領』の影響といってよい。

＊20　http://dl.ndl.go.jp/info:ndljp/pid/1911345。

善を積む之家、必餘慶有、不善を積之家、必餘殃有。臣其君を弑し、子其父を弑す、一朝一夕之故に非、其由り來る所の者漸矣、之を辯する早く辯せ不に由る也。易に曰、霜を履む、堅冰至る、蓋し順なるを言ふ也。

直其正也、方其義也。君子敬以内を直くし、義以外を方にす、敬義立て〔而〕徳　孤ならず。直方大、習ず利あら不る无しは、則其行ふ所を疑は不る也。

陰美有れ雖、之を含む、以王事に從ひ、敢て成さざる也。地道也、妻道也、臣道也。地道成す无して、〔而〕代つて終ふる有る也。

天地變化し、草木蕃げし、天地閉ぢ、賢人隱る。易に曰、嚢を括す、咎无く譽れ无し、蓋謹みを言ふ也。

君子黄中理に通ず、正位なるも體に居る。美其中に在て〔而〕、四支於暢び【暢レ於二四支一】、事業於發す【發レ於二事業一】、美之至也。

陰陽於疑はしき、必戰ふ、其陽无於嫌がふ為め也。故に龍と稱す〔焉〕。猶未其類を離れざる也。故に血と稱す〔焉〕。夫れ玄黄者、天地之雜はる也、天玄して〔而〕地黄。

一斎点には、従来の訓点にはない以下のような特徴がある。

（一）一斎点は、極端に日本語の助詞を省き、たとえば「直其正也、方其義也」では助詞が皆無である。右の一斎点書き下し文を日本語にするには、「之」を「の」、「也」を「なり」と読まざるを得ない。これらは嘉点にはじまる字訓化を踏まえたものである。

（二）「其」字については「の」も「れ」も一切送らないので、このままではどちらに読むべきか分からない。自学には適さず、講堂の教科書という性格が濃厚である。

（三）「雖」字については、それまでは「いへども」と読むの普通であったが、「ども」と極端に短く読む。「陰美有れ雖」の「雖」を「いへども」と読んでしまうと、「陰　美有れいへども」となって文をなさない。「陰　美有れども」と読む。簡潔性を追求した結果である。

（四）後藤点までは不読が普通であった「於」字も、一斎点ではこの字自体を「に」と読ませる。「四支於暢び」は「四支に暢び」と読む。返り点の打ち方が【暢レ於二四支一】となっていて【暢二於四支一】のようにはなっていない。「事業於發す」も【發レ於二事業一】である。この「於」字は、文脈によっては「を」と読む。落ち字無きように読む、というのが一斎の訓法における主張であった。そうすることによって、それを覚えた暁には、直ちに漢作文に役立つからである。

一斎点のこうした極端な簡潔さと、すべて読むという訓法のせいで、訓読がますます日本語から遊離することになった。それを批判したのが日尾荊山の『訓点復古』だったのである。なお、『論語』の江戸時代の訓読史については、鈴木直治『中国語と漢文』ののち、石川洋子『近世における『論語』の訓読に関する研究』に詳細な研究がある。

第三節　明治以後

明治以後の漢文訓読にあっては、『漢籍国字解全書』（明治四二（一九〇九）年）、『漢文大系』（明治四四（一九一一）年）などの叢書、服部宇之吉の答申（明治四五（一九一二）年）、大正時代の『有朋堂漢文叢書』（大正八（一九一九）年）、『国訳漢文大成』（大正九（一九二〇）年）などの叢書が重要であろう。

たとえば李白「月下獨酌」の「暫伴月将影、行楽須及春」の上の句は、江戸時代唯一の李白詩集刊本『分類補註李太白詩』では「暫く月を伴い影を将（ひき）いて」と訓読し、この詩を含む『古文真宝前集』でも「暫く月を伴い影を将（ひき）ゆ」と訓読し、五言を三言＋二言という異例な読み方をしていた。しかし久保天随の『国訳漢文大成』では「暫く月と影とを伴うて」と読み、現代の教科書に引き継がれていった。『国訳漢文大成』に「将」字の字解はないが、久保天随の『古文真宝』（明治四二（一九〇九）年）では、字解の項に「月将影の将は與に同じく、卽ち、「月と影と」と訓ずべし」としてきちんと「暫伴＋月将影」二言＋三言に読み直した。おそらくは、釈大典『文語解』明和九（一七七二）年がこの「将」は等位接続詞の「与」と同じ「と」の意だとした解釈を採用したものである。

また、『史記』「項羽本紀」の「称疾」は、江戸初期八尾版『史記評林』（筆者架蔵は一六七四年刊）から鶴牧版『史記評林』（一八六九年刊）までは「やまいをショウす」であったが、大正年間の『有朋堂漢文叢書』や『国訳漢文大成』では「やまいとショウす」になって、この読法が現代に伝わっている。『有朋堂漢文叢書』『国訳漢文大成』の影響は甚大であったが、そのあたりの詳細で具体的な研究は未開拓のままである。

【参考文献】（著者五十音順）

足利衍述『鎌倉室町時代之儒教』（復刻版）有明書房、一九七〇年
石川洋子『近世における『論語』の訓読に関する研究』新典社、二〇一五年
大江文城『本邦四書訓點幷に注解の史的研究』關書院、一九三五年
大島晃『日本漢学研究試論』汲古書院、二〇一七年
近藤啓吾『山崎闇斎の研究』神道史学会、一九八六年
鈴木直治『中国語と漢文』光生館、一九七五年
長澤規矩也編『和刻本經書集成』正文之部1、汲古書院、一九七一年
長澤規矩也『和刻本漢籍分類目録』汲古書院、一九七六年
村上雅孝『近世初期漢字文化の世界』明治書院、一九九八年
湯沢幸吉郎『室町時代言語の研究』（再版）風間書房、一九五五年
吉田金彦等『訓点語辞典』東京堂書店、二〇〇一年

第三章　漢文と日本語——話し言葉と書き言葉と読み言葉

佐藤　進

平安時代以後の日本語には、①話し言葉、②書き言葉、さらに③読み言葉があったと考える。読み言葉というのは、使用語彙や活用語の活用が話し言葉とも書き言葉とも体系的に異なるもので、漢文訓読語という独立した体系をなしているものを言う。以下、時代を追ってその様相を見てみたい。

第一節　平安時代

平安時代の日本語の代表として、たとえば、『源氏物語』の冒頭の一段に「（女御更衣）あまたさぶらひ給ひけるなかに」と出てくるが、漢文訓読では「あまた」も「さぶらふ」も使わない。「あまたさぶらふ」をしいて訓読語で言えば「有ること、はなはだ多し」のようになろう。逆に、『源氏物語』全巻に「はなはだ」の語は儒者のセリフとして三回出てくるが、ほかにはまったく使われず、古文と漢文訓読語とはそのような棲み分けをしていた。

『源氏物語』のような古文と漢文訓読との棲み分けについては、築島裕『平安時代の漢文訓読語につきての研究』に詳しいが、すでに江戸時代、本居宣長が『玉勝間』[*1]第一編「からぶみよみのことば」のなかで以下のように言っている。「漢籍（カラブミ）をよむに、よのつねにことなる語の多きは、いとふるくよりよみ來つるまゝの古語なるが、後に音便にくづれたる也」。宣長のいう「いとふるくよりよみ来つるままの古語」というのは万葉時代の言葉、今でいう上代語のことである。これが音便によって崩れながら、江戸時代まで伝承されていることに注意を促したのであった。たとえば「是以をこれをもてとよまずして、ここをもてとよむは、古言のまま也、古言には、これといふべきを、ここといへることつねに多し」と、中古以降、近称の指示詞は「これ」というのが普通であったが、漢文訓読では依然として上古で一般的な「ここ」を使い続けたと指摘したのである。第二次大戦後に急速に進んだ漢文訓読語の研究では、平安時代の訓読に「これをもつて」と読む例がいくつも確認されているが[*2]、平安時代以降も上古語の「ここをもつて」が伝承されたという宣長の指摘に矛盾するものではない。実際、『史記』項羽本紀の「両人嘗て項梁に徳有り、是を以て、項王、之を信任せり」などの「是以」は、大正時代の国訳漢文大成でも「ここをもって」と読まれている。

宣長の指摘した古文と漢文訓読の棲み分けについて、築島裕前掲書以前にいち早く研究のメスを入れたのは山田孝雄『漢文の訓読によりて伝へられたる語法』である。ここで「訓読によりて伝へられたる語法」というのは、奈良時代の語法が、平安時代の話し言葉では死語になっても、訓読によって読み言葉として伝わった語法、という意味である。

＊1　『玉勝間』は一七九五年刊、今は岩波文庫による。

＊2　築島裕前掲書など。

ところで、平安時代の話し言葉というのは当時の物語や和文日記に反映された言葉だといわれ、たとえば前田富祺は「『源氏物語』など女性の手になる物語や日記は、当時の人々の話し言葉をそのまま反映する傾向が強かったものと思われる」という。[*3] すなわち、『源氏物語』の言葉と漢文訓読の言葉との違いは、話し言葉と読み言葉の違いと考えて差し支えない。

一方、平安時代の書き言葉はどういうものかというと、いわゆる純漢文と変体漢文がそれであった。純漢文とは日本語の用法が混入する変体漢文に対していう用語である。純漢文の平安時代末期までの状況を、峰岸明『変体漢文』では以下のようにまとめている。

「（引用者注、それまでは朝鮮渡来人の作成した漢文が主であったと述べて）しかし、七世紀初頭には「十七条憲法」『三経義疏』（共に伝聖徳太子作）など、正格の漢文と認め得る著作の出現を見るに至る。しかして、八世紀以降、『養老律令』など、法制書の撰定、『日本書紀』など、正史の編修、又『懐風藻』『唐大和上東征伝』など、漢詩・漢文の諸作品、更に善珠『成唯識論述記序釈』など、僧侶に依る学術的著述等々、正格の漢文に基く文章活動が続く。『古事記』上表文を始めとする序文、又詔勅の文章などにも注目すべきものがある。

このような上代における状況は、九世紀、平安時代に入っても引き継がれて、『延喜式』などの法制書、最澄『顕戒論』・空海『秘密曼荼羅十住心論』などの佛教教義書、又宗叡『悉曇私記』・安念『悉曇蔵』などの悉曇研究書を始めとする学術書などが純漢文で作成さ

＊3　佐藤喜代治『文体史・言語生活史』第二章「古代の文体」四「平仮名文」。

れた。と共に又、『凌雲集』以下の漢詩集、『本朝文粋』などの漢文選集に見られる如く、

　当代の朝紳によって、漢文学の隆盛が齎されるのである」

　平安時代の書き言葉は右のような純漢文が主流であったが、藤原道長の日記『御堂関白記』や軍記の『将門記』のように、日本語の語彙語法を交えた「変体漢文」も盛んに書かれた。特に、平安時代の公家の漢文日記は、本居宣長『玉勝間』において「記録ぶみ」と呼ばれたもので、現代の文体史のうえからは「記録体」と呼ばれる。*4 記録体の文章はもっぱら変体漢文で書かれたのである。

　和歌集『古今和歌集』であっても、その序文は最初に純漢文で書かれた。紀淑望（きのもちよし）の撰文で「真名（まな）序」という（延喜五年＝九〇五年の年紀）。後に、紀貫之がひらがな和文の「仮名序」を添えたといわれる。*5 和歌集の「真名序」の存在は、書き言葉としての漢文の優先性を物語る事例である。

　平安時代中期以降になると書き言葉に和文の『土佐日記』（九三五年頃）などが加わるが、『土佐日記』には漢文訓読語の「そもそも」「ひそかに」「ごとし」などが混入する。しかし後の『紫式部日記』『更級日記』などの仮名日記文学は漢文訓読語を極力排除して書かれた。*6 日記には、先に述べた変体漢文の記録体と和文仮名の日記文学とが共存したのであった。

　平安末期の状況についての例を挙げると、源信が書き言葉（ほぼ純漢文）で書いた『往生要集』（九八五年）は、すぐに読み言葉で訓読されたらしく、一〇二〇年頃に書かれた『栄

*4　峰岸明「記録体」（『岩波講座・日本語10』所収）。

*5　順序が逆だという異説もある。また、「仮名序」の文体には、後の仮名文には見られない「たとえば…ごとし」のような訓読語がいくつか使われるという、初期仮名文の特徴がある。

*6　築島裕「日本語の文体」（『岩波講座・日本語10』所収）。

花物語』の藤原道長臨終の場面（巻三十）には『往生要集』が数か所にわたり訓読書き下し文で引用されている。たとえば、「臨終の折りは、風火まづ去る。かるが故に、どうねち（＝動熱）して苦多かり。善根の人は地水まづ去るが故に、緩慢して苦しみなし」[*7]。書き言葉で書かれた『往生要集』の原文は「凡悪業人命盡時。風火先去。故動熱多苦。善行人命盡時。地水先去。故緩縵無苦」である。「かるが故に」は「かかるが故に」の省略形であり、ともかく、純漢文の書き言葉で書かれた文章を、読み言葉の訓読で引用した恰好の例となろう[*8]。

さて、山田孝雄の研究が指摘するように、平安時代の話し言葉と読み言葉の語彙体系が異なることの原因の一つに、平安時代の漢文訓読語には奈良時代の言葉使いがそのまま残ったが、物語や仮名日記には新しい時代の言葉が使われたということがある。ただ、山田説は必ずしも話し言葉・読み言葉という切り口で分析したものではない。ここでは、その切り口を鮮明にするために、本書独自の調査例を紹介して、その具体的な事例を見てみる。

「あにはからんや」の「あに」は反語文の訓読に使われるもので、「なに＝何」の奈良時代の異形あるいは古形だといわれる。「あに」の語頭にnがついて「なに」になった。奈良時代の反語、たとえば『万葉集』三四五番「価なき宝といふとも一坏（ひとつき）の濁れる酒に豈勝らめや[*9]」の「豈（あに）」は平安時代の話し言葉には受け継がれず、かわりに「などか」が使われた。『枕草子』第八七段に「などか他物も食べざらむ[*10]」とある「などか」である。しかし、平安時代の読み言葉の漢文訓読では依然として「あに」が使われた。『史記』項羽

＊7　現代語訳すれば「(悪人が）臨終のときには身体を作っていた四要素のうち先ず風と火が無くなるので、むやみに動いたり熱が出て苦しみが多い。善人は四要素のうち先ず地と水が無くなるので、ゆったりとして苦しみがない」。

＊8　挙例はないが、『往生要集』が院政期にすぐに訓読された事実は、築島裕「日本語の文体」（『岩波講座・日本語10』所収）に指摘がある。

＊9　現代語訳は「無上の宝といわれるものも、一杯の濁酒に勝るだろうか」。

＊10　現代語訳は「どうして他のものも食べないことがございましょう」。

本紀「豈（あに）敢へて反（そむ）かんや」。話し言葉「なに」に対する読み言葉が「あに」であったのである。

場所を問う「いづく」「いづくんぞ」についても同様である。『万葉集』八〇二番・山上憶良「【瓜食（うりは）めば　子供思ほゆ　栗食（くりは）めば　まして思（しの）はゆ、（子供は）何処（いづく）より　来（きた）りしものぞ…[*11]」に「いづく」が使われる。平安時代になると、「いづく」のほかに「いづこ」も併用されるようになった。『源氏物語』夕顔「いづこより、おはしますにか[*12]」。さらに平安中期以降には「いどこ」になり（『土佐日記』一月二十九日「こやいどこ、と問ひければ[*13]」）、その「いどこ」の「い」が脱落して平安末期には「どこ」になった（『梁塵秘抄』二七番「仏は何処（どこ）よりか出（い）でたまふ[*14]」）。話し言葉では「いづく」→「いづこ」→「いどこ」→「どこ」のように変化したが、訓読の読み言葉では依然として「いづく」が使われたのである。『史記』項羽本紀「沛公（ハイコウ）安（いづく）にか在る」。話し言葉「どこ」に対して、読み言葉「いづく」が共存したのである。

以上は話し言葉と読み言葉の語彙体系の違いの例であったが、用言の活用についても違いがみられる。たとえば形容詞の「無し」に推量の助動詞「む」が続く場合は未然形接続になるが、奈良時代には「無から（む）」と「無け（む）」の二つの未然形があった。「け」に活用する例としてはたとえば『万葉集』三九〇九番に「…ほととぎす住むと来鳴かば聞かぬ日無けむ[*15]」とある。しかし、平安時代の話し言葉になると未然形の「無けん」は影をひそめ、「無

＊11　現代語訳は「どこからやってきたものだろうか」。

＊12　現代語訳は「どこからいらっしゃいましたか」。

＊13　現代語訳は「ここはどこかと問えば」。

＊14　現代語訳は「おシャカ様はどこから世にお出になったのか」。

＊15　現代語訳は「ほととぎすが住むと言って来て鳴くなら、聞かない日は無いだろう」。

からん」だけが使われる。『源氏物語』帚木「深き至り無からむは…」[16]。それでも読み言葉としての漢文訓読は「無けん」を使い続けた。『史記』項羽本紀「今　獨（ひと）り臣　船有り、漢の軍　至るとも、以て渡ること無けん」[17]。ただ、平安後期になると「無からん」も訓読語として用いられた。王維「送元二使安西」「西のかた陽関をいづれば故人無からん」[18]。これは訓読に話し言葉が反映された結果である。それでも、話し言葉「無からん」に対する読み言葉「無けん」は滅びなかったのである。

奈良時代の文法が平安時代に残存した現象としては、用言を体言化する「ク語法」がある。「いはく・いへらく・のたまはく・まうさく・かたらく・おもはく・おもへらく・きくならく・とふらく・報すらく」のような形で、下に引用文を導くものや、「ねがはくは・おそらくは・おそるらくは・すべからくは」のような形で副詞的に用いられるものがある。意味としては「…すること」の意で、形式的には動詞・形容詞（惜しけ＋くも無し）・助動詞（有り＋け＋らく（有ったこと））にク・ラクが語尾のように着いたものである。語源的には連体形＋アクから、母音の脱落、転成によって成立したとする説が説得的である[19]。

奈良時代の例は枚挙にいとまがないが一例のみ挙げれば、『万葉集』三二四六番に「天（あま）なるや月日の如くわが思へる君が日にけに老ゆらく惜しも」[20]とある「老ゆらく」である。現代でも「老いらくの恋」という慣用句の中に残っている。

ク語法は平安時代の和歌の中にもあるが、「珍しき声ならなくに郭公（ほととぎす）ここら

＊16　現代語訳は「深い考えが無いようなのは…」。

＊17　現代語訳は「今は私だけが船を持っています、劉邦の漢軍が追いついても船で渡ることは出来ません」。

＊18　現代語訳は「西方の関所・陽関を出てしまえば知人はいないでしょう」。

＊19　白藤禮幸『奈良時代の国語』「五　文法」。

＊20　現代語訳は「空にある月日のように私の思っている君の日ましに年老いて行くことが口惜しい」。

の年を飽かずもあるかな」[*21]（『古今集』三五九番）のように「ならなくに〔ではないのに〕」という固定連語や、「老いぬればさらぬ別れのありといへば、いよいよ見まくほしき君かな」[*22]（『古今集』九〇〇番）のように「まくほし〔…したい〕」という固定連語のように、ごく限られた慣用語形の中にしか使われなくなった。[*23] ちなみに、「ならなくに」の語構成は「なら（断定の助動詞「なり」未然形）＋な（打消しの助動詞「ず」連体形）＋く（ク語法「あく」の縮約）＋に（接続助詞）」、「まくほし」の語構成は「ま（意志の助動詞「む」）＋く（ク語法「あく」の縮約）＋欲し（形容詞）」であり、「む」には未然形「ま」は確認されていない。また、「まくほし」は「見まくほし」以外にはほとんど使われず、ふつうは希望の助動詞「まほし」が使われた。

右のように、ク語法は平安時代の話し言葉にはまれになったが、漢文訓読の読み言葉の中には、前に挙げた「いはく・いへらく・のたまはく・まうさく・かたらく・おもはく・おもへらく・きくならく・とふらく・報すらく」などがおびただしく用いられたのである。

漢文訓読に頻出する「曰＝いはく」について、うっかりすると誤解があるので注意をしておきたい。

「論語」によく出てくる「子曰…」、もとの中国語は「子〔先生〕が（主語）‐おっしゃった（述語動詞）」であるが、訓読では「子〔先生〕の（修飾語）‐おっしゃることには〔お言葉は〕…である」という風に読みかえる。

＊21　現代語訳は「珍しい声でもないのに郭公は多くの年にわたって飽きずに鳴くものだ」。

＊22　現代語訳は「年をとったら避けられぬ別れがあるというから、ますます会いたくなる君なのです」。

＊23　築島裕『平安時代の国語』「第四章　文法」。

「曰はく」「曰(のたま)はく」は名詞であって、動詞ではない。したがって、「子は曰は(わ)く」とは決して読まない。一方、古くは弟子の発言などは「有子(ユウシ)が曰はく」「子夏(シカ)が曰はく」「曽子(ソウシ)が曰はく」のように「…がいはく」の形で読んだ。この「が」は、主語を示す「が」ではなく連体修飾を示す「が」である(我が妹の「が」)。漢文を訓読で読むようになった奈良時代の終わりから平安初期には、「子夏が曰はく…といふ〔子夏先生の言葉で…と言う〕」と動詞「いふ」を入れて訓読したが、平安時代からは「いふ」を省略して「…が曰はく…と」になった。この読法を見ると日本語の「いはく」を動詞と勘違いしそうであるが、決して動詞ではないことに注意したい。なお、古くは「(孔子)ののたまはく」と、「(弟子の名)がいはく」は区別されたが、後世、孔子・弟子の区別が無くなり、「の」「が」も省略された。

以上に述べきたった例によって、平安時代の話し言葉が変化しても、奈良時代の語彙や語法が漢文訓読の読み言葉として残っていたことがはっきりしたと思う。

第二節　鎌倉室町時代

鎌倉時代には、読み言葉の漢文訓読は奈良平安時代以来の語彙語法を用いたが、博士家では平安末期から鎌倉時代にかけて、たとえば藤原家などは歌学の影響を受けて、次第に硬い訓読調から軟らかい和文語調に変化した。[*24] 読み言葉にも当時の話し言葉が反映されているのである。たとえば、「少」が「わかきとき」から イ音便を使った「わかいとき」になり、「貴」が「たかくして」からウ音便を使った「たかうして」などの増加傾向がみられる（小林芳規前掲書）。しかしそれは小さな部分にとどまり、根本的には奈良平安の古い読み言葉が伝承された。

公式文書としての書き言葉としては「変体漢文」が正式な地位を占め、一般的であった。漢字のみで表記されるが相当に日本語の用法・語順を交えたものである。『吾妻鑑（東鑑）』（一三〇〇年頃）などがそれであり、当時の私記録である日記や書状（平安時代の節で紹介した記録体）を基礎資料にしたものである。たとえば源義経の書状を転載したものは次のような書き出しになっている。「左衛門少尉源義經乍恐申上候」（巻四）、書き下せば「左衛門の少尉源の義經　恐れ乍（なが）ら申し上げ候」となる。左衛門少尉という官名もさることながら、「乍」の用法、「申上」の語形、「候」の用法、すべて日本語における漢字の使い方であり、変体漢文の要素である。これらは純漢文を訓読する読み言葉では使われない。書き言葉と読み言葉の歴然たる相違である。

一方、和文をベースに部分的に漢文訓読の話法を取り入れて書かれたものが、『平家物語』等の軍記物語などで知られる和漢混交文である。

室町時代には、漢籍を講義する場では当時の話し言葉が使われた。その講義記録を「抄物

＊24　小林芳規『平安鎌倉時代に於ける漢籍訓讀の國語史的研究』「第五章　博士家各家の訓讀法の特徴」。

ショウモノ」といい、抄物すべてが話し言葉ではないが、中世の口語資料として研究に用いられた。[*25]

たとえば、八世紀半ば、唐代に成立した『蒙求（モウギュウ）』という古典教科書がある。これは人名を織り込んだ四字句を約六百句ならべた体裁であり、「蛍の光、窓の雪」や夏目漱石の「漱石」などの出典がこの書だとされる。日本では平安時代以後、盛んに読まれたが、一三世紀半ばの中国で、この四字句に出典をあげて解説した注釈本『箋注蒙求（センチュウモウギュウ）』ができると、日本でもこの注釈本が広く読まれた。この本を講義資料にした室町時代の儒者に清原宣賢（きよはらのぶかた、一四七五年―一五五〇年）がおり、本人の文語体講義ノート『蒙求聴塵（モウギュウチョウジン）』と受講者の筆記した口語体の『蒙求抄』が今に伝わる。「窓の雪」の四字句「孫康映雪」には注釈本『箋注蒙求』に『孫氏世録』という本を引いて「康　家貧しくして油無し、常に雪に映じて書を読む、少小より清介、交遊雑ならず、後に御史大夫に至る」とある。文中の「清介」とは「清廉で、妥協しないさま」である。この部分を『蒙求抄』では話し言葉を使って「梁の人で候ぞ、人の覚えた故事ぞ、雪に向こうて書を見たぞ、少時から清い物ぞ、交遊不雑とは、わけもない友とは、友なはなんだぞ、南江十雪詩あり、寒素でなうては学問はなるまいぞ」と講義した。この『箋注蒙求』の訓読と『蒙求抄』の講義をみると、同じことを話題にしても、読み言葉と話し言葉が、このように使い分けられていたことがよく分かる。

＊25　湯浅幸吉郎『室町時代言語の研究』がその嚆矢である。

もう一点、抄物で著名な蘇東坡（名は軾）詩集の禅僧による注釈『四河入海』の例を見てみる。右の『蒙求』『蒙求抄』とは異なり、『四河入海』一書の中に、同じ詩を対象にして、漢文訓読（読み言葉）と漢文による注釈（書き言葉）と口語による講義（話し言葉）が見られるのは貴重である。『四河入海』は一五三四年に成書、全二十五巻[26]、編者は笑雲清三（ショウウン・セイサン）。大岳周崇（タイガク・シュウスウ）、万里集九（マンリ・シュウク）、瑞渓周鳳（ズイケイ・シュウホウ）三人の漢文注と、一韓智翃（イッカン・チコウ）の口語注とを収める。一韓には口語講義録『蕉雨余滴』という書がすでにあり、一韓の弟子であった笑雲はその抄録に関わったであろう。『四河入海』には「一云」として転載してある。ここでは、読み言葉の訓読書き下しと、話し言葉の一韓口語抄とを見比べてみる。

『四河入海』巻二の二、分類「古跡」目の最初に連作の「鳳翔八観」八首があり、その第一首が「石鼓」詩であるが、これは後に『古文真宝前集』に「石鼓歌」というタイトルでも収録された蘇東坡の代表作である。いま、「石鼓」詩と総題「鳳翔八観」の「序」の中から、読み言葉にしか使われない「能（あた）はず」「況や」「豈に」「無乃[27]（むしろ）」「安（いづ）くんぞ」の五例を対比観察する。

「能（あた）はず」の例（この例のみは「鳳翔八観」の「序」、他は「石鼓」詩の語句）。訓読は「而るに、好事の者、偏く観ること能はざること有り」であり[28]、その一韓口語抄は「しかも好事の者（の）[29]、此の八の者（の）をそろへて、皆見ざるものあるべき程に」「往きて見

*26　本来は全百巻の予定であった。現存二十五巻は百分冊で「抄物大系」に影印本があるほか、国立国会図書館のデジタルアーカイブで閲覧やダウンロードが可能。http://dl.ndl.go.jp/info:ndljp/pid/2609732。

*27　山田孝雄『漢文の訓読によりて伝へられたる語法』は、「むしろ」は純正な和文脈には見えない語形であり、漢文訓読のために作り出された語であることを、一章を立てて論じた。

*28　口語訳は「しかし、それらの古跡が好きな人でも、八か所すべてを観ることは出来ないものである」。

*29　「の」は「もの」の末仮名。

たくあれども、往てよ〔く〕[*30]見えざるものあるべき程に、作詩を其につくるぞ」である。

「況や」の例。

訓読は「韓公　古を好で　生　已に遅し、我れ　今　況や百年の後なるをや」であり、[*31]その一韓口語抄は「退之石鼓の歌に嗟予好古生苦晩と云て悲しむぞ、退之だにもかう云たに、我れは退之より百年後なる程に、中中をそいとも云いがたひぞ」である。私は韓愈よりも百年も後に生れたのだから、韓愈が生まれ遅れたというのは成立し難い、という解説になっている。

「豈」の例。

訓読は「遂に鼓鼙（ヘイ）に因て将帥（スイ）を思ふ、豈に考撃（ゲキ）の為に矇瞍を煩んや」であり、[*32]その一韓口語抄は「此の石鼓によつて周室の時、乱を治て、将軍たちの功を致された事を思ぞ、其やうなる事どもをも、此石鼓にしるして、ほりつけて、置たぞ、さて是は鼓ではあれども、矇瞍のめくらなんどに、撃たせうする為ではないぞ、特に此鼓は石鼓なるほどにぞ」である。

「無乃（むしろ）」の例。

訓読は「是時（このとき）石鼓　何の処にか避けし、無乃（むしろ）天工　鬼を令て守らしむるか」であるが、[*33]その一韓口語抄は「此石鼓も九鼎の如に、泗水にかなんぞに沈で避かくしたものぞ、さもなくば、天工が鬼をして守らせて、秦にとられさつしかぞ」である。

＊30　「く」は誤脱と判断した。

＊31　口語訳は「韓公退之は古物が好きで生まれてくるのが遅かったと歌ったが、まして私はそれより百年も後代の者なのだ」。

＊32　口語訳は「こうして太鼓によって将軍に思いを馳せるのであって、どうして演奏してもらうために音楽家の手を借りようか」。

＊33　口語訳は「そのころ石鼓はどこに身を隠していたのだろうか、天のわざで鬼神に命じて守らせたのではあるまいか」。

「安（いづ）くんぞ」の例。

訓読は「人生　安(い)[*34]ぞ汝の如の寿(いのちなが)きを得ん」であるが[*35]、その一韓口語抄は「さる程に、此石鼓の如に寿物はあるまいぞ」である。

以上に見えるように、口語抄には「能（あた）はず」「況や」「豈に」「無乃（むしろ）」「安（いづ）くんぞ」のような漢文訓読語は一つも現れない。一六世紀には、読み言葉と話し言葉とがこうして截然と区別されていたのである。

室町時代のキリシタン文書は、文字に縁のない民衆に布教する目的があったので全文話し言葉で書かれた（『天草版平家物語』など）。漢文訓読は、蘇東坡詩の読解のように、足利幕府の庇護をうけた京都五山の学僧の漢文研究や実作が盛んで、『類聚名義抄』など僧侶の手になる漢字字書の編集と、五山版と言われる出版事業が、訓読の定式化の普及に大きな影響をおよぼした。漢籍（外典）の訓読は、博士家が平安鎌倉以来の訓法を伝えていて、小異はあっても大きな変動は見られないが、五山僧侶の仏書（内典）を読む際の不読文字の少ない訓法を取り入れ、平安時代の読み方が少しずつ変化してきた。たとえば『論語』冒頭「学而時習之」は「まなんでときにならふ」と読んできたが、江戸初期の訓読では「まなんでしかうしてときにこれをまなぶ」と「而」も「之」も読むようになり（第三部第二章参照）、その現象はすでに室町時代に広まっていったと考えられる。

室町時代の書き言葉は、鎌倉時代の和漢混交文と和文とが融合した漢字仮名交じりの和文

＊34　「い」は「いづくんぞ」の頭仮名。

＊35　口語訳は「人生ではどういう風にすれば、石鼓のような長寿を手に入れられるのか」。

が普通になり、書かれる内容も多彩になった。このころになると、平安時代の仮名和文の文体が「古文」になって、様々な書き言葉の地の文になり、そこに引用される会話文の話し言葉とはくっきりとした対照をなすようになる。たとえばロドリゲス『日本大文典』の「例言」には「日本人もまた話す時の通俗な文体を用ゐて物を書くといふ事は決してしない。話しことばや日常の会話に於ける文体と文書や書物や書状の文体とは全く別であって、言ひ廻しなり、動詞の語尾なり、その中に用ゐられる助辞なりがたがひに甚だしく相違している。さういふわけだから、本文典の論述に於いても、話しことばではかくかく用ゐ、書きことばではかくかく用ゐると説いた」と書かれていて、書き言葉と話し言葉の区別を明瞭に意識した文法記述が行われた。

ただ、漢文訓読は『日本大文典』の文法では対応が不十分で、反語の「あに」にも「いづくんぞ」にも言及がない。書き言葉と話し言葉の区別に敏感な『日本大文典』にして、読み言葉は記述の対象外だったのである。

いずれにしてもここで見てきたように、室町時代にも、話し言葉・書き言葉・読み言葉の三層がはっきりと確認できる。

第三節　江戸時代

江戸時代に入ると、朱子学の新注をどのように受容するかという新たな問題が課せられ、漢文訓読を客観的に論ずる著作が生まれてきた。貝原益軒『点例』三浦梅園『梅園読法』など。そこでは、平安時代の話し言葉がすでに書き言葉と化した「雅語」で訓読するか、変化がかなり進んだ「俗語」で訓読するかが問題にされた。

江戸時代中期以後になると、たとえば文学作品『東海道中膝栗毛』に話し言葉が豊富に使われる。一方、書き言葉は平安時代末期に口語文として使われた「候文」が、公用文の書き言葉として定着した。それらとは別に、漢文訓読は動詞の活用などに口語の活用をわずかに取り入れつつ読み言葉として存在し、話し言葉・書き言葉（候文など）・読み言葉が、室町時代よりさらに明確な三層をなした。

たとえば動詞の活用を観察してみると、江戸時代の書き言葉・文語では「有り・在り」「居り」はラ変動詞のままで、その終止形は「あり」「おり」であった。たとえば、良く知られた慣用句「敵は本能寺にあり」のようなものがあり、この句は元禄時代一八世紀初頭に書かれた『明智軍記』という軍記物語に出ているのである。

ところが、口語、話し言葉では室町時代にすでに四段活用の「ある」「おる」に変化し、「ある」は前に紹介した清原宣賢の抄物「蒙求抄」（一五二九年講述）にその例がある。「狐白裘ハ、キツネノワキニ白毛ガアル、其レヲアツメテシタ、裘ハ大義ナ物ヂヤゾ[36]」。

読み言葉では「あり」は依然としてラ変活用のままで、終止形は「あり」である。一六七四年刊八尾再版『史記評林』項羽本紀に「項羽が兵は四十萬、新豊の鴻門に在り」とある。

一方「おり」は、読み言葉の訓読資料では一七世紀前半には四段活用の「おる」で読まれた。たとえば、江戸時代の訓読の先駆けをなした文之玄昌（一五五五年―一六二〇年）の『周易程伝本義』（一六二七年刊）では「正位なれども體（テイ）に居（をる）」のように四段活用の終止形を使って読んでいる。また、八尾再版『史記評林』項羽本紀に「項王・項伯は東に嚮（むかっ）て坐（を）り、亞父は南に嚮て坐（を）る」とあり、終止形ははっきりと「を（お）る」、四段活用で読んでいる。

江戸時代の漢文訓読で終止形がラ変「居り」になっているのを探してみると、林羅山（一五八三年―一六五七年）の『官板　五經大全』（一六五三年刊）『周易程伝本義』が「正位にして體に居り」と読む例があるが、同じ個所のほかの点者の加点はすべて四段活用である（第Ⅲ部第二章参照）。道春点が雅語を尊重する訓法の現われであろう。

ラ変活用が四段活用化した「あり」「おり」を整理すると、江戸時代においては、書き言葉ではともにラ変「あり」「おり」、話し言葉ではともに四段「ある」「おる」、読み言葉では

＊36　『蒙求抄』巻七「孔伋縕袍」の条。

ラ変「あり」と四段「おる」、以上のような棲み分けが行われていた。

江戸時代の様相は右のように書き言葉・話し言葉・読み言葉の関係が少しく複雑な絡み合いを呈してきているが、いずれにしても、この三層が存在したことは明確であろう。

第四節　現代の書き言葉と漢文訓読体

これまで見てきたように、平安時代から江戸時代まで、話し言葉と書き言葉と読み言葉の三層が存在することが明らかになった。明治以降は、現代語の基本は言文一致が原則で、確かに書き言葉と話し言葉の距離は著しく接近した。それでも、漢文訓読の読み言葉は、やはり言文一致の日本語とは異質な語彙語法で行われる。その結果、今度はその訓読体が新たな「文語」として意識されるようになって来たのである。

明治以降の文語は、江戸時代の書き言葉であった「候文」でもなく、今の学校で学ぶ「古文」でもない。明治期の書き言葉は「普通文」と呼ばれるもので、たとえば久米邦武の『米欧回覧実記』（一八七八年）の文体がそれである。以下はその冒頭の一段落。


「欧洲ニ於テ、全権大使ヲ「アンバスサドル」ト称シ、之ヲ差遣スルハ、異常ノ特典トナシ、最モ尊重敬待スル使節タリ、我日本ニ於テ、此典ヲ挙行セラレシコトハ、実ニ曠世ノ一事ニテ、乃方今ノ時宜ハ、異常ノ運ニ際会セルコトヲ顧ルベシ、明治中興ノ政ハ、古今未曾有ノ変革ニシテ、其大要ハ三ニ帰ス、将門（しょうもん）ノ権ヲ収メテ、天皇ノ親裁ニ復ス、一ナリ、各藩ノ分治ヲ并（あわ）セテ、一統ノ政治トナス、二ナリ、鎖国ノ政ヲ改メテ開国ノ規模ヲ定ム、三ナリ、此一アルモ亦改革容易ナラサルニ、其三ヲ并セテ、方今豹変運ニアタル、是殆ト天為ナリ、人為ニアラス、其由（よっ）テ然ル所ヲ熟察スレハ世界気運ノ変ニ催サルルニアラサルハナシ」

いまたわむれに、右の文章の漢字語をほとんど全てそのまま使い、若干の助字を補い、語序を変えると、和習に満ちた文体であるが、以下のような漢文が出来上がる。

「於欧洲、称全権大使為「アンバスサドル」、差遣之為異常特典、是最所尊重敬待之使節也、於我日本、挙行此典実曠世之一事、乃可顧方今時宜際会異常之運也、明治中興之政、為古今未曾有之変革、而其大要帰三、収将門之権而復諸天皇之親裁、一也、并各藩之分治而為一統之政治、二也、改鎖国之政而定開国之規模、三也、有此一亦改革不容易、并其三而当方今豹変之運、殆是天為、不是人為、熟察其所由然、莫不為世界気運之変所催也」

久米邦武は十六歳で佐賀藩校「弘道館」に入学した。藩校での成績は首席で、訪れた藩主の鍋島直大の前で論語の講義をしたほどである。のちに江戸に出て昌平坂学問所に学んだが、一年で帰藩してからは弘道館で教鞭をとった。それほど漢学の実力が高い学徒であった。明治二十一年（一八八八年）、帝国大学教授兼臨時編年史編纂委員に就任し、重野安繹らとともに修史事業に関与する。明治二十五年（一八九二年）、雑誌『史海』に転載した論文「神道ハ祭天ノ古俗」が問題となり、帝国大学の職を辞す（世に言う久米邦武筆禍事件）。しかしのちに、親友の大隈重信の招きで早稲田大学に奉職した。久米のこうしたバックボーンを考えるとき、書き言葉である普通文を書く能力の源泉が想像されよう。漢文訓読が明治の普通文のもとになったという指摘は、早く山田孝雄『漢文の訓読によりて伝へられたる語法』の「結論」に書かれており、よく知られたことがらではあった。

この「普通文」が次第に「候文」に取って代わり、「候文」が使われるのは書簡などの狭い範囲に限られるようになる。

さて、昭和の戦後の人間にとって、文語文とはどのようなものを言うか、その実例を我々は吉田満『戦艦大和ノ最期』に見ることが出来る。吉田は「あとがき」で以下のように言う。

「全編が文語体を以て書かれていることについて、私に特に嗜好があるわけではない。初めから意図したのでもない。第一行を書き下した時、おのずからすでにそれは文語体であった」

そうして書かれた本文は次のような文体であった。

「凍死ハ眠ルゴトク深ク、安ラカナルベシト思ウ、サレバ今ノ空シキ苦闘ハヤガテソノ極楽境ニツナガラン」

昭和前半の人士にとって、書き言葉の文語体はすなわち読み言葉の漢文訓読体であって、「候文」やいわゆる「古文」に取って代わったものになったのである（室町時代の書き言葉が、前代の話し言葉であったことを想起されたい）。明治の普通文がその橋渡しをしたことは言うまでもない。

以上、平安時代以後の日本語には、話し言葉・書き言葉・読み言葉の三層が存在し続けたという観点から、改めて日本語史を素描してみた。ひとつの試論に過ぎないが、こういう観点から、漢文訓読の持つ力を見直しても良いかと思うのである。

【参考文献】（著者の五十音順）

久米邦武『米欧回覧実記』岩波文庫、一九七七年（原本は一八七八年初版）

源信『往生要集』（花山信勝・校訂訳注）小山書店、一九三七年

小林芳規『平安鎌倉時代に於ける漢籍訓讀の國語史的研究』東京大学出版会、一九六七年

佐藤喜代治『文体史・言語生活史』大修館書店、一九七二年

白藤禮幸『奈良時代の国語』東京堂出版、一九八七年

築島裕『平安時代の漢文訓読語につきての研究』東京大学出版会、一九六三年

築島裕「日本語の文体」『岩波講座・日本語10』岩波書店、一九七七年

築島裕『平安時代の国語』東京堂出版、一九八七年

峰岸明「記録体」『岩波講座・日本語10』岩波書店、一九七七年

峰岸明『変体漢文』東京堂出版、一九八六年

本居宣長『玉勝間（上）』岩波文庫、一九三四年（一九七四年、第一一刷）

山田孝雄『漢文の訓読によりて伝へられたる語法』宝文館、一九三五年

湯浅幸吉郎『室町時代言語の研究』風間書房、一九五五年再刊

吉田満『戦艦大和ノ最期』講談社文芸文庫、一九九四年
ロドリゲス『日本大文典』（土井忠生訳）三省堂、一九五五年

【執筆者一覧】（掲載順）

佐藤進　別掲

戸内俊介（とのうち・しゅんすけ）
東京大学大学院人文社会系研究科博士課程修了。博士（文学）。現在、二松学舎大学文学部准教授。
主な著作に、『先秦の機能語の史的発展―上古中国語文法化研究序説―』（研文出版、二〇一八年、第47回金田一京助博士記念賞受賞）、「再議甲骨文中的否定詞〝不〟與〝弗〟的語義功能區別――兼論甲骨文的非賓格動詞」（田煒主編『文字・文獻・文明』、上海古籍出版社、二〇一九年）、「再び甲骨文の「不」と「弗」について―使役との関りから―」（池田巧編『シナ＝チベット系諸言語の文法現象2 使役の諸相』、京都大学人文科学研究所、二〇一九年）などがある。

小方伴子　別掲

武田京（たけだ・きょう）
慶応義塾大学文学部卒業。現在、株式会社三省堂出版局辞書出版部次長（編集長）。
漢和辞典『全訳 漢辞海』などの編集業務を担当。

藤田拓海（ふじた・たくみ）
二松学舎大学大学院文学研究科博士後期課程修了。博士（文学）。
主な著作に、「『新撰字鏡』中の『切韻』について」（『日本語の研究』一五（一）、二〇一九年）、「『新撰字鏡』切韻群に見える「唐韻」系の義注」（『中国語学研究 開篇』三七、二〇一九年）、「『切韻』残巻S2071（切三）所増の又音反切について」（『中国語学』二六六、二〇一九年）などがある。

中澤信幸（なかざわ・のぶゆき）

名古屋大学大学院文学研究科博士後期課程修了。博士（文学）。現在、山形大学人文社会科学部教授。

主な著作に、『中近世日本における韻書受容の研究』（おうふう、二〇一三年）、「日本語教育における台湾語音活用と「日台基本漢字」」（『台灣文學研究』八、二〇一五年）、「20世紀初頭台湾語語彙の残存状況について」（『天理臺灣學報』二八、二〇一九年、共著）、「「俗音」考」（『山形大学大学院社会文化システム研究科紀要』一六、二〇一九年）などがある。

林謙太郎（はやし・けんたろう）

國學院大學大学院文学研究科博士課程後期単位取得満期退学。現在、二松学舎大学文学部教授。

主な著作に、『国語・日本語の文法』（共著、鳳書房、一九九六年）、『概説日本語学・日本語教育』（共著、おうふう、二〇〇〇年）、「レモンはビタミンCに富むという表現をめぐって」（『近代語研究』一〇、一九九九年）、「中級レベル日本語学習者の誤用とその分析（1）（2）」（『二松学舎大学論集』五五、五七、二〇一二年、二〇一四年）などがある。

佐藤道生（さとう・みちお）

慶應義塾大学大学院文学研究科博士課程単位取得退学。博士（文学）。現在、慶應義塾大学名誉教授。

主な著作に、『平安後期日本漢文学の研究』（笠間書院、二〇〇三年）、『三河鳳来寺旧蔵暦応二年書写 和漢朗詠集 影印と研究』（勉誠出版、二〇一四年）、『句題詩論考』（勉誠出版、二〇一六年）などがある。

あとがき

日本では、中国の古典作品を解釈するにあたって、外国語の書物を読むための一般的な方法である直読ではなく、訓読という、原文の語順を日本語の文法に合うように改変して読む方法を多くとってきた。そこで用いられる日本語の文体は、口語体とも文語体とも異なる訓読体と呼ばれるものである。日本人は、訓読を介して中国の古典作品を受け入れる過程で、訓読体という新たな文体を日本語の中に形成し、発展させてきた。本巻第Ⅲ部第三章「漢文と日本語――話し言葉・書き言葉・読み言葉」では、訓読体を口語体（＝話し言葉）、文語体（＝書き言葉）とは異なる「読み言葉」と定義する。

読み言葉が同時代の話し言葉・書き言葉と異なるのは、ひとつにはそれらよりも古い時代の（或いは新しい時代の）日本語の語彙・文法が部分的に用いられているからであり、ひとつには原文である古典中国語の語彙・文法が、より直接的に反映されているからである。

漢学は読み言葉によって学ばれてきた学問である。読み言葉の歴史を、話し言葉・書き言葉及び古典中国語の語彙・文法と関連づけながら整理し直すことは、漢学の基礎作業のひとつである。

本巻は「漢学」と「日本語」に焦点を定めた論考を集めたものであるが、漢文及び漢字・漢語を学ぶ上でも役に立つ内容となっている。

我々は中学・高校で、日本の古典の一分野として漢文を学ぶ。そこでいう漢文とは、日本人が訓読法によって読み継いできた中国古典、及び日本人がそれらに倣って、訓読法によって読まれることを前提として書いた文章である。ただし教科書で用いられている訓読法は、読まれた（或いは書かれた）当時のままではなく、明治末年に公示された「漢文教育に関する調査報告」に基づいて整理されている。漢文を日本の古典として学ぶのであれば、整理される以前の姿に目を向ける必要があろう。本巻第Ⅲ部「漢学と訓読」はその手引きとなる。

中学・高校の漢文のテキストに於ける漢字の字体は、内閣告示によって公布（第一次一九八一年）された「常用漢字表」に則っている。漢文は日本の古典であるから、その字体を現在の日本で通行しているものに改めるのは、国語科のテキストとしては自然なことである。ただしそこで用いられている漢字が、中国の旧字体（繁体字）とも新字体（簡体字）とも異なるものであることは、知っておいたほうがよい。現代の中国では、国務院の公布（第一次一九五六年）した「漢字簡化方案」に沿って制定された「簡体字」が正式な字体として使用されている。古典作品も、一般向けに編集されたものでは、簡体字が用いられることが多い。

中学・高校の教科書に記されている漢字音（呉音・漢音・唐音・慣用音）の例を、漢和辞典で確認すると、教科書の記載と異なることがある。例えば「実」の漢音は、或る辞書では「シツ」となっており、或る辞書では「ジツ」となっている。これは前者が中国の韻書の韻や反切にもとづいているのに対し、後者は日本の呉音資料・漢音資料にもとづいていることによる。漢字の字形・字音については、本巻第Ⅱ部「漢学と文字」が参考になる。

ほかにも漢語の中の外来語、漢和辞典の歴史、教育現場における文字の在り方と文字行政など、初学者にとって有用な論考を揃えている。興味のあるところからお読みいただければ幸いである。

二〇二〇年二月

第七巻 責任編集　小方伴子

【編者略歴】

佐藤 進（さとう・すすむ）

東京都立大学大学院人文科学研究科修士課程修了、東京都立大学文学修士。

現在、北海道文教大学教授。東京都立大学名誉教授。

主な著作に『全訳　漢辞海』（共編　三省堂、2000年）、『揚雄方言研究論文集』（共著、「中国における言語地理と人文・自然地理」科研報告書、2000年）、『宋刊方言四種影印集成』（「中国における言語地理と人文・自然地理」科研報告書、1998年）などがある。

小方伴子（おがた・ともこ）

東京都立大学大学院人文科学研究科博士課程修了。博士（文学）。

現在、二松学舎大学文学部教授。

主な著作に『『国語』の版本と校勘学の研究』（科研報告書、2011年）、編訳に『漢文文法と訓読処理—編訳《文言文法》』（共編、二松学舎大学二一世紀ＣＯＥプログラム「日本漢文学研究の世界的拠点の構築」研究報告書、2006年）などがある。

装丁：堀 立明

講座 近代日本と漢学 第7巻
漢学と日本語

二〇二〇年四月一〇日 発行

編　者　佐藤 進
　　　　小方伴子

発行者　伊藤光祥

発行所　戎光祥出版株式会社
東京都千代田区麴町一ー七
相互半蔵門ビル八階
電　話　〇三ー五二七五ー三三六一（代）
ＦＡＸ　〇三ー五二七五ー三三六五

編集協力　株式会社イズシエ・コーポレーション

印刷・製本　モリモト印刷株式会社

https://www.ebisukosyo.co.jp
info@ebisukosyo.co.jp

ISBN978-4-86403-347-3